Ernst Baasch

Der Kampf des Hauses Braunschweig-Lüneburg mit Hamburg um die Elbe

Ernst Baasch

Der Kampf des Hauses Braunschweig-Lüneburg mit Hamburg um die Elbe

ISBN/EAN: 9783955641733

Auflage: 1

Erscheinungsjahr: 2013

Erscheinungsort: Bremen, Deutschland

@ EHV-History in Access Verlag GmbH, Fahrenheitstr. 1, 28359 Bremen. Alle Rechte beim Verlag und bei den jeweiligen Lizenzgebern.

Der Kampf

des

Hauses Braunschweig-Lüneburg mit Hamburg um die Elbe

vom 16.—18. Jahrhundert.

Von

Dr. Ernst Baasch.
Bibliothekar der Commerz-Bibliothek in Hamburg.

Mit einer Karte.

Hannover und Leipzig.
Hahn'sche Buchhandlung.
1905.

Druck von Aug. Eberlein & Co., Hannover.

Vorwort.

Die vorliegende Arbeit soll ein Beitrag sein zur Geschichte der engen wirtschaftlichen Beziehungen Niedersachsens und Hamburgs. Der „Kampf um die Elbe" stellt zwar nur einen Teil dieser Beziehungen dar, aber nicht den am wenigsten bedeutenden; denn die politische und noch mehr die wirtschaftliche Herrschaft über den Elbstrom ist doch schließlich das entscheidende Moment geworden für das Übergewicht, das Hamburg im wirtschaftlichen Leben Niedersachsens zugefallen ist. Freilich haben in diesem Kampfe um die Elbe neben dem Hause Braunschweig-Lüneburg noch andere Mächte Hamburg die Herrschaft streitig gemacht, namentlich Dänemark. Aber für die Verbindung Hamburgs mit dem Binnenlande, dem „Reich", sind die Beziehungen der Stadt zu den welfischen Landen stets weit wichtiger gewesen als die zu Dänemark.

Das für die Arbeit benutzte Aktenmaterial befindet sich nahezu ausschließlich im Staatsarchiv zu Hannover. Etwa 220 Aktenfaszikel mußten durchgesehen werden. Daß ich diese Aktenmasse in verhältnismäßig kurzer Zeit bewältigen konnte, verdanke ich in erster Linie dem überaus freundlichen Entgegenkommen des Vorstandes und der Beamten jenes Archivs. Namentlich den Herren Archivdirektor Geh. Rat Dr. Doebner und Archivar Dr. Kretschmer fühle ich mich zu aufrichtigem Danke verpflichtet.

Hamburg, im August 1905.

Der Verfasser.

Inhalt.

	Seite
Vorwort	V
Einleitung	1— 3
I. Die Herzöge von Braunschweig-Lüneburg und die allgemeine Elbschiffahrt	4—13

Beginn der Opposition gegen die Sperre der Elbe S. 4; Verhandlung Hamburgs und Magdeburgs mit Celle 1541 S. 5; Kaiserliches Mandat gegen Celle 1544 S. 5; Festhalten Celles und Lüneburgs an der Elbsperre S. 6; Salz-Kontrakt der Herzöge mit Griebe 1560 S. 7; Kaiserliche Versuche zur Einigung 1563 S. 7; Erhöhung der herzoglichen Elbzölle S. 8; Schroffe Haltung gegen Hamburg S. 9; Kaiserliche Mandate von 1569—70 S. 9 f.; Umgehung der herzoglichen Schiffahrtsverbote S. 11; Verhandlung und Vereinbarung in Wien 1574 S. 12 f.

| II. Der Beginn des Kampfes mit Hamburg um die Süder-Elbe (1530—1554) . . . . | 14—22 |

Trennung Harburgs vom Gesamthaus S. 14 f.; Nichtanerkennung des herzoglichen Elbgerichts, Festnahme von Kornschiffen durch Hamburg, Hamb. Stapelrecht 1530 S. 15 ff.; Verhandlung von 1542, Bestreitung der herzoglichen Hoheit auf der Süder-Elbe S. 17 f.; Herzogliches Geleitsgeld, Scheu vor Konflikt in Celle S. 18; Streit über die Insel Dradenau S. 19; Verhandlung in Winsen 1545 S. 20 f.; Moorburger Grenzvertrag 1548, Hamburgs Auslieger beim Zollenspieker 1552 S. 22.

| III. Vom Beginn der Prozesse bis zum ersten größeren tätlichen Zusammenstoß (1554—1566) . . . . | 23—28 |

Verhandlung Mollers in Hamburg, Hamburgs Klage in Speier 1554 S. 23 f.; die Hauptklagepunkte S. 24 f.; Gammerdeich-Klage S. 26; Hamburgische Gewalttätigkeiten und Auslieger S. 26 f.; Klage Herzog Ottos über die Kosten S. 27.

| IV. Von dem Zusammenstoß der Hamburger mit Herzog Otto bis zum Moorburger Vertrage (1591) . . . . | 29—51 |

Zusammenstoß von 1566 S. 29 ff.; Neue Prozesse, Vermittlung der kaiserlichen Kommissare S. 31 f.; Neue Streitigkeiten 1567 bis 1570 S. 33 f.; Streit auf der Moorburg, Bau der Feste Moorburg S. 34; Hilferuf Stades S. 35; Verhandlung in Altenwerder 1573, in Burtehude S. 36; in Itzehoe S. 37; Moorburger Fehde S. 38 f.; Hilferuf Herzog Ottos an den Niedersächsischen Kreis 1577 S. 39; Gewalttätigkeiten der

VII

hamburgischen Auslieger S. 41; Verhandlung über modus vivendi 1579f. S. 42f.; Hoffnung auf das Endurteil, Mandate gegen Hamburg 1581 S. 43; Der herzogliche Anwalt in Speier, Erschlaffung des Kampfes S. 44; Pässe Heinrich von Dannenbergs S. 44f.; Hilferuf Lüneburgs 1583 S. 45; Ablehnende Haltung und Prozeßmüdigkeit Ottos S. 45f.; Verhandlung mit Hamburg 1584—85 S. 47ff.; Kostenfrage, Stades Erfolg 1588 S. 49; Bedenken Hildebrands S. 49f.; Moorburger Vertrag 1591 S. 50f.

V. Vom Moorburger Vertrag bis zum Interims-Vergleich von 1611 . . . . 52—60

Kaiserliches Dekret von 1592, die hamburgischen Auslieger 1600f. S. 52f.; Lüneburgs Bedrängnis S. 53; Herzog Wilhelms „Interims"-Pläne, seine Erfolge in Prag 1609 S. 54f.; Verhandlung mit Hamburg S. 56ff.; Bedenken Celles S. 58f.; der Revers vom 5. Oktober, das „Interim" S. 59f.

VI. Vom Interims-Vergleich von 1611 bis zur Veröffentlichung des Reichskammergerichtsurteils 1619 . . . . 61—70

Hamburgische Auslegung und Ausnutzung des „Interims", Klage Lüneburgs S. 61f.; Befestigung Hamburgs in Moorburg, Hamburgs Holzstapel S. 63; Lüneburger Tagung 1612, Verhandlung mit Hamburg 1613f. S. 64f.; Lüneburgs „Interims"-Mittel" 1614 S. 66; Handlungsverbot gegen Hamburg 1615 S. 66f.; Verhandlung Hamburgs mit Lüneburg 1615f. S. 68; Unsicherheit und Versandung der Süder-Elbe S. 69; Urteil von 1619 S. 70.

Anhang: Der Bullenhauser Zoll . . . . 71—77

VII. Vom Reichskammergerichtsurteil bis zum Ende des 30jährigen Krieges . . . . 78—88

Abschied von Celle 2. Juni 1619 S. 78; Sendung an Christian IV. und die Generalstaaten S. 79; Hamburg und das Urteil, Mandat vom 5. November S. 80; Verhandlung in Pattensen 3. Januar 1620 S. 80f.; Verbot des Handels mit Hamburg 1620 S. 81f.; Christians Einfall in die Vierlande S. 82; Verhalten Christians IV. S. 83; Vergleich von Boitzenburg S. 84f.; Mandat gegen Christian 30. Oktober 1620, Verhandlung in Pattensen Januar 1621 S. 85f.; Ausnutzung der politischen Lage durch Hamburg, kaiserliche Privilegien S. 86f.; die „Pension" Herzog Wilhelms S. 87; Versuche Christians IV. S. 87f.; Befestigung der hamburgischen Elbstellung während des Krieges S. 88.

VIII. Das Aufkommen Harburgs und der Vertrag Celles mit Brandenburg 1661 . . . . 89—97

Aussterben der Harburger Linie, Harburg tritt in den Vordergrund S. 89; Lüneburg und Harburg S. 90f.; Stapel und Zoll Hamburgs S. 91f.; Brandenburg-Cellische Verhandlung 1661 S. 93ff.; Bau der Bullenhauser Schanze S. 94; Verhandlung Celles mit den Schweden S. 96; Vertrag vom 26. November 1661, Herabsetzung des hamburgischen Getreidezolles S. 97.

Seite

IX. Der Kampf Hamburgs mit Harburg bis zum Ende des 17. Jahrhunderts . . . . 98—112

Harburgs Wettbewerb mit Hamburg S. 98 f.; Projekte zu Gunsten Harburgs S. 99 f.; Harburg, Magdeburg, die Niederlande S. 100 f.; differentielle Behandlung der Hamburger Schiffer S. 101; Getreide- und Holzverkehr in Harburg S. 101 ff.; Hamburgs Gegenmaßregeln S. 103 f.; Magdeburger Stapel und Zusammenhalten mit Hamburg S. 104 f.; Mangel an Einfuhrartikeln in Harburg S. 105; strenge Handhabung des hamburgischen Stapelrechts S. 107; Harburg und Altona S. 108; Lüneburg und Altona S. 109; Verhandlung Hamburgs mit Kurfürst Georg Wilhelm 1700 f. S. 110 f.

X. Das 18. Jahrhundert . . . . 113—122

Verkehr im Reiherstieg; Franz Norden S. 113 f.; Bestrebungen Harburg zu heben, Projekte S. 114 f.; Spedition S. 116 f.; Abhängigkeit von Hamburg S. 117; Pläne betr. Stromveränderungen S. 117 ff.; Hamburgs Wert für Hannover S. 119 ff.; Eintreten Hannovers für Hamburg S. 120 f.

Aktenstücke I.—XVII. . . . . 123—206

Berichtigung.

S. 22 ist versäumt worden, zu bemerken, daß Herzog Otto der Ältere von Harburg am 11. August 1549 starb und ihm sein gleichnamiger Sohn folgte. Die S. 27 Anm. 2 erwähnten Darlehen betreffen beide Herzöge.

Einleitung.

Schon im 14. und 15. Jahrhundert hat die Stadt Hamburg dahin gestrebt, über das südlich und südwestlich gelegene Stromgebiet der Elbe, die hier durch zahlreiche Wasserläufe viele Inseln bildet, Herrschaft und Einfluß zu gewinnen. Dies Streben blieb nicht ohne Erfolg. Der Erwerb des Glindesmoors (Moorburg) im Jahre 1375, durch den Hamburg an der Süder-Elbe festen Fuß faßte, der Bau der Moorburg (1390), der Erwerb des Ochsen- und Moorwärders (1395), durch den Hamburg die Herrschaft über die Einfahrt in die Norder-Elbe erlangte, dann der Vierlande gemeinsam mit Lübeck (1420), endlich die Eindämmung der Gammer-Elbe (1482) und der Dove-Elbe (1488—92) sind als die wichtigsten Erfolge nach dieser Richtung zu bezeichnen.

Und während sich Hamburg so im Stromgebiet der Elbe territorial immer mehr befestigte, bildete es zugleich im 15. Jahrhundert sein Stapelrecht aus, das Recht, durch das es beanspruchte, die alleinige Niederlage und der alleinige Warenstapelplatz und Markt an der Unterelbe zu sein.[1]) Von den Grafen von Schauenburg hatte die Stadt den halben sogenannten Schauenburgischen Zoll an sich gebracht und verknüpfte nun mit dem Rechte der Zoll-Erhebung das Recht und den Zwang des Stapels. Da die Elbe aber bei Hamburg zwei Hauptströme bildet — Norder- und Süder-Elbe —, war eine Umgehung jenes Hamburger Rechts dadurch erleichtert. Die ersten, die dies benutzten und deshalb mit den Hamburgern in Konflikt kamen, waren die Lüneburger; Anfang des 15. Jahrhunderts verweigerte die Stadt den Lüneburgern die Vorbeifahrt bei Hamburg elbabwärts und zwang sie, in Hamburg ihre Waren niederzulegen und zu verkaufen. Infolgedessen erwirkten die Herzöge von Braunschweig-Lüneburg im Jahre 1417 ein von Kaiser

---

[1]) Im einzelnen bedarf diese Entwickelung noch sehr der urkundlichen Aufklärung; der schon oft gerügte Mangel an einem Hamburgischen Urkundenbuch für das 14. und 15. Jahrhundert macht sich hier recht bemerkbar.

Sigismund gegen Hamburg gerichtetes Verbot jenes Zwanges und die Verfügung der freien Schiffahrt zwischen Lüneburg und Stade oder sonstwo.

Hamburg hat sich offenbar darum wenig gekümmert, es bildete durch selbständige, lokale Anordnungen den Stapel in seinem wichtigsten Handelsartikel, in Getreide, weiter aus und erlangte im Jahre 1482, Juli 14., ein Privileg Kaiser Friedrichs III., das, im Widerspruch mit jenem Dekret Sigismunds, den Hamburgern mit dem Hinweis auf „altes Herkommen und Gewohnheit" bestätigte, daß kein Korn, Roggen, Weizen, Gerste, Mehl oder anderes Getreide oder Wein oder Bier durch jemand bei der Stadt Hamburg auf der Elbe vorbeigeführt werden dürfe, „sondern daß alles in derselben Stadt Hamburg, wie von alters herkommen ist, abgelegt, verkauft und verhandelt werden solle". Dies Privileg ist von den Kaisern Karl V. (1550), Ferdinand I. (1559), Maximilan I. (1566) bestätigt worden.

Als Ergänzung zu diesem Privileg diente ein zwischen den Städten Hamburg, Bremen, Stade und Buxtehude im Jahre 1487 geschlossener Vertrag, nach dem diese Städte von der Elbe Korn seewärts nur in ihre eigenen Städte und Lande führen durften, sonst aber nirgends wohin; dadurch verbürgten sie sich gegenseitig den Stapelzwang.

Hamburg hat dann im 16. Jahrhundert auf diesen Grundlagen sein Stapelrecht weiter ausgebildet, sowohl durch Kornordnungen, die es selbständig erließ, als auch durch Verträge, wie den mit Magdeburg 1538, in dem diese Stadt sich verpflichtete, sein Getreide elbabwärts nur nach Hamburg zu führen usw. Das jus restringendi, das Recht, nach dem nur Hamburg der Löschplatz für alle passierenden Waren sein sollte, wurde streng zur Geltung gebracht. Von besonderer Wichtigkeit aber für die Stellung der Stadt am Elbstrom war es, daß es ihr gelang, die Norder-Elbe immer mehr technisch zu verbessern und sie dadurch gegenüber der bisher im besseren Stande befindlichen Süder-Elbe konkurrenzfähiger, ja zu dem eigentlichen Hauptstrom zu machen.[1]

An der Unterelbe waren im 16. Jahrhundert Hamburgs gefährlichste Gegner die Herzöge von Braunschweig-Lüneburg und ihre Stadt Lüneburg, sowie weiter abwärts die Städte Stade und Buxtehude. Mit dem Anspruch Hamburgs auf den Stapel, auf das Recht, die Vorbeifahrt bei der Stadt nicht zu dulden, stand im Widerspruch das von jenen Städten empfundene Bedürfnis, mit einander und den übrigen oberhalb

---

[1] Hierüber vergl. u. A.: Lappenberg, Die Elbkarte des Melch. Lorichs v. 1568 (Hamb. 1847); Hübbe, hist.-topogr. Ausbildung des Elbstroms bei Hamburg (Hamb. 1869); Nehls u. Bubendey Die Elbe, Hamburgs Lebensader (Hamb. 1892).

und unterhalb Hamburgs belegenen Gebieten zu verkehren. Auf der
Norder-Elbe bei Hamburg direkt vorbeizufahren, litt diese Stadt unter
keinen Umständen; die Süder-Elbe, an der Hamburg nur einen kleinen
Teil des Ufers besaß und wo im übrigen die Herzöge von Braunschweig-
Lüneburg die Hoheit ausübten, gab dagegen für einen solchen, den
hamburgischen Stapel umgehenden Verkehr die gewünschte Gelegenheit.

Einen solchen Verkehr konnte und wollte Hamburg aber nicht
dulden; es wäre das Ende seines Stapels gewesen. Daher hat sich
denn über lange Jahre hin auf diesem, von Wasserarmen durchflossenen
Elbgebiet ein heißer Kampf entsponnen.

Hamburg hat mit den Herzögen von Braunschweig-Lüneburg ja
auch noch andere Kämpfe gehabt; so über die Elbfischerei;[1]) und der
Prozeß über den Gammerdeich betraf eine für beide Teile sehr wichtige
Angelegenheit; aber sie ist doch nie aus dem Rahmen einer Prozeß-
handlung herausgetreten. Dramatischer und wechselvoller ist der Kampf,
den Hamburg mit jenem Fürstenhause geführt hat, um ihm gegenüber
die Ansprüche der Stadt auf den Stapel und die Hoheit über den Elbstrom geltend zu machen.

Wir würden diesen Kampf aber nicht voll verstehen, wenn wir nicht
zuvor einen Blick werfen würden auf die Stellung, die das Haus
Braunschweig-Lüneburg gegenüber den andern Interessenten an der Elbschiffahrt eingenommen, und auf den Kampf, den es über die Freiheit
der Schiffahrt auf der Mittel-Elbe mit ihnen geführt hat. Auch berührt
sich dieser Kampf nahe mit dem, der sich auf der Süder-Elbe abspielte,
und auch Hamburg fällt in jenem eine wichtige Rolle zu.

---

[1]) Schon im 15. Jahrhundert; vergl. v. d. Ropp, Hanserecesse III. Nr. 253;
S. 143 Anm. 5 (1445, 46); Lüb. Urk.-Buch VIII. Nr. 590, 596, 599ff, 680,
683 (1449); IX. Nr. 257, 276, 281 (1455); Stein, Hans. U.-B. VIII.
Nr. 1144 (1462, 63); vergl. Lüb. U.-B. X. Nr. 372. Die Elbfischerei-Streitig-
keiten, die wiederholt zu Prozessen geführt haben, gehen bis ins 18. Jahrhundert hinein.

I.
Die Herzöge von Braunschweig-Lüneburg und die allgemeine Elbschiffahrt.

Die Elbpolitik der Herzöge von Braunschweig-Lüneburg wurde im 15. und 16. Jahrhundert bestimmt im Wesentlichen durch zwei Momente: dem Interesse an den herzoglichen Landzöllen und dem Interesse der Stadt Lüneburg. Beide Interessen standen im Widerspruch mit einer kräftigen Entwickelung der Elbschiffahrt oberhalb Hamburgs. Die Landzölle und die ihrer Erhebung sich anpassenden Landstraßen führten den Warenverkehr von dem Strom ab; die Stadt Lüneburg aber beanspruchte für zahlreiche Waren den Stapel und die Niederlage; sie forderte für den vorbeigehenden Verkehr die Benutzung der Landstraßen; sie beanspruchte ferner, daß nur Lüneburger Salz und kein anderes durch das Land und auf der Elbe geschifft werden dürfte. Eine Reihe von Privilegien standen für diese Ansprüche der Stadt zur Seite.

Bis ins 16. Jahrhundert hinein gelang es Lüneburg, sich in diesen Ansprüchen zu behaupten; die Elbschiffahrt oberhalb der Ilmenau-Mündung verkümmerte. Im Laufe des 16. Jahrhunderts aber erhob sich gegen diese Schiffahrtssperre Opposition von seiten der Elbschiffahrts-Interessenten von der Ober- und Unterelbe, d. h. Österreichs, Brandenburgs, Magdeburgs, Sachsens, Mecklenburgs, endlich Hamburgs. Schon 1529 werden seitens der Stadt Lüneburg und des Herzogs Ernst die ersten Klagen „des unwontlyken schependes halven", über die ungewöhnliche Schiffahrt der Hamburger und Magdeburger auf der Elbe laut.[1]) Mit der Zeit nahm diese Schiffahrt zu, und nicht nur zwischen Hamburg und Magdeburg, auch nach den märkischen Städten, nach Berlin begann die Fahrt. Als unanfechtbar frei galt sie allerdings den Interessenten nicht; im Jahre 1540 bat der Hamburger Rat für seine Kaufleute um die Erlaubnis, Kupfer von Berlin elbabwärts zu führen; er wies zwar

---

[1]) Lüneb. Rat an H. Ernst 7. Juni, 18. Nov. 1529.

hin auf das „olde herkomen und gebruke, also dath be dalschepinge der guder betherto nicht is verhindert worden"; doch zeigt schon die Anfrage die Unsicherheit; und der Herzog Ernst gab die Erlaubnis nicht, sondern erklärte dem Rath, daß ihm „die ungewonliche beschwerliche newerung der gesuchten schiffart nit leiderlich ist".[1]

Schon im Jahre 1539 hatte aber Hamburg mit Magdeburg einen Vertrag geschlossen, der gegen die von Lüneburg beanspruchten Rechte verstieß und die freie Fahrt zwischen Magdeburg und Hamburg voraussetzte. Beide Städte fanden Unterstützung beim Kurfürsten von Brandenburg. Am 25. und 26. April 1541 fand eine gemeinsame Verhandlung zwischen kurbrandenburgischen, cellischen, magdeburgischen und hamburgischen Bevollmächtigten in Celle statt.[2] Die cellischen bestanden hier fest auf ihren, der Elbschiffahrt feindlichen Ansprüchen; den Märkern erklärten sie, daß man ihnen wohl „aus guter nachperschaft" die Elbzufuhr von etwas Butter, Käse, Honig usw. zu eigenem Bedarf gestatten wollte; „aber die gemeine Schiffart mit allerley Kaufmannsgüter und in solcher menge, wie itz gesuchet wird", lehnten sie ab. Auch auf dem Rechte, daß kein anderes als Lüneburger Salz auf der Elbe geführt werden dürfe, wurde streng beharrt. Hamburg und Mageburg boten dem Herzog 3—4000 Gulden, wenn er nur erst einmal für ein Jahr die freie Elbschiffart gestatten wolle. Das lehnte der Herzog ab; ein solcher Versuch könne höchstens auf 4—5 Jahre gemacht werden, doch müßten die Flußzölle erhöht werden.

Diese wie weitere Verhandlungen verliefen ergebnislos. Der Kaiser aber, der für seine Erbländer ein lebhaftes Interesse an der Herstellung der freien Elbschiffahrt hatte, unterstützte die Bestrebungen Brandenburgs und der Elbstädte und verbot durch ein Mandat vom 19. Mai 1544 dem Herzog Ernst die Sperrung der Elbschiffahrt. Dem letzteren gelang es freilich, die vier rheinischen Kurfürsten zu einem Protest gegen die „vermeinte neuwe schiffart und straßen" auf der Elbe, die die Rheinschiffahrt und ihre kurfürstlichen Privilegien schädige, zu bewegen.[3] Der Kurfürst von Brandenburg und die Städte Magdeburg und Hamburg traten in einem gemeinsamen Schreiben dem entgegen,[4] widerlegten die Befürchtung, daß die Kaufmannsgüter vom Rhein auf die Elbe übergehen könnten und nahmen für den Elbstrom, da er „ein freier offner gemeiner Schiffreicher Wasserstrom und flumen publicum" sei, dieselben

---

[1] Hamb. Rat an H. Ernst 23. Febr. 1540. [2] Vergl. Koppmann, Kämmereirechn. v. Hamb. VI. 15. [3] Die vier rhein. Kurfürsten an Kurfürst v. Brandenburg 11. April 1545. [4] 26. Juni 1545.

Rechte in Anspruch, die für Rhein, Main und Donau beständen. Die vier rheinischen Kurfürsten gestanden hierauf dem Herzog Ernst selbst, daß sie „nit eigentlich" wüßten, wie es mit der Elbschiffahrt beschaffen sei.[1]

Die Interessenten an dieser ließen sich durch solche Agitation nicht irre machen. In zwei Versammlungen zu Jüterbogk 1548 und 1549 schlossen der Kaiser, Brandenburg, Mecklenburg und Hamburg sich enger zusammen; man ordnete verschiedene Angelegenheiten der Schiffahrt und beschloß, an dieser auch gegen Lüneburg und seinen Herzog festzuhalten.

Trotz des kaiserlichen Mandats von 1544, gegen das Herzog Ernst freilich Verwahrung eingelegt hatte, und obwohl die vereinigten Elb- schiffahrts-Interessenten eine respektable Macht darstellten, suchten der Herzog von Celle und die Stadt Lüneburg die Elbschiffahrt doch, soweit möglich, zu hindern. In Hitzacker und Blekede, den herzoglichen Zoll- stellen, wurden oftmals Schiffe angehalten. Dem suchten die Hamburger, Märkischen usw. entgegenzutreten, indem sie ihre Schiffe in Blekede zwar löschten, nachher aber wieder beluden und abwärts fuhren; auch bei Boizenburg kamen ähnliche Umgehungen vor.[2] Kurfürst Joachim von Brandenburg drohte im Jahre 1553 mit Gegenmaßregeln, wenn man die Schiffe seiner Untertanen nicht passieren lasse, „wie man dann niemand zur Schiffart zwinge, also soll auch keiner zur landfure gezwungen werden."[3] Lüneburg bestand auf seinen Privilegien, ließ sie sich sogar vom Kaiser bestätigen. In einer Versammlung der Gesandten des Lüneburger Rats und der cellischen Räte im Kloster Lüne am 11. April 1554 wurde wegen der Zunahme der unzulässigen Elbschiffahrt beschlossen, daß die Zöllner in Blekede und Hitzacker fleißig aufpassen sollten, daß keine Kaufmannsgüter, die dem Gebrauch nach nicht auf der Elbe trans- portiert wurden, verschifft würden; ledige Schiffe, die von oben kämen, sollten in Hitzacker angehalten und den Schiffern ein Eid auferlegt werden, daß sie keine Güter an der Elbe ausgeladen hätten, die durch Mecklenburg und Sachsen um und wieder an die Elbe geführt werden sollten; ebenso sollte es in Blekede geschehen. Fände man, daß jemand darwider gehandelt, sollten Schiffer und Gut arretiert werden.

Ohne Zweifel hat man auf diese Weise für längere Zeit die Elb- schiffahrt oberhalb Hamburg stark behindert. Zum Teil wurde den Lüneburgern dies erleichtert durch die Schwenkung, die Brandenburg

---

[1] 21. Januar 1546. [2] Protokoll der Verhandlung in Scharmbeck zwischen den Räten des Herzogs und dem Lüneburger Rat 19. Febr. 1552. [3] Kurf. v. Brandenburg an Lüneb. Rat 24. Mai, an Statthalter und Räte in Celle 7. Juni 1553; Lüneb. Rat an Kurf. v. Brandenb. 12. Mai 1553.

in der Elbpolitik vollzog, indem es, durch die hamburgische Stapelpolitik geschädigt, nun weniger Interesse an der freien Fahrt nach Hamburg zeigte.¹) Dafür erwiesen sich die Herzöge von Braunschweig-Lüneburg erkenntlich, indem sie die Güterversorgung der Mark Brandenburg auf dem Elbwege in größerem Umfange duldeten.

Nach und nach zeigte sich überhaupt, daß die Herzöge das Interesse der Stadt Lüneburg und das ihrige nicht für unauflöslich verbunden hielten. So schlossen im Jahre 1560 die Herzöge Heinrich und Wilhelm mit Joachim Griebe einen Vertrag, der diesem den Transport von französischem und spanischem Salz elbaufwärts gestattete. Die Stadt Lüneburg, die in diesem Vertrag und der sich ihm anschließenden Einfuhr von fremdem Salz auf dem Elbwege eine Verletzung ihrer Privilegien sah, erhob dagegen Einspruch, erhielt aber von den Herzögen die Antwort, daß, wenn die Stadt das Privileg habe, daß kein Salz durch das Fürstentum nach der See geführt werden dürfe, damit doch nicht verboten sei, daß Salz von der See die Elbe hinauf in andere Länder geführt werde.²) Früher hatten die Herzöge jedenfalls anders über die Salzprivilegien Lüneburgs geurteilt, wenn auch formell das Salzprivileg von 1441—42 für die Auffassung der Herzöge spricht.

War schon hierdurch in die der freien Elbschiffahrt entgegenstehenden Hindernisse eine neue Bresche geschlagen, so machten seit 1563 Österreich, Magdeburg und Hamburg stärkere Anstrengungen, sich von der seitens der Herzöge auferlegten Sperre zu befreien. Kaiserliche Kommissare, die in Celle erschienen, versuchten im Jahre 1563 eine Einigung herbeizuführen; die Regierung des Kaisers wünschte namentlich dringend den Transport von ausländischem Salz, Boysalz, wie auch anderen Waren auf dem Elbwege. Die Herzöge betonten nun zwar die Privilegien Lüneburgs, wiesen auf die Unzulänglichkeit des Elbstroms hin und, daß dieser nach altem Herkommen nicht für „allerley Kaufmannsgüter" frei sei, wie auch auf die Schädigung ihrer Landzölle und überhaupt eines großen Teils Norddeutschlands, das hinsichtlich des Bezugs von Lebensmitteln dann auf Hamburg und Magdeburg angewiesen sein werde. Der Trans=

---

¹) Vergl. Schmoller, Jahrbuch 1884, S. 1038f; S. berührt die oben nach den Akten des Staatsarchivs Hannover geschilderten Verhältnisse wiederholt und mit ausgesprochener Betonung des brandenburgisch-preußischen Standpunkts; ich gehe auf meine Abweichungen von seiner Darstellung und Auffassung im einzelnen hier nicht ein; übrigens hat er für die braunschweigisch-lüneburgischen Verhältnisse nur das Archiv der Stadt Lüneburg benutzt. ²) Lüneb. Rat an Herzöge Heinrich und Wilhelm 21. Juni; 7. Sept.; die Herzöge an Lüneb. Rat 18. September 1560.

port von Boysalz elbaufwärts sei früher nie üblich gewesen, erst der Kontrakt mit Griebe habe das geändert. Schließlich aber gestatteten die Herzöge doch den Kaiserlichen den Boysalz-Transport auf der Elbe, machten aber den Kaiser für allen Schaden, der ihnen aus der Verletzung des Kontrakts mit Griebe erwachsen könnte, haftbar.[1]

Der Stadt Lüneburg aber stellten die Herzöge vor, daß es das Beste sei, man gedenke auf Mittel und Wege, wie man dem Schaden, den die Stadt und die Landzölle durch die allgemeine Elbschiffahrt erleiden würde, zuvorkommen könne; der Kaiser und die andern Interessenten hätten doch einmal „das gemeine beschrieben Recht vor sich".[2] Herzog Wilhelm brachte im Jahre 1564 die Angelegenheit auch an die Stände des Fürstentums; diese ernannten einen Ausschuß; doch ist die Frage hier nicht zum endgültigen Austrag gekommen.[3]

Nach außen hin hielten die Herzöge an den Fundamenten der lüneburgischen Salz- und Schiffahrtsprivilegien fest; an eine einfache Aufhebung dachten sie nicht; die Forderung gewichtiger Aequivalente war zwischen den Zeilen ihrer für den Kaiser bestimmten Erklärung zu lesen.[4] Infolge des Todes des Kaisers kam die in Aussicht genommene Verhandlung damals nicht zustande.

Wenn sich die Herzöge dem Kaiser gegenüber ziemlich entgegenkommend zeigten, so waren sie weit entfernt davon, den Städten Magdeburg und Hamburg ein Zugeständnis zu machen; am wenigsten geneigt erwies man sich Hamburg gegenüber. Dem Hamburger Rat erklärten die Herzöge am 8. Februar 1565, daß es den Hamburgern nicht erlaubt sei, Boysalz elbaufwärts zu schiffen; wenn solches an den Herzoglichen Zollstätten betroffen werde, es möge bestimmt sein, wohin es wolle, werde es konfisziert und der Adressat bestraft werden. Die Herzöge gingen noch weiter; sie erhöhten an ihren Elbzollstätten willkürlich die Zölle; den sich beschwerenden Hamburgern wurde die Antwort aus Celle, die Zahl der hamburgischen kleinen Schiffe nähme so zu, daß den großen Fahrzeugen die Nahrung genommen werde; deshalb müßten die Schiffe für jeden Ever eine besondere Abgabe entrichten.[5]

---

[1]) Kaiserl. Beglaubigung für Friedr. v. Redern, Dr. Andreas Hertwig, Alexander Albricht, Innsbruck 20. Mai 1563; Antworten der Herzöge, zuletzt vom 16. Oktober. [2]) Instruktion der Herzöge Heinrich und Wilhelm für ihre Gesandten nach Lüneburg 24. Oktober 1563. [3]) Havemann, Geschichte d. Lande Braunschw. u. Lüneburg II. 547 f. [4]) Herzog Heinrich u. Wilhelm an den Kaiser 22. Dezbr. 1563, an den kaiserl. Rat Friedrich von Redern 5. Jan. 1564. [5]) Hamb. Rat an Herz. Heinrich u. Wilhelm 6. Mai; Statthalter u. Räte in Celle an Hamb. Rat 13. Mai 1568.

Etwas mildere Praxis übte man zunächst gegenüber Magdeburg aus.¹) Der Rat dieser Stadt wurde daran erinnert, daß die Elbschiffahrt mit Gütern, wie Honig, Stockfisch, Schollen, Rochen, Lachs, Käse, Butter, Talg, Eisen, Leder usw. verboten und nicht zu gestatten sei; für andere Waren wollten die Herzöge diese Schiffahrt „ein Zeit, solang es Uns gefällig und gelegen sein will", dulden, unter Vorbehalt der Abschaffung. Die Magdeburger wollten sich aber diese Beschränkung nicht gefallen lassen, wiesen hin auf das schlechte Fuhrwesen in Lüneburg und auf die sonderbare Begünstigung, die den Märkischen zu Teil werde; von der Thalfahrt allein könnten die Magdeburger nicht leben. Die Herzöge bestanden nun freilich auf dem Prinzip, die allgemeine Schiffahrt nicht zu dulden, machten aber für Käse, der die Landfuhr nicht vertragen konnte, eine Ausnahme. Wenn sie, so erklärten die Herzöge, alle jene Lebensmittel für die Elbe freigäben, werde es dahin kommen, daß „unsere unterthanen ihre Profiandt und essekost von Hamburg oder Magdeburg müßten holen".²)

Am meisten Interesse an der Aufhebung dieses Zustandes hatte doch Hamburg, das für seinen Warenverkehr mit dem Binnenlande die Elbe nicht entbehren mochte. Selbst für die zugelassenen Waren suchten die Herzöge die Hamburger von der Fahrt auszuschließen. Im Sommer 1568 wurde den hamburgischen Schiffern an den Zollstätten in Hitzacker, Schnackenburg und Bleckede bedeutet, diese Fahrt in Zukunft zu unterlassen, da die Herzöge nur ihren eigenen Untertanen die Fahrt zwischen Hamburg und Magdeburg gestatten wollten. Der Hamburger Rat schickte deshalb seinen Syndikus Dr. Wietersheim im Oktober zu den Herzögen und ersuchte mit Hinweis auf das kaiserliche Mandat von 1544 um Aufhebung der Schiffahrtssperre. Die Herzöge antworteten ablehnend; sie bestritten, daß jenes Mandat sie und die Stadt Lüneburg ihrer alten Rechte entäußern könne; was sie den Hamburgern und andern bisher auf der Elbe zu schiffen vergönnt, sei lediglich eine Vergünstigung, die jederzeit zurückgezogen werden könne. Die Hamburger möchten einmal „in ihren eigen busen" greifen, sie, die die Schiffahrt auf der Süder=Elbe hinderten!³)

Hamburg und Magdeburg wandten sich hierauf an den Kaiser und erlangten von ihm ein vom 6. August 1569 datiertes Mandat, das,

---

¹) Vergl. auch Mänß in Geschichts=Blätter f. Stadt u. Land Magdeburg 1903, S. 142 ff. ²) Herzöge Heinrich u. Wilhelm an Magdeb. Rat 5. Juli; 21. August; 1. Sept; Magdeb. Rat an die Herzöge 29. Juli; 23., 26. August usw. ³) Hamb. Instruktion für Wietersheim 28. Okt.; Antwort der Herzöge Heinrich u. Wilhelm 5. Nov. 1568.

auf das Mandat von 1544 hinweisend, den Herzögen Heinrich und Wilhelm von Braunschweig-Lüneburg verbot, jene Städte an der Elbschiffahrt zu hindern, Waren zu arretieren usw. An demselben Tage verlieh der Kaiser beiden Städten ein Privileg, das sie allgemein vor Arresten und Repressalien schützen sollte, zu Wasser und zu Lande „und sonderlich auffm freyen Elbstrom zwischen den beiden Steten Hamburg und Magdeburg auf- und abwerts oder anderswo."

In seinem Protest gegen dies Mandat konnte Herzog Wilhelm[1]) freilich daran erinnern, daß früher die Städte dem Herzog Ernst Geld geboten hätten für die Freigabe der Elbschiffahrt, daß demnach diese wohl doch nicht so lange, wie die Städte behaupteten, früher stets frei gewesen sei; auch auf das Verfahren Hamburgs auf der Süder-Elbe und die Magdeburgische Stapelpolitik konnte hingewiesen werden. Die Stadt Lüneburg schloß sich dem Protest an. Als trotz jener kaiserlichen Kundgebung im Frühjahr 1570 die Herzöge gegen städtische Schiffe mit Arresten und dergl. vorgingen, erließ am 30. März 1570 der Kaiser ein abermaliges Mandat gegen Herzog Wilhelm; zugleich ernannte er den Herzog Johann Albrecht von Mecklenburg und den Fürsten Joachim von Anhalt zu Kommissaren, die die Sache untersuchen sollten; inzwischen sollte die Schiffahrt zwischen Magdeburg und Hamburg offen sein. Beschwerden Herzog Wilhelms und der Stadt Lüneburg beim Reichstag hatten keinen Erfolg; am 4. Dezember 1570 erneuerte der Kaiser seine Mandate, ernannte aber, da der Herzog gegen die oben genannten Kommissare als parteiisch protestiert hatte,[2]) nun den Landgrafen Wilhelm von Hessen und den Herzog Wilhelm von Jülich zu Kommissaren. Trotzdem ließ Herzog Wilhelm nicht ab, die Elbschiffahrt zu sperren; eine Hamburger Beschwerde ließ er unbeantwortet.[3]) Auch veranlaßte der Herzog die Interessenten an der Lüneburger Saline zu einem Protest beim Kaiser; und den Rat von Braunschweig bewog er zu einem Beschluß, nach dem „die newe fürstehende Schiffart auf der Elbe diesen Landen und Stetten merklichen Schaden und keinen frommen brengen werde". Der Rat supplizierte selbst beim Kaiser dagegen; die braunschweigischen Kaufleute würden schwer dadurch geschädigt werden, „dan was sie itzo von Luneburg mit geringern uncosten und fuhrlohne bekomen oder ihnen

---

[1]) 17. September 1569; Herzog Heinrich war am 13. Sept. von der gemeinsamen Regierung zurückgetreten und mit Dannenberg abgefunden (Havemann, a. a. O. II. 477). [2]) Über die Beziehungen Braunschweig-Lüneburgs zu Mecklenburg, wie sie sich durch die Elbschiffahrtverhältnisse gestalteten, vergl. Stuhr in Jahrb. d. Vereins f. Mecklenb. Geschichte 64 S. 201 ff, 212 ff. [3]) Hamb. Rat an Herzog Wilhelm 24. Aug. 1570.

in ihre Heuser gebracht wirdet, das mussen sie alles von Hamburg und Magdeburg mit ungleich grossern uncosten und ungelegenheit an sich brengen".[1])

Doch gelang es dem Herzog nicht, die Schiffahrt der Hamburger und Magdeburger vollkommen zu hindern; im Dezember 1570 stellten die cellischen Räte fest, daß trotz des Verbots die für die Elbschiffahrt nicht zugelassenen Waren „in großer Anzall nach Magdeburg" gingen; die Vermehrung der hamburgischen Schiffe in der Thal=Kornfahrt war den Cellern nach wie vor sehr lästig, weil dadurch die sächsischen, märkischen und lüneburgischen Schiffer in dieser Fahrt beschränkt wurden, was im Interesse der Rückfrachten nicht vorteilhaft für die Lüneburger war.[2]) Um die Mißbräuche, die bei den in die Mark gehenden Elb= gütern vorkamen, zu verhüten, befahl der Herzog, daß die Schiffe bei der ersten seiner Zollstätten, die sie berührten, eidlich erklären sollten, daß die Waren in die Mark und nicht nach Magdeburg bestimmt seien.[3])

Auch suchte Herzog Wilhelm vor allem die kaiserlichen Mandate von 1569 und 1570 wirkungslos, ja rückgängig zu machen. Eine Ver= handlung, die im Sommer 1571 in Magdeburg stattfand, an der kaiser= liche Kommissare teilnahmen, blieb ohne Erfolg. Im November desselben Jahres verhandelten des Herzogs Gesandte Friedrich v. Weyhe und Johan Gering in Wien. Die Aufhebung der Mandate schlug der Kaiser ab, da sie causa cognita erlassen seien; das einzige, was den Herzog= lichen in Aussicht gestellt wurde, war eine stillschweigende Suspension der Mandate, wenn der Herzog sich zu einer „gütlichen Handlung" ver= stehen wollte. Übrigens wirkte gleichzeitig ein hamburgischer Bevoll= mächtigter, Joachim Lindeman, dort den cellischen Bestrebungen entgegen. Der Herzog erreichte aber doch wenigstens, daß der Kaiser durch Mandat vom 4. Dezember 1571 Allen und namentlich den Hamburgern verbot, daß das von Boysalz gesiedete Salz in Lüneburger oder ihnen ähnliche Tonnen geschlagen und weitergeführt werde. Bereits im Jahre 1565 hatte wegen desselben den Hamburgern vorgeworfenen Verfahrens zwischen den Herzögen und dem Hamburger Rat ein Schriftwechsel stattgefunden.

Im März 1572 erreichte dann die kaiserliche Regierung, daß wenigstens in die Elblande und für den Bedarf des kaiserlichen Hofhalts alle Güter aufwärts passieren durften; doch bedurfte es hierfür zur Ver= meidung von Unterschleifen besonderer Bescheinigungen, und unterwegs

---

[1]) Rat von Braunschweig an Herzog Wilhelm 29. Juli, an den Kaiser 10. August 1570. [2]) Statthalter und Räte in Celle an Hamb. Rat 14. Dezbr. 1570. [3]) Herzog Wilhelm an seine Elbzöllner 5. Jan. 1571.

durften die Güter nicht ausgeladen werden. Auch hinsichtlich des Griebe'schen Privilegs, dessen Ablösung viel Schwierigkeiten gemacht hatte, einigte man sich nun; gegen 10000 Goldgulden kaufte der Kaiser dies Privileg auf, und Herzog Wilhelm gestattete nun die zollfreie Passage von Boysalz für den Kaiser.[1]

Hinsichtlich Magdeburgs und Hamburgs war hier noch nichts bestimmt; die Sperre gegen sie blieb bestehen und wurde streng gehandhabt. Ein kaiserliches Mandat vom 1. März 1574 setzte eine endgültige Verhandlung in Wien an. An dieser teilzunehmen, mußte Herzog Wilhelm sich notgedrungen bereit erklären, während er dem Kaiser mitteilte, daß er durch Mandate, wie die Städte wollten, sich aus seinem Besitze nicht bringen lassen werde.[2] Die Verhandlung fand im August statt; vertreten waren Herzog Wilhelm, die Städte Lüneburg, Magdeburg, Hamburg. Die beiden letztgenannten Städte mußten auch hier wieder den Vorwurf hören, daß sie ja selbst in ihren Gewässern die Freiheit der Schiffahrt nicht duldeten; doch lehnten beide das Eingehen auf diesen Punkt, als nicht hierher gehörig, ab. Auf der andern Seite führten Herzog Wilhelm und die Stadt Lüneburg ihre alten Privilegien ins Gefecht. Am schlechtesten stand es ohne Fragen mit der Sache Lüneburgs. Einerseits sah es durch die drohende Befreiung der Elbschiffahrt seine Existenz als Stapelplatz schwer geschädigt; andererseits stand eine Erhöhung der Flußzölle bevor, die der Herzog als Ersatz für den Ausfall in seinen Landzöllen erstrebte und die den Lüneburgern ebenso schädlich war wie den Hamburgern und Magdeburgern. Die Stadt Lüneburg instruierte aber ihren Syndikus Husanus, daß, wenn die Elbschiffahrt frei werden sollte, er sich auf rechtliche Prozesse und dergl. nicht einlassen solle, sondern „im Namen des Allmechtigen in die Öffnung der freien Schiffart willigen, mit Vormeldung, daß wir der Kay. Matt. in aller underthenigsten Ehren und Gefallen, wie schädlich, nachteilig und schwer es uns und gemeiner Stadt auch immer mehre, damit zufrieden sein mußten." Durch diese Resignation, die dem Willen des Kaisers entsprach, der hatte erklären lassen, er sähe „viel lieber, daß diese langwierige sachen in güte als durch Recht entschieden würde",[3] erreichte Lüneburg, daß das Boysalz vorläufig und bis zu weiterer Abrede noch von dem Transport elbauswärts ausgenommen wurde. Gegen die Erhöhung der herzoglichen Flußzölle machte Husanus zwar starke Einwendungen, er

---

[1] Erklärung Herzog Wilhelms 7. März 1572. [2] Herzog Wilhelm an den Kaiser 7. Mai 1574. [3] Instruktion für Husanus 16. Juli; Bericht der herzoglichen Gesandten 25. Aug. 1574.

konnte aber nicht hindern, daß tatsächlich die Zölle von Bleckede und Schnakenburg auf dieselbe Höhe mit dem von Hitzacker gesetzt wurden. Eine Geldentschädigung für die Aufgabe seiner Rechte, wie sie der Herzog von Hamburg und Magdeburg verlangte, erreichte er aber nicht.

Schließlich kam dann Ende August 1574 eine Vereinbarung zustande,[1]) die formell wenigstens die freie Schiffahrt zwischen der Oberelbe und Hamburg herstellte. Hinsichtlich der Aufwärtsschiffung von Boysalz blieb es bei dem allgemeinen Verbot, soweit nicht der Griebe'sche Kontrakt sie zuließ. Die Versuche Hamburgs, für das Boysalz die Elbe allgemein zu eröffnen, blieben ohne Erfolg.[2])

Auch über die Erhöhung der herzoglichen Flußzölle erhob sich noch Streit; ohne sie weigerte sich der Herzog, die freie Schiffahrt zuzulassen. Magdeburg fügte sich dann; Hamburg hat noch lange sich geweigert, die Erhöhung anzuerkennen.

Jahrzehntelang hatte, wie wir sehen, das Haus Braunschweig-Lüneburg sich nicht ohne Erfolg bemüht, eine große natürliche Verkehrsstraße für den allgemeinen Verkehr zu sperren; es hatte den Landhandel vor dem Wasserstraßenverkehr begünstigt, seine Territorialpolitik rücksichtslos durchzusetzen versucht. Sehen wir jetzt, wie auf dem Elbgebiete, auf dem das Haus Braunschweig-Lüneburg der unmittelbare Nachbar Hamburgs war, sich der Kampf abspielte, in dem die Rollen vertauscht sind, jenes Fürstenhaus für die Freiheit einer Schiffahrtsstraße, Hamburg für ihre Sperrung eintrat.

---

[1]) Vergl. Aktenstück V; bei (Schmalian), Gründl. Widerlegung des — Straßenzwangs gegen Magdeburg usw. (1748) S. 106 f findet sich nur kurzer Auszug. [2]) Verhandlung zwischen Hamburg, Magdeburg und den herzoglichen Räten in Celle 1575 Jan. 14;

II.

Der Beginn des Kampfes mit Hamburg um die Süder-Elbe usw. (1530—1554).

Ungefähr zu derselben Zeit, wo sich gegen die seitens der Herzöge von Braunschweig-Lüneburg auf der Mittel-Elbe ausgeübte Sperre die Opposition von der Unter- und Ober-Elbe erhob, begann Hamburg jenem Fürstenhause die Herrschaft über die Elbe dort streitig zu machen, wo die Territorien beider sich berührten. Mit dem Jahre 1530 beginnt eine fortlaufende, niemals abbrechende Kette von kleinen und größeren Grenzverletzungen, Eingriffen in die Hoheitsrechte und sich damit verknüpfenden Gewalttätigkeiten. Aus der Fülle von Einzelheiten läßt sich, ohne daß allzu speziell auf sie eingegangen zu werden braucht, doch ein klares Gesamtbild über den allgemeinen Gang der Dinge gewinnen.

Daß diese Dinge gerade um 1530 ihren Anfang nahmen, ist wohl nicht zufällig. In der unmittelbar vorhergehenden Zeit hatte zwischen dem Herzogtum Lüneburg und Hamburg im allgemeinen ein gutes, friedliches Verhältnis bestanden. Noch am 20. März 1520 hatte Herzog Heinrich der Mittlere mit den Städten Lübeck und Hamburg ein Bündnis auf 10 Jahre geschlossen, die Bürger und das Eigentum beider Städte in seinen Schutz genommen, für sie den neuen Winsener Wegzoll auf die Hälfte herabgesetzt und versprochen, sie mit neuen Zöllen u. dergl. nicht zu beschweren usw. Im Jahre 1527 aber schlossen Heinrichs Söhne Otto und Ernst eine Vereinbarung, nach der Otto mit Stadt und Amt Harburg abgefunden und dies kleine Gebiet dem in Celle residierenden regierenden Hause Braunschweig-Lüneburg entzogen, somit also in Harburg eine Nebenlinie begründet wurde. Sie hat hier bis 1642 geherrscht.[1])

Durch diese Abtrennung war gerade das an die Elbe grenzende Gebiet des Herzogtums, das durch seine unmittelbare Berührung mit

---

[1]) Über die Harburger Linie vergl. Havemann II 87 ff; im Jahre 1560 fiel das Amt Moisburg an die Harburger Linie.

Hamburg besonders wichtig war, in eine gewisse Isolierung versetzt, und die Widerstandsfähigkeit des herzoglichen Hauses, das an dieser verwundbaren Stelle nur durch eine schwache Seitenlinie vertreten war, gegen Ansprüche, wie sie Hamburg erhob, nicht unerheblich geschwächt.[1] Das aufstrebende Hamburg verfehlte nicht, diese Blöße sogleich auszunutzen.

Äußerlich den Anfang nahmen die Streitigkeiten mit der Weigerung Hamburgs, sich dem herzoglichen Elbgericht zu fügen. Ein Hamburger Schiffer war wegen Verletzung und Beleidigung von Fischern auf der Süder-Elbe vor das herzogliche Elbgericht geladen. Der Hamburger Rat aber erklärte, daß ein Bürger seiner Stadt sich einer solchen Ladung in Hamburg nicht fügen könne, sondern die Sache in Hamburg abgeurteilt werden müsse. Hierauf protestierte der Herzog Otto dagegen, daß der Rat über „unsern frien und angeerveden stroem" in Hamburg Recht finden und sprechen wolle. Das Haus Braunschweig-Lüneburg beanspruchte für das Haus Harburg wie die Hoheit, so auch das Elbgericht auf dem Strom zwischen dem Swansbusch bis nach Lotsand an der Mündung der Este, woselbst das Gebiet des Erzstifts Bremen begann.

Gleichzeitig mit der Verweigerung der Anerkennung des Elbgerichts legte der Hamburger Rat mehrere bewaffnete Schiffe auf die Süder-Elbe und ließ durch diese zwei Kornschiffe, die elbaufwärts kamen, festnehmen und nach Hamburg bringen.

In diesen beiden Handlungen des Jahres 1530 liegt der Kern für alles, was seitdem gefolgt ist; mit der Verweigerung des Elbgerichts bezweckte Hamburg die Hoheit des Herzogs über die Süder-Elbe anzuzweifeln, mit der Festnahme von Kornschiffen wollte es seinem Stapelrecht Ausdruck geben. Was letzteres betraf, so bezog sich der Rat auf das Privileg Kaiser Friedrichs von 1482, obwohl dieses nur davon spricht, daß Korn usw. „durch niemand für die gemelte Stadt Hamburg auf der Elbe fürbeigefurt werden sollte", und es immerhin zweifelhaft war, ob die Fahrt auf der Süder-Elbe, bei der ein unmittelbares „furbeifüren" vor Hamburg doch nicht stattfinden konnte, durch dies Privileg getroffen wurde. Doch erklärte der Rat dem herzoglichen Sekretär Schoppenstedt, der 1531 in Hamburg war,[2] ihm tue die Sache leid und sie sei ohne seinen Befehl geschehen. Aus Geleitsbriefen, die Herzog Otto damals zwei Schiffern ausstellte, ergibt sich, daß er wenigstens nicht daran dachte, sich für den Bedarf seines Haushalts in dem Bezug von Getreide beschränken zu

---

[1] So schreibt auch Havemann a. a. O. S. 476: „Wie oft und schmerzlich war die Absonderung Harburgs beklagt!" [2] Koppmann, Kämmereirechn. V 442.

laffen.¹) Und feinen Untertanen erteilte der Herzog auf Wunfch Schutz=
päffe für die Elbfchiffahrt. Auch in der Sache des Elbgerichts gab der
Rat infofern nach, als er dem beklagten Schiffer erlaubte, nach Hamburg
zu gehen; doch mußte der Herzog ihm freies Geleit gewähren.

Das war nur der Anfang, und nach und nach verfuhr Hamburg
fchärfer. Schon im Jahre 1532 wurden abermals mit Gewalt Korn=
fchiffe nach Hamburg geführt. Nun kam es zu einer Korrefpondenz
und mündlichen Verhandlung in Winfen.²) Der Rat beftand darauf,
daß er nicht dulden könne, daß man das Korn Hamburg vorbei feewärts
führe, es fei auf der Norder= oder Süder=Elbe, und dadurch „der
ummeliggende Landtfchup duringe ftiften fcholde"; er machte kein Hehl
daraus, das jene Wegführung mit feinem Wiffen und Willen gefchehen
fei, während er noch 1530 in einem gleichen Falle fich mehr oder
weniger entfchuldigt hatte. Das lief ja nun im wefentlichen auf das
Verbot der Fahrt auf der Süder=Elbe hinaus.

Die ganze Verhandlung von 1532 zeigt, daß Herzog Otto und die
Seinen die Frage noch ganz akademifch auffaßten und ihre praktifche
Seite noch kaum ahnten. Herzog Otto erklärte fich zu gütlichen Ver=
handlungen bereit; es fei doch aber „nit alleyne kleglich, befunder gantz
befwerlich und erbarmlich zu achten", wenn man den Untertanen des
Herzogs Ernft, deffen Gebiet ja namentlich in Betracht komme, nicht
geftatten wolle, fich des Süder=Elbftromes zu bedienen. Nur dem Herzog
Otto zu Gefallen gab der Rat die beiden Schiffe, aber ohne Schaden=
erfatz, heraus.

Zwei Jahre fpäter, 1536, nahmen die Hamburger abermals auf
der Süder=Elbe ein Schiff mit Roggen weg, die Folge war eine Be=
fchwerde der Herzöge Ernft und Otto und die Sendung eines hambur=
gifchen Ratsherrn an Otto. Hamburg aber behielt fich alle feine Rechte
wegen der Kornfchiffahrt vor und fchlug eine Verhandlung vor, in der
diefe Frage geregelt werde; inzwifchen follte diefe „befwerlike Korne=
fchepinge" aufhören.³)

Bisher waren dies alles nur einzelne Handlungen; von einer Regel
kann felbft auf hamburgifcher Seite kaum die Rede fein. Es waren
Verfuche, die zur Aufklärung des Operationsfeldes dienen follten.⁴)

[1]) Koppmann V 404: „12ß Henrico Braszen ad reisam in Harborch ad inquirendum de certo frumento adducto, an spectaret ad dominum ducem Ottonem ant non." [2]) Vergl. Koppmann V 465. [3]) Hamb. Rat an Herzog Ernft 2. Juni 1536; Koppmann V 602: „2 ß Joachimo Sommerfelt ad ducem Ottonem Lüneburgensem in Harborch." [4]) Nach Ludewig, Gefchichte von Harburg (Harb. 1845) S. 45 hat Herzog Otto „durch einen mit

Mit dem Jahre 1541 wurde es anders; von nun an hören die Reibereien und Verhandlungen nicht auf. In diesem Jahre beschwerte sich der Rat über Eingriffe, die Herzog Otto auf der Stadt "Stromen, Vorden, Viskereyen und Guberen" vorgenommen.[1]) Der Rat nahm selbst eine Besichtigung der Elbe vor; und allerlei, im Bett der Elbe vorgenommene Vertiefungsarbeiten weckten bei den Herzögen die Befürchtung, die Stadt möchte beabsichtigen, die Süder=Elbe abzudämmen und das Wasser möglichst nach Hamburg zu leiten.[2]) Beide Herzöge waren sich darüber einig, daß "was sie des einen Tag machen, des andern wider uffgerissen und geschleifet oder durch andere fügliche mittel abgewendet werden müsse".[3]) Ernst beauftragte seinen Hauptmann in Winsen, mit seinen Leuten dem Herzog Otto zur Not beizustehen. Man sieht schon den Fortschritt; Gewalt wird vorbereitet. Dazu kam es aber nicht. Doch begann nun Hamburg einen neuen Streitpunkt aufzuwerfen. Die Stadt erhob damals zuerst von den herzoglichen Untertanen einen Roggen=Zoll. Im Juni 1542 forderte der Herzog die Abstellung dieses Zolls und drohte: "Solte aber das nicht geschehen, und Wir gleichermaßen unsers gefallens Zölle auf dem Wasser zulegen würden, wollet Ihr uns das nicht vordencken." Schon im August beklagten sich dann die Hamburger, daß der Herzog einen neuen Zoll unter dem Namen eines Geleitgeldes eingeführt habe.

Nachdem kurz vorher die Hamburger wiederum auf der Süder=Elbe ein Kornschiff weggenommen, wurde im August zwischen beiden Parteien in Hamburg verhandelt.[4]) Hier betonten die Abgesandten des Herzogs das alleinige Hoheitsrecht des herzoglichen Hauses auf der Süder=Elbe; die Hamburger bestritten diese Hoheit nunmehr zum ersten Male ausdrücklich und formell. Bisher hatten sie jene Hoheit nur indirekt durch Verweigerung der Anerkennung des Elbgerichts bestritten und nie etwas dagegen erklärt, wenn die Herzöge von "unserm freien Süder=Elb=Strom" sprachen und schrieben; nun zuerst nahmen sie klar und deutlich für ihre Stadt jene Hoheit in Anspruch; sie beklagten sich, daß Otto etwas auf der Süder=Elbe "attemptirte und vorhette." Dem Schiffer wollten sie sein Schiff und den Wert für das in Hamburg verkaufte Korn zurück=

Brandenburg geschlossenen Tractat desselben Holz= und Kornhandel auf der Elbe ganz nach Harburg zu ziehen", versucht; Lappenberg, Lorichs Elbkarte S. 44 verweist auf die Angabe Ludewigs und läßt den Vertrag im Jahre 1539 geschlossen sein. Von einem solchen Vertrage ist sonst nichts bekannt, und die Angabe beruht wohl auf einem Irrtum. [1]) Hamburger Rat an Herzog Otto 2. August 1541. [2]) Koppmann VI. 30 und an anderen Stellen. [3]) Herzog Ernst an Herzog Otto 30. August 1541. [4]) Aktenstücke I.

geben, dafür sollten „er und andere" sich bis zu weiterer Abrede des widerrechtlichen Fahrens enthalten. Hierauf wollten die Herzoglichen nicht eingehen; besser sei, wenn man weiter, „wie lange Zeit geschehen", eines Jeden Gerechtigkeit unbeschadet, „laefiren und schleifen" würde.

Wohin dieses schwächliche Verhalten führen mußte, zeigte sich bald; schon im nächsten Jahre wurde auf der Oste, also auf erzbischöflich= bremischem Gebiet, einem Lüneburger Schiffer sein Schiff genommen. Die Herzöge forderten vom Hamburger Rat Schadenersatz, andernfalls würden sie „uns und die unsern vor solcher Gewalt schützen und hant= haben müssen."¹) Die nach Harburg entsandten Hamburger Ratsherren²) aber erklärten dem Herzog Otto, der Rat habe das Recht, „die freie Kornschiffart uff unserm freyen Wasserstromen die Elbe bal zu hindern und uffzuhalten"; sei aber zu gütlichen Verhandlungen bereit. Wieder ging der geduldige Herzog darauf ein und gab nur zu erkennen, er hoffe, der Rat werde „zu unwilliger nachperschaft nicht ursach geben." Auch Herzog Ernst hoffte noch, „das die von Hamburg, so sie unser recht und freiheiten erinnert und sehen werden, sich der pilligheit schicken und zu nachteil derselben ichts furzunemen sich enthalten"; eventuelle Tätlich= keiten der Hamburger könne man zurückweisen; doch hatte der Herzog wenig Neigung dazu; jetzt „wo sich allerley geferlicheiten ereugen, mit denen von Hamburg in tetliche widerwehre zu begeben, ist bei uns nicht wenig bedenklich." Ja, Herzog Ernst meinte sogar, wenn man auch den von den Hamburgern vorgeschlagenen Stillstand der Schiffahrt auf der Süder=Elbe nicht bewilligen könne, so sei es tatsächlich doch gut, wenn „mittler Zeit die Schiffart so vill mügelich in ru stunde."³) Man sieht die Scheu vor Konflikten. Und tatsächlich hatten die Herzöge alle Ursache, auf Hamburg erbost zu sein. Noch während jener Ver= handlung hatte Ende Juni der in Moorburg befehligende Ratsherr Johan Rodenburg dort zwei Schiffe festnehmen lassen; das eine mußte 4 Schillinge zahlen, das andere, weil mit Roggen beladen, mußte ver= sprechen, diesen in Hamburg zu verzollen. Das war geschehen im Angesicht und in Kanonenschußweite von Harburg. „Sulche gewalt", schrieb Herzog Otto an seinen Bruder, „ist nie geschehen; aber hette ich es gewußt, ich wulte zue gesehen haben, ob ich mit im nach Hamborg oder ob er mit mir nach Harborch gedanzet hette"; bis in die Grube werde ihm leid tun, „das sulcer abbruck bey meyner zeidt dem Fürstentum

---

¹) An den Hamb. Rat 27. Juni 1543. ²) Vergl. Koppmann VI 98, 99.
³) Die Herzöge an den Hamb. Rat 25. Juli; Herzog Ernst an Otto 26. Juli 1543.

geschehen sall, und wyll syll liber meynen leyb und alles, was in meynem vormugent ist, darstrecken, dan das ich sulckes bey meiner zeidt nachgeben wyll". Er bat Ernst um Büchsen und Zubehör und um sonstige Unterstützung. Ernst war doch weit vorsichtiger; so beschwerlich es auch ihm war, diesen Übermut der Bürger zu dulden, so meinte er doch, es sei besser „andere gütliche Mittel mit schriften und handlungen zu versuchen"; er riet zum Frieden; sein Geschütz brauche er selbst.[1]) Dabei blieb es; eine Verhandlung scheint nicht erfolgt zu sein.

Es war nicht nur die Wegnahme und Drangsalierung von Schiffen, die Nichtachtung der Hoheit auf der Süder=Elbe, die rücksichtslose Durch= führung des Getreidestapels, die Herzog Otto schwer kränken mußte. Auch über den Besitz der Elbinsel Drabenau, die am Köhlbrand lag, entstanden Streitigkeiten.[2]) Im einzelnen können wir auf sie und ihre historische Grundlage — es handelte sich zum Teil um hamburgisches Kirchengut — nicht eingehen; jedenfalls wurde es Otto durch den von Hamburg energisch behaupteten Anspruch auf diese Insel jetzt endlich klar, daß die Hamburger „die Elbe mit Gewalt inne nemen wullen"; denn, wenn sie die Norder= und Süder=Elbe und den dritten, bei der Drabenau vorbeifließenden Elbarm besäßen, „so hetten sie alle 3 strome inne", und „was nu dem Fürstentum hieraus entstehen künte", habe Herzog Ernst zu ermessen. Otto verbat sich zwar beim Hamburger Rat solche „einbrengung in dies Fürstenthumb"; andererseits duldete Hamburg die Schatzung, die Otto dort vornehmen ließ, nicht.[3])

Deshalb, und weil die Hamburger fortfuhren, Kornschiffe nach ihrer Stadt zu treiben, drang Otto wiederholt bei Herzog Ernst auf energisches Vorgehen gegen Hamburg; hier sei des Pochens und „sunderlich des gemeynen Mannes und Botsleuten kein Aufhörens"; es sei verdrießlich, zu hören, wie der Rat gedrängt werde, Geschütze herzugeben zur Er= oberung des Hauses Harburg. Ernst ließ sich zu gewaltsamen Schritten nicht hinreißen; ja, als der Rat sich bei ihm über ein Geleitgeld oder Zoll beklagte, den Herzog Otto den Schiffen abnähme, versprach Ernst den hamburgischen Gesandten[4]) dahin zu wirken, daß jene Abgabe bis zum Austrage der Sache nicht weiter erhoben werden sollte. Herzog

---

[1]) Herzog Otto an Ernst 2. und 15. Juli; Herzog Ernst an Otto 20. Juli 1543. [2]) Über die ältere Geschichte dieser Insel vergl. Koppmann III S. CVII., CXI.; Lappenberg, Lorichs Elbkarte S. 50 f. [3]) Hamb. Rat an Herzog Otto 15. Sept.; Herzog Otto an Hamb. Rat 22. Sept.; Herzog Ernst an Herzog Otto 30. Nov. 1544. [4]) Vergl. Koppmann VI 138 f. Die Gesandten waren der Rats= herr Joachim Moller, der Magister Hinr. vam Broke und der Sekretarius M. Gobel.

Otto kannte die Hamburger besser; bitter klagte er seinem Bruder: das werde nur den Hamburgern zu Gute kommen; denn zum Vertrag würden sie es nie kommen lassen; sie „hetten schon die Gewalt, den strom zue berauben und den leuten das eyre zue nemen"; deshalb hätten sie auch an Ernst und nicht an ihn, Otto, ihre Gesandten geschickt.[1]

Was das von Herzog Otto erhobene sogenannte Geleitsgeld betraf, so konnte freilich der Herzog darauf hinweisen, daß er zu dieser Forderung sicherlich weit mehr berechtigt sei, als die Hamburger, die den Seinen keinen Himten Roggen zollfrei aus der Stadt zu holen gestatteten. Auf jeden Fall war Otto jetzt zu einer ziemlich klaren Einsicht von der Gefahr, die ihm und seinem Hause von Hamburg drohte, gekommen. Nur fehlte ihm die Macht, dieser Gefahr richtig zu begegnen. Daß der Stadt Lüneburg im Jahre 1544 der Brief Kaiser Sigismunds von 1417, der den Hamburgern die Störung der Fahrt zwischen der Unter-Elbe und Lüneburg durch die Süder-Elbe verbot, von Neuem bestätigt wurde, war ja ein gewisser Erfolg; die Hamburger nahmen aber auf solche Urkunden wenig Rücksicht und hatten ja auch ihrerseits Privilegien, die den gegnerischen widersprachen. So blieb nichts anderes übrig als Verhandlungen. Bevor es im März 1545 dazu kam, häufte sich der Zündstoff noch mehr an; auf der Drabenau stritt man hin und her, wem die Abgaben zukämen; als Herzog Otto dort ein Verzeichnis der Bewohner aufnehmen ließ, bezeichnete der Rat das als eine „beschwerliche Zunotigung und Eingriff".[2]

Im März 1545 kam es dann in Winsen zur Verhandlung,[3] Herzog Ernst suchte zu vermitteln, und es gelang, am 6. März einen Rezeß zu Stande zu bringen.[4] Viel bedeutete er freilich nicht. Hinsichtlich des Geleitgeldes und der Verhinderung der Kornfahrt wurde Alles auf eine weitere Verhandlung verschoben, die bis Jacobi (25. Juli) stattfinden sollte; inzwischen sollte der Rat niemanden auf der Elbe „hindern oder anhalten"; auch alle anderen Differenzen (Drabenau 2c.) sollten dann erledigt werden. Die Gesandten des Rats nahmen aber den Rezeß nur mit Vorbehalt der Genehmigung des Rats an. Und diese ist nie erteilt worden; dagegen nahmen die Hamburger noch im März wieder ein Kornschiff auf der Süder-Elbe, und der Rat ließ durch seinen Sekretarius[5] dem Herzog Ernst mitteilen, er könne den

---

[1] Herzog Ernst an Herzog Otto 10. Nov.; Herzog Otto an Herzog Ernst 26. Nov. 1544. [2] Hamb. Rat an Herzog Otto 5. Febr.; Herzog Otto an Hamb. Rat 7. Febr. 1545. [3] Koppmann VI 181f; Aktenstück II. [4] Unten Aktenstück III. [5] Koppmann VI 182.

Passus des Rezesses, daß er inzwischen Niemanden auf dem Strom anhalten wolle, nicht annehmen. Auf die Vorstellungen des Herzogs erklärte er, mit Rücksicht auf die Kornkäufer könne er solches nicht gestatten. Darauf wies Herzog Ernst den Hauptmann in Winsen an, den Leuten zu empfehlen, sich des Kornschiffens vorläufig möglichst zu enthalten. Beide Teile behielten sich ihre Rechte vor. Ernst glaubte damit den „Stillstand" gesichert; er irrte sich; die Hamburger nahmen im Juli wieder ein Kornschiff und beschwerten sich gleichzeitig über Übergriffe des Herzogs Otto, der, dem Rezeß zuwider, Weg= oder Geleitsgeld genommen habe, auch etliche Korn=Ever von Hamburg nach Harburg habe führen lassen. Mit Entrüstung wies Otto dies zurück.[1]) Tatsächlich hatte er, um die Hamburger zu kontrollieren, ob sie auch den Rezeß beobachteten und keine Gewalttätigkeiten verübten, ein Schiff mit Bewaffneten auf den Strom gelegt; er bestritt die Erhebung eines Geleitgeldes; offenbar war er bemüht, den Rezeß nach Möglichkeit zu beobachten. Herzog Ernst aber war noch wenige Tage vor seinem Tode beflissen, seinen Bruder möglichst friedlich zu stimmen; am 7. Januar 1546 schrieb er: der Hamburger Rat habe abermals die Ratsherren Joachim Moller und Hinrich vam Broke zu ihm gesandt zwecks gütlicher Einigung; namentlich möge das Weg= und Geleitsgeld vorläufig nicht erhoben und die Schiffe auf der Elbe nicht gegen die hamburgischen Privilegien „vergleitet" werden. Am 11. Januar starb Herzog Ernst der Fromme; und Otto sah sich zunächst den Hamburgern allein gegenüber. Die vormundschaftliche Regierung in Celle hat freilich wiederholt schriftlich beim Hamburger Rat über Eingriffe in die Hoheit des Hauses Braunschweig=Lüneburg und wegen Anhaltung von Lüneburger Schiffen, Abgabenforderung auf der Drabenau, Beschwerde geführt; darüber hinaus ging man in Celle nicht.

Offenbar hat die schwere Bedrängnis, die damals über die evangelischen Stände hereinbrach, mit dazu beigetragen, daß durch einige Jahre es ziemlich ruhig auf diesem Gebiete war. Das Haus Braunschweig=Lüneburg rief selbst im Jahre 1549 die Unterstützung Hamburgs gegen den Kaiser an.

Zu einer vorläufigen Einigung kam man aber über die Grenzstreitigkeiten auf der Moorburg. Der Besitz dieses Moors war, weil es an der Süder=Elbe lag, für Hamburg von ganz besonderem Werte; die fortwährenden kleinen Grenzstreitigkeiten, die hier sich abspielten, sind

---

[1]) Namentlich Hamb. Rat an Herzog Ernst 17. April; Herzog Otto an Herzog Ernst 21. Juni; Hamb. Rat an Herzog Ernst 31. Juli; Herzog Ernst an Herzog Otto 6. August; Herzog Otto an Herzog Ernst 10. August 1545.

im Einzelnen ohne Interesse, in ihrer Gesamtheit zeigen sie, daß beide Teile auf diesem wichtigen Berührungspunkt sehr auf ihrer Hut waren. Am 27. Juni 1548 einigte sich der Hamburger Rat mit Herzog Otto über einige der strittigen Punkte in einem Interims=Rezeß.[1])

Während es aber auf der Elbe in diesen Jahren ziemlich friedlich und ohne Zusammenstöße herging, war Hamburg doch tätig, um sich auch rechtlich in seiner Stellung am Elbstrom zu befestigen. Die Stadt bemühte sich eifrig am kaiserlichen Hofe um eine Bestätigung des Privilegs von 1482[2]) und erhielt sie endlich unter dem 2. Oktober 1550.

Schon 1551 begannen die Reibereien in Moorburg wieder. Wichtiger und weittragender war es jedoch, als im Frühjahr 1552 Hamburg einige bewaffnete Schiffe oberhalb der Stadt beim Zollenspieker auf den Strom legte. Als der Hauptmann in Winsen sich hierüber beim Rat beklagte, ward ihm zur Antwort, das sei keine Neuerung, sondern diene „tho nottruftiger verbiddinge und handhavinge unser Stadt Privilegien und Gerechticheiden up unserem Strome der Elve". Doch machte der Hauptmann diesmal Ernst, nahm dem Hamburger Tonnenschiff einen Harburger Ever wieder ab und brachte selbst ein bewaffnetes Hamburger Schiff nach Harburg auf.

Klar geht die Auffassung, die Herzog Otto von dem Verfahren der Hamburger hatte, hervor aus dem Schreiben, das er am 29. Mai an seine Räte und die in Celle versammelte Ritterschaft richtete: Die Hamburger „ihnen den Elbstrom sampt darauf dem Haus und Ampt Harburg zustendigen Freiheiten und beweislichen Gerechtigkeiten sonder Fug und Recht zu untreglichem Nachteil und Abbruch des Fürstentumb, desselben Regalien und Freyheiten, genzlichen zuzueignen sich ein Zeitlang her mehr dann zuvor unterstanden"; was jetzt Hamburg mit seinen bewaffneten Schiffen auf „des Fürstthumbs Strom" bezwecke, könne man der Stadt nicht einräumen. Da gleichzeitig bekannt wurde, daß die Hamburger eifrig an der Moorburg arbeiteten, offenbar, um sie zu befestigen,[3]) mußte man von den Hamburgern eine gewaltsame Behauptung ihrer Stellung an der Süder=Elbe erwarten. Bewaffnete Schiffe, die Befestigung der Moorburg und möglichst weitgehende Okkupation des für sie wert= vollen Elbgebiets — das waren für die Hamburger die wichtigsten Mittel, ihrer Stadt die dominierende Stellung an der Unterelbe zu er= halten. Ihre Gegner waren aber nicht geneigt, ohne weiteres vor diesen Mitteln zu kapitulieren.

---

[1]) Kleseker, Sammlung X 112 ff; vergl. Koppmann VI 307.
[2]) Koppmann VII. S. LXXVII. [3]) Koppmann VI 487.

III.

Vom Beginn der Prozesse bis zum ersten größeren tätlichen Zusammenstoß (1554—1566).

Nachdem eine Verhandlung des cellischen Kanzlers Dr. Joachim Moller[1]) am 1. Juli 1554 in Hamburg erfolglos geblieben, der Vorschlag eines Kompromisses vom Hamburger Rat abgelehnt war, sandten Ende Juli die Regierung in Celle und die Stadt Lüneburg gemeinsam Moller wieder nach Hamburg. Er trug dem Rat vor: die Wasserströme Dradenau, Holver-Elbe[2]) und Süder-Elbe seien dem Fürsten und dem Fürstentum zu Lüneburg zugehörig, und die Schiffahrt auf diesen Flüssen mit Korn und anderen Waren nach Burtehude, Stade „und wohin es einem jeden gelegen" und zurück ins Fürstentum sei Jedermann frei und erlaubt. Da aber der Rat diese Fahrt zu hindern suche, so bäten sie ihn, dies zu unterlassen, die Schiffahrt auf den genannten Wasserläufen nicht zu hindern und sie der Notwendigkeit, die Stadt von Rechtswegen zu verklagen, zu überheben. Moller legte zugleich Abschriften der dem Fürsten und Lüneburg hier zustehenden Privilegien vor.

Auf diese Aufforderung antwortete der Hamburger Rat mit einer Klage beim Reichskammergericht, in der Herzog Otto und die Städte Lüneburg, Stade, Burtehude „turbatae possessionis" verklagt wurde, d. h. daß, trotzdem Hamburg seit undenklichen Zeiten in ruhigem Besitze des Rechts gewesen, daß Jedermann, der den Elbstrom auf- und abfahre, bei Hamburg anlegen und Zoll zahlen müsse, daß trotz dieses alten Stapelrechts Herzog Otto sie darin störe, indem er „einen neuen un-

---

[1]) Er war ein geborener Hamburger, Sohn des gleichnamigen hamburgischen Ratsherrn, vergl. Beneke, Dat Slechtbok. Geschlechtsregister der hamb. Familie Moller (vom Hirsch). Hamb. 1876. [2]) Die Holder-Elbe oder Holver-Elbe war „vermuthlich ein von der Dradenau in die Süder-Elbe führender Arm" (Lappenberg, Lorichs Elbkarte S. 50).

gewonlichen Zollen" bei Harburg an der Elbe anlege, die Vorbeifahrenden zwinge, dort anzulegen, und sie von Hamburg fernhalte, daß ferner jene Städte ebenfalls Hamburg in seiner alten Stapelgerechtigkeit zu stören suchten. Ein Reichskammergerichts-Mandat vom 15. September zitierte die Beklagten oder ihre Bevollmächtigten vor das Gericht. Damit war eine endlose Reihe von Prozessen eröffnet.

Doch begnügte sich Hamburg nicht mit diesem Kammergerichtsprozeß, sondern erwirkte beim Kaiser ein Mandat, das am 19. Februar 1555 erging und dem Herzog Otto und den genannten Städten bei Strafe von 50 Mark lötigen Goldes verbot, das hamburgische Stapelrecht zu stören.

Ohne Zweifel ist dies Verhalten Hamburgs sehr geschickt gewesen. Als die Stadt sah, daß die Fürsten und die hauptsächlich interessierten Städte sich zu gemeinsamer Aktion zusammenfanden, kam sie jenen schnell zuvor und leitete ein prozessualisches Verfahren ein. In späteren Prozeßschriften hat die Lüneburgische Partei es ganz richtig so dargestellt, daß die Hamburger im Jahre 1554 den Prozeß begonnen hätten, um einer Lüneburgischen Klage zuvorzukommen. Nun konnte Hamburg, das seine Ansprüche durch seine materiellen Mittel besser zu verteidigen wußte, ruhig zusehen, wie sich in dem umständlichen, zeitraubenden Prozeßverfahren jener Tage die Sache weiter entwickelte; die Stadt mußte nur darauf achten, wie sie sich in ihrem Besitz möglichst sicherte und behauptete.

Es kommt deshalb für uns weit weniger auf die einzelnen Punkte, auf die sich die Klage stützte, an, als auf die Ausnutzung der durch die Einleitung und den Verfolg des gerichtlichen Verfahrens geschaffenen tatsächlichen Lage. So sehr die Akten im Laufe der Prozesse anschwollen, so bewegen sich übrigens die juristisch-historischen Erörterungen in ihnen wesentlich stets um dieselben Punkte.[1]) Beide Parteien haben es mit der historischen Wahrheit in den Prozeßdarlegungen nicht allzu genau genommen; man müßte dicke Bücher schreiben, wollte man alle diese bewußten und unbewußten Irrtümer widerlegen. Ohne uns also in diese Irrgänge zu verlieren, müssen wir doch das Wesentliche berühren.

Da ist zunächst von Bedeutung die hamburgischerseits als Klagepunkt vorgebrachte Zollsache. Die Hamburger warfen dem Herzoge vor, daß sie den 12. Pfennig vom Holz und, was sie sonst in Harburg kauften, entrichten müßten. Den Schaden, den sie durch den neuen Zoll

---

[1]) Näheres findet man in den beiden großen gedruckten Prozeßschriften, der „Kurtze — Ausführung und Erklärung usw. (Hamburg 1620) und dem „Gegenbericht" (Goslar 1622).

in Harburg, wie sie diese Abgabe nannten, und andere Belästigungen erlitten, schätzten sie in ihrer Klage auf mehr als 20000 Gulden. Herzog Otto charakterisierte diese den Zoll betreffende Klage dahin: er merke wohl, daß „es im Grunde dahingericht, damit die von Hamburg des ganzen Elbstroms nach ihrem gefallen zu gebrauchen mechtig sein wollen".[1]

In seiner Gegenklage wandte sich der Herzog gegen die hamburgischen Zölle, von denen die auf Getreide, Honig, Butter erhöht seien; der Roggenzoll sei seit Anfang der 1540er Jahre von seinen Untertanen widerrechtlich erhoben.

Mit der Zollfrage war eng verbunden die eigentliche Stapelrechtsfrage. Hier behauptete Hamburg, daß der ganze Elbstrom, auch in seinen kleinen Nebenläufen, Hamburg „zuständig" und daß das von Kaiser Friedrich III. verliehene Stapelrecht auf diesen ganzen Fluß-Komplex auszudehnen sei; Alles, was zwischen dem Lauenburgischen Gebiet einer-, dem erzbischöflich-bremischen Gebiet andererseits, auf der Elbe verfahren werde, unterliege diesem Stapelrecht. Und spricht jenes Privileg nur von Getreide und einigen anderen ausdrücklich bezeichneten Waren, so dehnten die Hamburger jetzt ihren Anspruch auf alle Waren aus; „umb einiger eigennutziger Leute willen", denen das nicht passe, so erklärte der Rat am 3. Juni 1557, könne die Stadt dies ihr Stapelrecht nicht aufgeben. Der Standpunkt, nach dem es selbstverständlich erscheint, daß das Wohl der Stadt gleichbedeutend ist mit ihrem Recht, wird öfter vertreten; so spricht der Rat einmal von „unser wolhergebrachten und ersessenen Frei- und Gerechtigkeit, daran Unser Stadt und Gemeiner Bürgerschaft gedeyelicher Wolstand mehrestheils gelegen."[2]

Dagegen behaupteten die Herzöge, daß die Süder-Elbe ihr Strom sei, daß das Privileg Friedrichs III. das ihnen günstige, ältere Privileg Sigismunds nicht aufheben könne, daß die Herzöge seit länger denn 60 Jahren auf der Elbe, soweit sie ihr Strom sei, die Schiffer, die ihr Geleit begehrten, gegen die Hamburger „je und allwege geleiten lassen". Sie bestritten den von den Hamburgern behaupteten ruhigen Besitz ihrer Stapelgerechtigkeit.

Der Hauptgegner Hamburgs war Herzog Otto; doch hatte die Stadt auch gegen den in Celle regierenden Herzog Franz Otto Zitation

---

[1] Herzog Otto an Statthalter und Räte in Celle 30. Oktober 1554.
[2] An Lüneb. Rat 6. März 1580.

vor das Reichskammergericht erwirken lassen; Hamburg wußte wohl, daß in diesem Kampfe es sich um das herzogliche Gesamthaus handelte. Und schon im Jahre 1556 begann Hamburg einen zweiten Prozeß gegen Otto, die sogenannte „causa prima fractae pacis", beruhend auf der im Jahre 1552 erfolgten Wegnahme eines hamburgischen Evers.

Die Herzöge nahmen dagegen nunmehr die alte Klage wegen des Gammerdeichs, die seit der Mitte des 15. Jahrhunderts schwebte, wieder auf und brachten sie ans Reichskammergericht. Steht diese Sache auch mit der Stapel- und Zollfrage in keinem Zusammenhange, so wurden sie prozessualisch doch nun mit einander verkoppelt; später, nach langen Jahren, sollte sich zeigen, daß diese Prozeßverbindung verhängnisvoll war.[1]

Auf Prozesse konnte sich Hamburg aber nicht beschränken; es mußte seine Ansprüche lite pendente verteidigen, sich durch die Macht der Tatsachen in ihnen behaupten. Das Handelsinteresse der Stadt duldete ein passives Abwarten bis zum Abschluß der Prozesse nicht. Sie hat für die Aufrechterhaltung ihrer Elb-Privilegien, die Verhinderung der Wegfuhr von Getreide usw. in diesen Jahren ganz erhebliche Summen aufgewandt.[2] Da aber die Gegner fortfuhren, gegen die hamburgischen Ansprüche zu verstoßen, kam es bald zu Konflikten. So fand im Jahre 1555 ein Zusammenstoß statt zwischen den Hamburgern einer-, den Lüneburgern und Stadern andererseits.[3] Mehrere Lüneburgische Getreideschiffe wurden im Frühjahr desselben Jahres von den Hamburgern angehalten. Auch sonst ging der Rat gegen Lüneburgische Untertanen scharf vor. Den Neuenländern wurde verboten, im Amte Bergedorf zu hantieren; als die Herzoglichen einen hamburgischen Ever nach Harburg schleppten, verfügte der Rat, daß den Harburgern, die in Hamburg etwas gekauft hätten, die Ware wieder abgenommen werden sollte. Als Herzog Otto wieder ein Elbgericht abhalten wollte und hamburgische Untertanen dazu lud, protestierte der Hamburger Rat im Jahre 1558 dagegen. In der umständlichen schriftlichen und mündlichen Verhandlung, die sich hieran knüpfte und sich sowohl über das Elbgericht wie über die gesamten Hoheitsrechte auf der Elbe verbreitete, sprach der Rat ganz offen von „Unser Süder-Elbe eigenthomblichen Gerechtigkeit"; er nahm auch die ganze Moorburg für sich in Anspruch.[4] Dem stets zurückhaltenden Herzog Franz Otto in Celle schrieb Herzog Otto hierauf,

---

[1] Vergl. Zeitschrift d. Vereins f. lüb. Geschichte II 444. [2] Koppmann VII S. CCLXXI; für Schiffe ebendaselbst S. CXXI. [3] Vergl. Lappenberg, Hamb. Chroniken S. 467. [4] Hamb. Rat an Herzog Otto 30. Juli 1558.

er sähe nun doch, „daß Ire mutwillige freventliche Handlung nicht allein wider uns, sondern auch das ganze Fürstenthumb ist, und also auch E. L. selbst mit belangt". Wegen des Elbgerichts und der Fischerei erbat sich Herzog Otto beim Reichskammergericht ein „Mandatum de non offendendo".

Am meisten Ärgerniß erregten bei den Herzögen doch die bewaffneten Schiffe, die Auslieger der Hamburger. Bereits im November 1556 hatte Herzog Franz Otto den Rat ersucht, dafür zu sorgen, daß das Tonnenschiff „sich unsers stromes enthalte und den Unsern keinen schaden oder Verhinderung zufüge", andernfalls müsse er es vertreiben. Das war freilich leichter gesagt, als gehandelt. Der Hamburger Rat schrieb auch seinen Ausliegern ausdrücklich vor, bei der Behinderung der unerlaubten Kornfahrt und sonstigen Verstößen gegen das Stapelrecht sich „aller beschedenheit" zu bedienen, untersagte ihnen auch jede gewaltsame Wegführung aus fremden Häfen.[1]) Aber ohne Zwang ging es doch der Natur der Sache nach schwer ab.

Herzog Otto wurde es allmählich doch zu viel; er mußte zusehen, wie Lüneburger Schiffe am Krauel lagen und sich aus Furcht vor den Hamburgern nicht auf die Süder-Elbe wagten. Er prozessierte für schweres Geld am Kammergericht, um die Hoheit des herzoglichen Hauses auf der Süder-Elbe zu bewahren, und die Hamburger genossen unterdessen die Herrschaft über diesen Strom. Den Herzog verdrossen die Kosten des Prozesses, die er allein zu tragen hatte und die ihm bei seiner großen Familie sehr drückend waren.[2]) Im Oktober 1565 schickte er deshalb seinen Kanzler an die Herzöge Heinrich und Wilhelm, die Brüder und Nachfolger des 1559 gestorbenen Franz Otto, ließ ihnen die Sache darstellen und forderte sie auf, sich an den Kosten der Prozesse zu beteiligen. Er, Herzog Otto, möchte sonst gern mit Hamburg im Frieden leben. Die Celler Herzöge gaben Otto eine Antwort, die recht

---

[1]) Vergl. den Schiffspaß vom 15. Febr. 1566 Aktenstück IV. [2]) Ein Licht auf seine Finanzen werfen die Darlehen, die er in Lüneburg, namentlich aber in Hamburg aufnahm. Im Jahre 1548 April 5. mahnte der Hamburger Rat ihn zur Rückzahlung von 500 Talern und verlangte andernfalls die Verpfändung des Finkenwärders. Später, 1561 u. folg. beschaffte Johann Moller, Jochims Sohn, in Hamburg dem Herzog öfter Geld; er versorgte auch des Herzogs Hofhaltung mit Tüchern, Spezereien usw. Im August 1565 drängte Moller den Herzog auf Zahlung von 1030 Talern und 6 Proz. Zinsen; er selbst, Moller, müsse 12 Proz. zahlen. Der Herzog verwies ihn auf die Jahrespension, die er infolge seiner früheren englischen Kriegsdienste von der Königin Elisabeth von England erhielt und die in London an den Faktor des Herzogs, Daniel von Eitzen, ausgezahlt wurde. Auch Kleinodien verpfändete der Herzog dem Moller für seine Schuld.

schwächlich war; geschehen müsse allerdings etwas und zwar Endgültiges, denn „so will die Gelegenheit nicht sein, in stetter Rüstung gegen sie zu sein"; erlaubte man es ihnen nachher doch, „so were der schimpf noch großer"; tätliche Handlungen würden aber „der stehenden Rechtfertigung hinderlich sein"; man müsse die Nachbarfürsten hinzuziehen.[1]

Es sollte bald doch zu den so gefürchteten Tätlichkeiten kommen.

---

[1] Herzöge Heinrich und Wilhelm d. J. an Herzog Otto 12. Juli 1565. Herzog Otto schrieb auf die Rückseite: „responsio pusilis. Quare, quia man hat keine hoden, juxta illum."

IV.

Von dem Zusammenstoß der Hamburger mit Herzog Otto (1566) bis zum Moorburger Vertrage (1591).

Als der Hamburger Rat sah, daß die Gegensätze sich zuspitzten, zögerte er nicht, sich vorzubereiten. Von Kaiser Maximilian ließ er sich am 3. März 1566 die Privilegien von 1482 bestätigen, nachdem bereits 1559 Kaiser Ferdinand sie bestätigt hatte. Er verschaffte sich ferner ein kaiserliches Privileg, datiert Augsburg den 3. Mai 1566. Der Rat habe, so heißt es hier, dem Kaiser vorgetragen, daß er bisher Jedem, der rechtliche Ansprüche gegen den Rat, die Bürger und Jedermann in der Stadt habe, gerichtlichen Schutz gewährt und er sei dazu auch weiterhin bereit. Man bestreite dem Rat das aber jetzt, sodaß er Gewalttätigkeiten zu befürchten habe. Deshalb gewähre der Kaiser ihm und allen Bürgern, Untertanen usw. „Unser und des Reichs" Freiheit, Sicherheit und Geleit gegen Gewalt überall im Reich; Jeder aber, der gegen den Rat oder sonst einen Bewohner der Stadt Ansprüche irgend welcher Art habe, solle das Recht suchen „an enden, so sich solches gepuert". Damit sollte im besonderen dem Anspruch des Elbgerichts und der fremden Gerichtsbarkeit über hamburgische Untertanen begegnet werden, im allgemeinen sollte das Privileg als kaiserlicher Schutz — und Geleitsbrief für die Stadt dienen.

Bald darauf kam es zum offenen Streit. Im Juli 1566 wurde die Leiche eines Fischers auf der Süder-Elbe von Hamburgern aufgefischt und von diesen die Leiche einige Tage an einen Pfahl, der im Wasser stand, gebunden. Dabei lagen zwei bewaffnete hamburgische Schiffe. Am 31. Juli vernahm Herzog Otto dies und es verursachte ihm „viel nachdenkens". Nicht nur eine Verletzung seiner Hoheitsrechte schien hier vorzuliegen, es machte auch den Eindruck einer Herausforderung und Verhöhnung. Er schickte seinen Sekretär mit einigen Dienern zu jenen Schiffen und ließ fragen, „zu was Grund und Meinung sie also und dermaßen auf Unserm freyen Süder-Elbstrom legen, wer ihnen solches bevolen und was man sich zu ihnen versehen soll". Von dem einen Hamburger Schiff wurde ihm geantwortet, der Hamburger Rat habe ihnen befohlen, „sich dahin zu legen und den todten Mann zu verwaren, bis der begraben würde". Die herzoglichen Abgesandten forderten nun die Herausgabe der Leiche, da der Mann auf herzoglichem Strome ertrunken sei und dem Herzog „nach rechtlichem und altwohl=hergebrachtem üblichem Gebrauch" die Bestattung zustehe. Die Hamburger verweigerten das, ja im Laufe der Verhandlung schoßen sie von ihren Schiffen auf den herzoglichen Sekretär und die Leute des Herzogs, die den Körper holen wollten; zwei Mann wurden schwer verwundet. Auf die Kunde hiervon bot der Herzog, der sich in Harburg befand, schleunigst mehrere bewaffnete Ever auf, nahm damit die beiden hamburgischen Schiffe mit der Mannschaft und den Geschützen fort und führte sie im Triumph nach Harburg. Dabei ging es nicht ohne Blutvergießen ab; vier Hamburger wurden getötet, mehrere verwundet. Den streitigen Leichnam hatte aber inzwischen bereits der hamburgische Vogt von Ochsenwärder entfernen und begraben laßen.[1])

Das war ein Ereignis, ganz geschaffen zu einer endlosen Fehde auf dem Papier. Der Herzog beklagte sich über „widerrechtlich Weg-nehmen und Begrabung des toten Cörpers und landfriedbrüchige feind-liche Zunötigung und Gewalt", wie über Verletzung der Hoheit, Gerechtigkeit und Jurisdiktion „unsers freyen Süder-Elbstroms". Hamburg hingegen stellte die Wegnahme seiner Schiffe als eine Verletzung des Landfriedens im allgemeinen, im besonderen aber seines Privilegs, auf der Elbe Auslieger zum Schutze seines Stapelrechts halten zu dürfen, hin; da die Schiffe dicht bei der hamburgischen Insel Ochsenwärder weg-genommen waren, konnten die Hamburger die Tat als eine Verletzung ihres Gebiets hinstellen.

Auf welcher Seite nun auch das Recht sein mochte, jedenfalls bildet dies Ereignis gewissermaßen einen Merkstein in der Entwickelung des Elbkampfes zwischen dem Hause Braunschweig-Lüneburg und Hamburg; denn einerseits verschärfte es den Gegensatz zwischen beiden sehr erheblich, anderseits stellt es vor dem Erlaß des Prozeßurteils (1619) die schärfste gewaltsame und kriegerische Reaktion des herzoglichen Hauses gegen die Stadt dar.

---

[1]) Herzog Otto an den Hamb. Rat 1. Aug. 1566.

Denn die Folge war nicht nur, daß Hamburg dies Ereignis sofort zum Gegenstande eines neuen Prozesses machte und ein Reichskammer=
gerichtsmandat erwirkte, das, datiert vom 29. August, dem Herzog Otto weitere Gewalttätigkeiten verbot und eine Klage Hamburgs auf Land=
friedensbruch und Rückerstattung der Schiffe usw. einleitete; sondern gleichzeitig kam durch die beiderseitigen Rüstungen der ganze nieder=
sächsische Kreis in Bewegung. Herzog Otto erhielt auf seine Bitte von den Celler Herzögen Büchsenschützen und Pulver; jene warnten ihn, er möge das Haus Harburg behüten und mit zuverläßigen Leuten besetzen. Otto selbst befürchtete, daß die Hamburger Harburg verbrennen könnten und bat noch um 100 wehrhafte Leute aus dem Amt Winsen. Der Winsener Hauptmann Christoph von Hodenberg erhielt Befehl, sich Otto zur Verfügung zu stellen. Selbst die Lauenburger Landsassen bot dieser auf. Er wandte sich ferner um Hülfe an die übrigen Herzöge seines Hauses, an den Administrator von Lübeck, den Kurfürsten von Branden=
burg, den Herzog Franz von Sachsen, die Herzöge von Mecklenburg und zahlreiche andere niedersächsische Stände. Da auch Hamburg rüstete, und man überdies befürchtete, daß es beabsichtige, die Süder=Elbe mit Pfählen und durch Versenkung von Schiffen zuzuschließen, scheint es, als ob die Kriegsvorbereitungen des Herzogs nicht ganz grundlos waren.

Eine friedliche Lösung schien ihm selbst aber doch am besten. Während zwischen ihm und Hamburg die beiderseitigen Beschwerdeschriften hin und herliefen, erklärte er sich bereit, vor dem Niedersächsischen Kreistag die Sache auszutragen oder sie vor einem Schiedsgericht entscheiden zu lassen.[1])

Zahlreiche fürstliche Abmahnungsschreiben ergingen an Hamburg. Der Landesherr Hamburgs, Herzog Adolf von Schleswig=Holstein, suchte diese Gelegenheit zu benutzen, seine Hoheit über die Stadt einmal wieder zum Ausdruck zu bringen; er tadelte „Unserer Underthanen unbedechtiges und unfridfertiges fürnehmen", mahnte den Rat zur Ruhe und setzte auf den 28. August einen Gerichtstermin in Schleswig an.[2])

Aus dieser Vermittelung wurde freilich nichts. Schon in den ersten Tagen nach dem Ereignis hatte sich sowohl Herzog Otto wie der Ham=
burger Rat an die in Lübeck weilenden und hier mit den Hansestädten über die Türkensteuer verhandelnden kaiserlichen Kommissare v. Hassenstein

---

[1]) Instruktion für den von den Herzögen Heinrich und Wilhelm nach Hamburg gesandten Joachim Moller 12. August 1566. [2]) Herzog Otto an Herzog Adolf 9. Aug.; Herzog Adolf an Herzog Otto 15. Aug.; Herzog Otto an Herzog Adolf 25. Aug.

und Dr. Jung gewandt. Am 16. August kamen beide nach Hamburg und unternahmen es, die Sache gütlich beizulegen. Leicht wurde ihnen das aber nicht, und erst Ende August kam eine vorläufige gütliche Einigung zustande; darnach sollten alle Tätlichkeiten unterbleiben, beide Teile ihr Kriegsvolk in etwa 14 Tagen entlassen und den gegenseitigen Untertanen den freien Verkehr gestatten; nur die Personen, die bei dem Zusammenstoß die Hamburger getötet und verletzt hatten, sollten sich mindestens 14 Tage von der Stadt entfernt halten, „damit, wo dieselbigen noch also in frischer gedechtnus in die Stadt komen und von derselben verlassen Wittibe, Kindern oder Freunden ansichtig, sich an ihnen nicht vergreifen mochten". Auch sollten die bewaffneten Schiffe, die Hamburg zur Erhaltung seiner Zollgerechtigkeit oberhalb der Stadt hielt, sich an Stellen hinlegen, wo die Hoheit nicht streitig sei. Endlich sollten die Hamburger das Schiff des Herzogs Otto, das für seine Hofhaltung und Küche Lebensmittel transportiere, frei passieren lassen. Alles Übrige sollte der gerichtlichen Entscheidung vorbehalten bleiben.[1]) Die Gefangenen hatte der Herzog schon Anfang August freigegeben; die Geschütze usw. gab er nicht heraus; erst im Moorburger Vertrage von 1591 wurde die Auslieferung vereinbart.

Diese Einigung hielt nicht lange vor. Die Hamburger ließen die herzoglichen Untertanen nicht in die Stadt; und schon Anfang September ließen sie mit starker Mannschaft auf der Moorburg den von dem Herzog aufgeworfenen Grenzgraben einreißen, wobei ein Untertan des Herzogs erschossen wurde. Auf die Beschwerde des in Harburg weilenden Schwagers des Herzogs Otto, des Grafen Johann von Ostfriesland, antwortete der Rat: mit der gütlichen Einigung habe das nichts zu tun; was Hamburg in Moorburg getan, sei geschehen „zu Erhaltung und Vorbittung unserer habenden verjärten Possession und Besitzes".

An das erwähnte Reichskammergerichtsmandat und den sich anknüpfenden Prozeß schlossen sich dann endlose Zeugenvernehmungen. Keine Affäre hat in dieser Beziehung soviel Schreiberei hervorgerufen. Daneben gingen die andern Prozesse.[2]) Der wichtigste, die eigentliche Hauptsache enthaltende über die Zoll- und Stapelgerechtigkeit, verursachte auch zahlreiche Elbbesichtigungen und Zeugenvernehmungen.[3]) Von Wichtig-

---

[1]) Die kaiserl. Kommissare aus Celle an den Hamb. Rat 2. Sept. 1566.
[2]) Ein Grenzstreit über die Finkenwärder Grenze wurde am 12. Mai 1568 durch Vergleich erledigt. (Klefeker, Sammlung XI. 658 ff.) [3]) Am 1. August 1570 klagt Herzog Wilhelm, daß die Zeugenvernehmungen in Sachen contra Hamburg, die Schiffahrt auf der Elbe betreffend, 3378 Blätter umfaßten und ihm 230 Gulden

keit war namentlich eine Verhandlung, die am 10. und 11. September 1567 in Hamburg stattfand; hier legte der Hamburger Rat den kaiserlichen Kommissaren die in Betracht kommenden Urkunden und Privilegien von 1482 und ihre Bestätigungen von 1550, 1559 und 1566 vor.

Sonst folgte aber ein Streit dem andern. Im Juli 1567 ließ der Hamburger Rat Proviant, den Herzog Otto für seine Hofhaltung in Stade hatte kaufen lassen, anhalten und nach Hamburg führen. Der Herzog antwortete mit der Festnahme von sechs hamburgischen Kaufleuten, die ahnungslos durch sein Land reisten; sie wurden zu Winsen in Haft gehalten. Wie feindlich sich der Rat gegenüber Otto stellte, sieht man daraus, daß der erstere jenen Bürgern, die für einige Zeit auf eidliche Verpflichtung aus ihrer Haft entlassen wurden, verbot, sich wieder in Winsen zu stellen; ernstlich befahl ihnen der Rat, daß sie sich „in keine Abhandlung, uns und gemeiner Stadt Privilegien und Freiheiten zu Nachteil und Schaden, inlaten" sollten. Erst Ende November wurden sie auf Fürsprache des Herzogs Johann von Schleswig-Holstein und, da ein Reichskammergerichtsmandat zu befürchten war, freigelassen. Ein Mandat kam dann doch, aber direkt vom Kaiser, Wien 13. Februar 1568; dem Herzog wurde die sofortige unbedingte Freilassung der von ihm nur „gegen eine harte Obligation und Verschreibung" losgegebenen Bürger befohlen.

Auch das kaiserliche Privileg vom 6. August 1569 „contra repressalia" zielte nicht nur, wie bereits oben erwähnt,[1]) auf die Elbschiffahrt zwischen Magdeburg und Hamburg, sondern ohne Zweifel ebenso auf die Repressalien, die gegen Hamburg auf der Süder- und Unter-Elbe vorgenommen würden. Überhaupt aber dürfte die den Herzögen wegen der Sperre der Mittel-Elbe ungünstige Stimmung am kaiserlichen Hofe nicht ohne Einfluß auf die Stellung des Kaisers zu dem Kampfe Hamburgs mit den Herzögen um die Süder-Elbe gewesen sein.

So hatte jede Reaktion gegen die strenge Ausübung des hamburgischen Stapelrechts ein gerichtliches oder kaiserliches Mandat zu gunsten Hamburgs zur Folge. Als im April 1570 die hamburgischen Auslieger auf der Süder-Elbe ein nach Lüneburg bestimmtes, mit Hafer beladenes Schiff festnahmen und am nächsten Tage ein ähnliches Stück aufführen wollten, wurden die Hamburger überwältigt und ein hamburgisches Schiff nach Harburg aufgebracht; aber schon am 24. Mai wurde ein Mandat des Reichskammergerichts ausgebracht, das dem Herzog vorwarf, er

---

schwerer Münze kosteten. Es waren damals in dieser Sache 186 Zeugen vernommen, die auf 399 Fragen zu antworten hatten. [1]) Vergl. oben, Seite 9 f.

habe trotz des Mandats vom 29. August 1566 abermals den Frieden gebrochen; es war dies der dritte Prozeß wegen Landfriedensbruch.

Auch auf der Moorburg wollte es nicht zum Frieden kommen. Am 31. August 1570 wurde in Hamburg unter Mitwirkung der kaiserlichen Kommissare ein Rezeß geschlossen. Aber Herzog Otto ratifizierte ihn nicht, weil er ihm für das herzogliche Haus zu ungünstig schien, und Herzog Wilhelm in Celle billigte die Ablehnung dieses Kompromisses. Es wurde aber immer unsicherer auf der Moorburg und auf der Süder-Elbe. Gegen die Abhaltung des Elbgerichts protestierte der Rat im Juni 1571 durch Abgesandte. Die Veste Moorburg wurde den Herzögen zu einem immer drohenderen Nachbar. Im Mai 1572 beschwerten sich die Herzöge über Belästigungen daselbst, und Herzog Wilhelm warnte am 16. Mai, daß sie vor des Herzog Ottos Hause „und hier in das Fürstentumb eine Veste zu machen und daraus den Süderstrom einzunehmen und die Schiffart darauf zu verhindern unberstünden". Als die Befestigung zunahm und der Wassergraben um die Veste mit Pfählen versehen wurde, klagten die Herzöge Otto und Wilhelm im Frühjahr 1573 gegen Hamburg am Reichskammergericht wegen dieses Baues, der nur „unrechtmessige Vergewaltigung, Krieg und Empörung" zur Folge haben werde. Da die Hamburger von der Veste aus vorbeifahrende Schiffe beschossen und sie nach Hamburg zu fahren gezwungen hatten, war die Klage sicherlich nicht unberechtigt; für Hamburg war die Veste Moorburg nicht nur ein Vertheidigungswerk und militärischer Stützpunkt, sondern auch eine Zwingburg, die der Durchführung des Stapelrechts dienen sollte.

Die Hamburger ließen sich aber nicht irre machen, sondern fuhren in ihren Befestigungsarbeiten fort; als die Herzöge dem Rat alle ihre Beschwerden, namentlich auch die Hinderung der Ab- und Zufuhr nach Harburg vorstellten, antwortete der Rat mit Gegenvorwürfen: er sei wohl befugt gewesen, gegen die Harburger, „die unsere Stadt teglich besuchen und bero nicht entrathen können, den ernst sehen zu lassen"; die Vorbeifahrt der Harburger könne er nicht dulden.[1]

Herzog Otto wurde immer besorgter um die Sicherheit seines Landes. Um diese Zeit wandte sich der Rat von Stade an den Herzog, stellte ihm die hamburgischen Gewaltthätigkeiten vor und bat um Unterstützung.[2] Stade, das, wie wir sahen, seit 1554 im Verein mit

---

[1] Herzöge Otto und Wilhelm an Hamb. Rat 19. Mai; Hamb. Rat an die Herzöge 29. Mai 1573. [2] Instruktion für den Stader Stadtsekretär Schwende 12. Mai 1573; Rat von Stade an Herzog Otto 12. Mai.

Buxtehude auch gegen Hamburg prozessierte, litt unter den Hindernissen, die letzteres seiner Elbschiffahrt bereitete, nicht weniger als Lüneburg. Im Frühjahr 1564 hatte in Buxtehude eine umständliche Verhandlung mit Hamburg stattgefunden; eine gütliche Einigung war nicht zustande gekommen. Die Stader klagten im April 1564, daß die Hamburger gegen sie verführen, "wie kein unchristen aus Turkey oder der Muskow seinem negsten beweisete". Im Jahre 1566 hatte sich ihr Landesherr, der Administrator des Erzbistums Bremen, an die Herzöge von Celle gewandt und gemeinsame Schritte gegen Hamburg angeregt; die Herzöge Heinrich und Wilhelm hatten das abgelehnt, sondern auf den schwebenden Prozeß verwiesen und eine Klage beim Kaiser für nutzlos erachtet.[1]) Die jetzt, 1573, eintreffende Klage Stade's wandte sich sowohl gegen die Verhinderung der Schiffahrt, sondern auch persönlich gegen den hamburgischen Ratsherrn Simon Parseval, der öffentlich erklärt habe, "es hetten die von Harburg und Staden ihre Teuscherey und Verretterei auf dem Elbstroemb lange genug gebraucht, man solte ihnen pillig durch ihre Schiffe Pfehle schlahn". Nun schlugen die Herzöge Wilhelm und Otto dem Erzbischof eine gemeinsame Beratung in Buxtehude vor, und letzterer war bereit zu einer Verhandlung darüber, "wie angeregtem der von Hamburg gewaltsamen und landfriedbrüchigen Furnehmen zu bejegnen".[2])

Noch ehe diese Verhandlung wirklich erfolgte, suchten die Herzöge mit Hamburg sich friedlich zu einigen. Herzog Otto riet freilich davon ab und forderte von Herzog Wilhelm für den Fall, daß die Hamburger ihn überfallen würden, Unterstützung; es sei ja, so stellte er vor, klar, zu welchem Zweck jene die Moorburg befestigt hätten; sie wollten nur das ganze Moor und die Weide an sich reißen.[3]) Wilhelm hatte aber wenig Neigung zu kriegerischen Schritten. Schon als Ende Dezember 1567 Herzog Adolf von Schleswig=Holstein bei Wilhelm gemeinsame Schritte gegen Hamburg angeregt hatte, zeigte letzterer schwere Bedenken; er wisse nicht, wie man das machen solle, meinte er damals; verbiete man den Hamburgern die Zufuhr aus dem Herzogtum, so könnten die Unter= thanen doch der "Statt nicht entraten", und der Salzhandel Lüneburgs und die Zufuhr Hamburgs nach Lüneburg werde geschädigt; auch seien

---

[1]) Herzöge Heinrich und Wilhelm an Erzbischof von Bremen 8. Febr. 1566.
[2]) Herzöge Otto und Wilhelm an Erzbischof Heinrich von Bremen 17. Mai, Erz= bischof Heinrich an die Herzöge 6. Juni 1566. [3]) Herzog Otto an Herzog Wilhelm 1. Juni 1573. Auf der Rückseite des Entwurfs dieses Briefes steht: "Copia an Herzogen Wilhelm mit meiner eigen hand gethanen Schreibens, aber von S. L. nicht mit eigener handt und nach notdurft beantwortet."

Reichsmandate wegen Versperrung der Zufuhr zu befürchten, worauf man dann „mit schimpf von der Niederlegung der Zufuer abstehen mußte".¹) So auch jetzt; das Höchste wozu Wilhelm riet, waren Gegenpfändungen. Es kam dann am 18. Juni 1573 zu einer Zusammenkunft in Altenwerder. Herzog Otto war persönlich anwesend, mit ihm seine und Wilhelms Räte; von Hamburg die Bürgermeister Wetken und Hakeman, die Syndici Wilhelm Moller und Wietersheim, die Ratsherren Vogler und Sillem. Jeder Teil wollte hier dem andern seinen Anteil am Moor abkaufen, auch eine Teilung kam in Vorschlag. Zwar blieb die Verhandlung ohne Ergebnis; doch ging man auseinander mit dem Wunsche „dispereant qui bella volunt".

Auch in Buxtehude am 30. Juni kam nicht viel heraus. Außer den Herzögen Otto und Wilhelm waren der König von Dänemark, der Herzog Adolf von Schleswig-Holstein und der Erzbischof von Bremen vertreten. Sowohl der König wie Herzog Adolf hatten damals mit Hamburg Zwistigkeiten; der König namentlich wegen des von Hamburg ausgeübten Stapelrechts, das seinen Elbmarschen höchst schädlich war.²) Die gemeinsamen Beschwerden gegen Hamburg, das „allerhand beschwerliche eigengewaltige thetliche Handlungen und Neuerungen" unternommen, hatten sie hier zusammengeführt, um Mittel und Wege zu finden, „damit solche der von Hamburg unrechtmessigs, thätlichs furnehmeu gepürlich abgeschafft", die genannten Fürsten in ihren Regalien erhalten, „auch die gemeine Navigation, Handtierung und Kaufmannschaft der Underthanen in ihrem Esse und Wesen gehandhabt werden möchte". Man fand, daß „alles gütlich suchen und vormahnen" bei den Hamburgern „gäntzlich ohne Frucht sey, sondern daß sie sich uff ihr Vermögen verlassen und ihr thatlichs Vornemen fur sonderbare Privilegien und freyheiten, davon sie doch nichts bargethan und bescheinet, zu halten und durch solche Zunöthigung sich in einen besitz und geprauch einzudringen gemeinet seyn". Darüber war man einig und nahm es zu Protokoll. Am 3. August wollte man in Itzehoe wieder zusammenkommen und sich hier vergleichen, „wie durch gepürliche Mandate die Zu- und Abfur in und aus Hamburg in Eines jeden Herrn Fürstenthumb und Landen bey den Underthanen" zu verbieten sein möchte, ebenso wie man die Kur- und anderen Fürsten, die am Elbstrom gesessen, zu gleicher Maßregel bewegen könnte. Hamburg selbst, so erklärte man, habe mit seinen Verboten und Mandaten diesen Weg gewiesen.

---

¹) Herzog Wilhelm an seine Räte 8. Jan. 1568. ²) Vergl. Gallois, Hamb. Chronik II, 1017f; Schäfer, Geschichte von Dänemark V, 234.

Herzog Wilhelm hatte freilich allerlei Bedenken, den Tag in Itzehoe zu beschicken; gegen Sperrmaßregeln hatte er, wie wir oben sahen, schon früher Abneigung; auch fürchtete er, daß die holsteinischen Herzöge „allerhand sachen mit einziehen, und der Handel damit nicht weinig besorglich werden möchte".[1]) Von gütlichen Verhandlungen mit Hamburg wollte aber auch er jetzt nichts mehr wissen; als Ende Juli, noch vor dem Itzehoer Tage, der Hamburger Rat dem Herzog Otto abermals gütliche Handlung wegen der Moorburg vorschlug, lehnte Otto es ab, es sei denn, daß der Rat „hinfürder auf der Elb gute friedliche Nachbarschaft halten und alle Ding im vorigen stand bringen" würde; und Wilhelm meinte, „daß sich bey denen von Hamburg die That mit irem milden erpieten gar nicht vergleichet, und halten derwegen, daß fernere gütliche Handlung vast werde ohne frucht seyn".[2])

Über die Verhandlung in Itzehoe am 3. August unterrichtet eine von den Bevollmächtigten der auch in Burtehude vertretenen Fürsten abgeschlossene Vereinbarung. In ihr heißt es: Im Hinblick auf die von Hamburg vorgenommene Sperrung der Elbe und den Zwang, den die Stadt durch das Stapelrecht ausübe, wie auch den Bau der Moorburg usw. und die bisherige Fruchtlosigkeit aller Beschwerden vereinigten sich die genannten Fürsten zu gemeinsamem Vorgehen und befahlen allen ihren Untertanen und Eingesessenen, sich jeder Zufuhr von Viktualien, Getreide, Salz, Holzkohlen, Vieh und was sonst aus ihren Gebieten komme, nach Hamburg, ebenso aller Ausfuhr von Viktualien, Bier und dergl. aus Hamburg zu enthalten. Diese Abrede sollte von Allen fest gehalten werden und Niemand sich ohne die Andern mit Hamburg in Verhandlungen einlassen, bis dieses sich gebürlich und billig bezeigen werde. Sollte Hamburg irgend eine Gewalttat gegen einen von den Fürsten oder ihre Untertanen begehen, so sollte die Abwehr gemeinsam sein; auch sollte nicht geduldet werden, daß den Hamburgern Kriegsvolk zuziehe.

Dieser Vertrag ist aber nicht in Kraft getreten, Dänemark half sich selbst gegen Hamburg; die Herzöge von Braunschweig-Lüneburg scheuten vor Gewaltmaßregeln, wie sie hier geplant wurden, offenbar zurück; die Verbindung mit Dänemark und Holstein war ihnen überhaupt nicht angenehm; eine Unterbrückung Hamburgs durch jene konnte nicht im Interesse der Herzöge liegen.

---

[1]) Herzog Wilhelm an Herzog Otto 24. Juli 1573. [2]) Herzog Wilhelm an Herzog Otto 30. Juli; Herzog Otto an Hamb. Rat 1. August; Hamb. Rat an Herzog Otto 7. August; Herzog Wilhelm an Herzog Otto 9. August 1573.

Günstig war es auch für Hamburg, daß Herzog Otto um jene Zeit durch die ostfriesischen Wirren sehr in Anspruch genommen wurde. Als er im November 1573 auf einige Zeit nach Ostfriesland reisen mußte, empfahl er Wilhelm sein Haus Harburg, und der Hauptmann von Winsen wurde mit diesem Schutze beauftragt. Als dann Anfang April 1574 die Hamburger im Reiherstieg ein Stader Schiff mit Hafer anhielten und nach Hamburg zu fahren zwangen, beschwerten sich die Harburger Beamten darüber. Der Rat aber schrieb ihnen kurzweg am 16. April: „Nun wissen wir von keinem freyen Süder=Elbstrom, sondern es gibt die Vernunft und die Augenschein, wie auch die Cosmographi bezeugen, daß nur ein Elbstrom sey, welchen wir bis anhero und noch verpetten und besichert; auf diesem unsern freyen Elbstrom understehen sich etzliche, unsere Stadt umb und vorbey zu fahren usw.". Durch solche Proteste ließen sich also die Hamburger in der praktischen Ausübung ihrer Elbansprüche nicht beirren.

Auf der Moorburg herrschte mehr benn je offene Fehde zwischen den beiderseitigen Untertanen. Längere Zeit sah Herzog Otto dem zu; schließlich ließ er sich nicht mehr halten, und am 2. Dezember 1575 wurde durch seine Bewaffneten der von den Hamburgern angelegte Deich niedergerissen. Schon am 20. Dezember erließ hierauf das Reichskammergericht ein von Hamburg erwirktes Mandat, das dem Herzog die Zerstörung des Deiches verbot und die Wiederherstellung befahl.[1]) Als dann in den ersten Tagen des Januar dem Rat zu Ohren kam, daß der Herzog einen abermaligen Einfall in den hamburgischen Teil des Moores beabsichtigte, erwirkte der Rat wiederum ein Mandat des Reichskammergerichts, datiert 17. Februar 1576, das dem Herzog jede feindselige Handlung gegen Hamburg verbot. Doch auch der Herzog war in Speier tätig; der Bau der Veste Moorburg diente als Klagepunkt; schon im Juni 1575 hatte er dem Herzog Wilhelm geschrieben, man müsse die Festung, ehe sie „zu ihren vollen Kresten und stercke kompt", abschaffen. Nun kam ein vom 23. Februar 1576 datiertes Reichskammergerichtsmandat, das dem Rat vorwarf, „in neulicher Zeit zur Moorburg ein gewaltige bevestigung" gebaut zu haben, um des Herzogs Untertanen hier den Weg zu sperren; dem Rat wurde befohlen, jene Wege ungesperrt und offen zu halten.

Das bedeutete aber nicht viel. Und eine Verhandlung, die im April 1576 unter der Leitung kaiserlicher Kommissare in Buxtehude

---

[1]) Dies Mandat insinuierte aber der Rat dem Herzog Otto erst am 3. August 1586.

stattfand, führte zwar äußerlich zu einem Kompromiß über das Moor; doch kümmerten sich die Hamburger wenig um die Abmachungen. Auch verweigerten sie jetzt den Herzögen die Zahlung der Elbhur für Fischerei. Eine Beschwerde, die die Herzöge am 27. Dezember 1576 an die Fürsten und Stände des Niedersächsischen Kreises richteten, in der sie den Mutwillen und die Gewalttätigkeiten der Hamburger schilderten, verhallte wirkungslos. Um für alle Fälle sicher zu sein, ließ sich die Stadt am 7. Februar 1577 von Kaiser Rudolf die erwähnten Privilegien vom 3. Mai 1566 und 6. August 1569 bestätigen; in der Bestätigung des ersteren, des Privilegs „des Geleits für Gewalt zu Recht" wurde ausdrücklich hinzugefügt, daß, wenn auch Hamburg jenes Recht bereits besitze, „so mochten sie doch solches ihren hohen Recht erpietens nit genießen, sondern mußten sich darüber an etlichen Orten und Enden allerhand thätlichen Handlung und unbillichen Gewalts besorgen".

Tatsächlich spitzte sich der Gegensatz zwischen den Herzögen und Hamburg im Jahre 1577 noch mehr zu. Auf der Moorburg vergrößerte Hamburg den Deich über die im vorigen Jahre festgesetzte Länge. Im Mai machte die Stadt Vorbereitungen, um die Fischerfurt gegenüber dem Papenover durch Verpfählung und Versenkung von alten Schiffen zu zerstören. Herzog Otto wollte das nicht dulden, rüstete, baute bei Moorburg eine Schanze und bat Herzog Wilhelm um Büchsenschützen und Munition. Wilhelm hatte aber, wie immer, geringe Lust zu gewaltsamer Abwehr der hamburgischen Übergriffe; den Bau der Schanze hielt er für bedenklich, weil Otto sie doch nicht so lange besetzt halten könne, wie die Hamburger die Sache hinziehen würden; Otto wisse, so schrieb er ihm am 7. Juni, „das sie sich leichtlich zu ihrer vortheilhaften Gelegenheit mit vielem Volk gefaßt machen und balde zu Wasser und Lande zu- und ablangen können"; auch sei den Hausleuten, die jener in der Schanze habe, doch nicht „so harde zu trauen"; er riet, Otto möge „aus begabtem Verstande der Gelegenheit nachdenken und nicht leichtlich verhengen, das E. L. etwan und den Ihren beschwerlich sein und fallen möchte"; die Hamburger würden mit ihren Tätlichkeiten sich nicht beeilen, sondern sie dann verüben, wenn es ihnen nützlich sei. Da er allein wenig gegen Hamburg ausrichten konnte, wandte sich Otto am 15. Juni abermals an die Fürsten und Stände des Niedersächsischen Kreises und rief ihre Hülfe an gegen „unsere unruhigen Nachbarn", die „ihren Fuß in das unsere und uns sambt unsern armen Leuten be facto heraußer zu setzen oder je zum wenigsten durch übermessige lange Proceß uns zu ihrem Vortheil nicht allein zu überheufen und in andere wege zu bringen, sondern vielmehr entlich gantz und gar darumb zu bringen gedencken". Herzog Julius von Braunschweig-Wolffenbüttel richtete darauf ein Abmahnungsschreiben an Hamburg, warnte die Stadt vor Gegenmitteln; auch er, als Herzog des Gesamthauses, habe ein Interesse daran. Der Lüneburger Rat aber versagte dem Herzog offen die Unterstützung gegen Hamburg; der Rat wollte nicht einmal mit den Bürgern darüber reden.[1]) In Lüneburg hatte man an einem ernsten Zerwürfnisse mit Hamburg kein Interesse. Zwischen den Hamburger und Lüneburgern Schiffern war 1573 ein modus vivendi hergestellt,[2]) und für die Getreideschiffahrt erhielten die Lüneburger wiederholt in Hamburg Freizettel, allerdings meist nur für Hafer, schwerer für Gerste und Weizen. Das Einzige, was dem Hause Braunschweig-Lüneburg zu Hülfe kam, war ein Reichskammergerichtsmandat vom 10. Juli, das Hamburg die Verpfählung der Elbe und Zerstörung der Fischerfurten untersagte.

Damit begnügte sich Herzog Otto, und im November schrieb er den cellischen Räten, die Sache mit den Pfählen solle nicht so schlimm sein, er habe wenig Lust, „uns in ferneren Zank oder weitere Prozeß, deren wir ohne das mehr als uns lieb ist, mit ihnen zu begeben".[3]) Nicht weniger als 11 verschiedene Prozesse hatte er damals mit Hamburg.

Kaum aber war hier Ruhe eingetreten, als durch die am 21. Oktober 1577 erfolgte Arretierung eines hamburgischen Evers und dreier hamburgischer Kriegsleute, von denen einer nach Harburg geschleppt wurde, Hamburg Gelegenheit gegeben wurde, wieder auf dem wichtigsten Streitgebiet, der Frage der Zoll- und Stapelgerechtigkeit, einen Erfolg davonzutragen. In den vorhergehenden Jahren hatte die Stadt mit aller Schärfe ihr Stapel- und Zollrecht gegen Lüneburger, Stader usw. behauptet, alle Schiffe, die sich ihm entziehen wollten, erbarmungslos nach Hamburg schleppen lassen. Alle Beschwerden der Herzöge blieben unbeachtet. Im März 1575 bat Herzog Otto den Herzog Wilhelm, er möge mit ihm endlich einmal diesem Übermut ein Ende machen; Wilhelm lehnte jede gewaltsame Handlung ab und meinte, man müsse „Gelegenheit erwarten, ob man sie etwan einmal mit gleicher muntz bezalen und inen wiederumb einen vortheil abgehen mochte".[4]) Nun, 1577, hatte man

---

[1]) Lüneb. Rat an Herzog Otto 17. Juni 1577. [2]) Baasch in Zeitschrift des histor. Vereins für Niedersachsen 1903, S. 189. [3]) Herzog Otto an die cellischen Räte 1577 Nov. 10. Damals begann die langjährige Krankheit Herzog Wilhelms (Hoogeweg in Zeitschrift a. a. O. 1902, S. 350 ff). [4]) Herzog Otto an Herzog Wilhelm 23. März; Herzog Wilhelm an Herzog Otto 25. April 1575.

sich einmal aufgerafft und jene Arretierung vorgenommen, weil jenes hamburger bewaffnete Schiff in Ausübung des Stapelrechts Schiffe nach Hamburg verwiesen hatte. Erst vor kurzem, am 28. August 1577, war vom Kaiser das hamburgische Privileg von 1482 bestätigt worden. Infolge jener Arretierung aber bewirkte Hamburg ein abermaliges Reichskammergerichtsmandat (vom 16. Januar 1578), das Herzog Otto die Wegnahme von hamburgischen Schiffen, die zur Aufrechterhaltung des Stapels der Stadt dienten, verbot. Doch gab der Herzog erst Anfang August 1578 den gepfändeten Ever zurück.

Die hamburgischen Auslieger haben aber gerade in diesen Jahren schärfer denn je über das hamburgische Stapelrecht gewacht; nicht nur auf der Süder-Elbe, auch auf dem Seevefluß, der doch unbestritten dem Herzogtum zuständig war, erlaubten sie sich Gewalttätigkeiten. Vorstellungen beim Rat nützten nichts; Briefe, die Herzog Otto an ihn sandte, Boten blieben ohne Antwort; „unsere botten seind immer von einem Bürgermeister zu dem andern und endlich also abgewiesen worden, das nicht Noht wehre, umb Antwort ferner anzuregen", klagte Otto am 8. Dezember 1578. Als dann der Rat endlich am 11. Dezember antwortete und protestierte, daß die herzoglichen Untertanen sich unterstünden, „uf unserm freien ungenitteten Elbstrom vorbey zu laufen und unser Zoll- und Staffelgerechtigkeit zu veruntrauwen", nannte Otto diesen Brief einen „staffierten, erdichten bericht", der „unverschambt" sei; und die Gewalttätigkeit, die „die Buben uf dem Seevenstrome geübt, lassen sie fein stillschweigende passieren, gedencken vielleicht auch doselbst hin und also weiter ins Fürstenthumb den Fues zu setzen und ihre raubschiff mit der Zeit dahin streichen zu lassen". Wilhelm aber hatte diesen Klagen gegenüber wieder nichts als Bedenken; weder von Prozessen noch von Gewalt wollte er etwas wissen; man müsse es „ein Zeit hingehen lassen, bis etwan die Gelegenheit vorfiele, das dieselb hetten an dem orte ungeferlich, da sie diesen Mudwillen begangen, ihnen einmal wiederumb einen Kahn oder dergleichen fueglich abnemen lassen oder sonsten einmal ohn sonderliche Beschwerung und gefahr die jegenschantz brauchen konnen". Nicht mit Unrecht schrieb Otto an den Rand dieses Briefes „sehr kalt"; und er ließ es sich wenigstens nicht nehmen, noch Ende 1578 den von den Hamburgern errichteten Deich auf der Moorburg zu zerstören.[1])

---

[1]) Herzog Otto an Herzog Wilhelm 18. Dezbr.; Herzog Wilhelm an Herzog Otto 16. Dezbr.; Herzog Otto an Herzog Wilhelm 26. Dezbr. 1578.

Die immer mehr sich verschärfende gewaltsame Ausübung des Stapelrechts durch Hamburg führte die Herzöge endlich dazu, eine Ab=änderung dieses Zustandes dadurch zu erstreben, daß man, unbeschadet aller Rechte, einen modus vivendi herstellte. Schon um Pfingsten 1579 verhandelte der lüneburgische Rat Dr. Joachim Moller in dieser Richtung mit dem hamburgischen Rat. Der Bischof von Lübeck sollte als Ver=mittler hinzugezogen werden. Dann fing aber plötzlich Hamburg an, in Moorburg den eingerissenen Deich wieder aufzubauen, und die Erbitterung darüber verhinderte eine gütliche Einigung. Moller hatte alle Lust zu weiteren Verhandlungen verloren; Herzog Otto bewog ihn aber zu neuer Anknüpfung, um endlich einmal die Sache zu beendigen. „Unsers theiles weren wir des Recht gehens, darauf uns ein gute Anzal Jahr daher ein großer Theil unsers geringen Einkommens neben andern Zupueß gegangen ist, fast müde, zudeme das es auch göttlicher und nützlicher were, in ruhe, friede und nachbarlicher verwantnuß, als in solchem wiederwillen und gezencke zu sitzen und zu leben". Auch der Lüneburger Rat war dafür.[1]) Doch wurde zunächst auf Vorschlag Herzog Wilhelms eine gemeinsame Beratung der Gegner Hamburgs, d. h. außer den Herzögen der Städte Lüneburg, Stade, Buxtehude, in letzterer Stadt vereinbart. Diese Verhandlung fand am 28. April 1580 statt; man beschloß, daß auch die drei Städte eine gemeinsame Supplik ans Reichskammergericht um ein Poenalmandat gegen Hamburg und ein endliches Urteil in der Hauptsache (Stapel= und Zollgerechtigkeit) erlassen sollten, wie sie bereits am 1. März von den beiden Herzögen nach Speier abgegangen war. Ferner wollte man überhaupt möglichst gemeinsam vorgehen.

Moller hatte inzwischen mit Hamburg verhandelt; Vorschläge und Gegenvorschläge wurden beiderseits gemacht. Doch hatte schon am 9. April Herzog Otto an Wilhelm geschrieben, er teile ganz des letzteren Ansicht, „das die Hamburger ihren alten gebrauch nicht verlassen, sondern unter dem schein gütlicher Handlung etwas suchen, welches sie ihnen zu benne, das sie sonst im Recht nicht getrauen zu erhalten, nutz zu machen verhoffen"; ebenso am 29. April: „daß sie ihrem alten Gebrauch nach uns das Maul aufzusperren und etwas zu ihrer beschonigung aus=zufischen gedenken". Daß es Hamburg mit der gütlichen Handlung nicht ernst war, sah man allerdings bald; die Vereinigung der Gegner

---

[1]) Herzog Otto an Herzog Wilhelm 25. Febr.; Lüneb. Rat an Räte in Celle 8. März 1580; an Herzöge Wilhelm und Otto 5. Jan. 1580.

war Hamburg natürlich nicht angenehm; der Rat schrieb am 11. Mai an Moller: wenn Stade und Buxtehude hinzugezogen werden sollten, werde die „Handlung viel zu weitläuftig"; er schlug eine systematische Verhandlung mit scharfer Trennung der einzelnen Punkte vor; zuerst aber müsse die Moorburger Sache erledigt werden. Moller ersah hieraus, daß die Hamburger entweder wenig Lust zu gütlicher Handlung hätten, „oder sunst ihren Vortheil suchen". Besonders verdächtig schien es, daß Hamburg eine Beteiligung des Dr. Calixt Schein wünschte. Dieser, der kaiserlicher Kommissar in der Moorburger Streitsache war, hatte sich bei den Herzögen sehr unbeliebt gemacht; man hielt ihn für parteiisch, für „vorbechtiger als vorbechtig".[1]) So zerschlug sich auch diese Verhandlung wieder.

Mit Hamburg direkt wollten sich weder die Herzöge noch die Städte mehr einlassen. Man setzte nunmehr alle Hoffnung auf ein baldiges Endurteil in Speier. Tatsächlich war am 19. November 1578 in der Hauptprozeßsache die Beweisaufnahme geschlossen, es sei „das Urteil alle Tage zu erwarten, welches uns und die von Hamburg woll scheiden kann", schrieben die Herzöge am 2. Mai 1580 an Moller; und nach dem Scheitern der Verhandlung mit Hamburg am 6. Juni: „so mügen sie wol wissen, daß sie uns Gottlob in ihrem stocke noch nicht haben, das wir eben alles bewilligen müssen;" da die Beweis= aufnahme geschlossen, sei „der meiste unkost, so darauf gehen soll, nun= mehr fast verschmertzet". Sie ahnten nicht, daß noch fast 40 Jahre darüber hingehen sollten.

Aber es gelang Herzog Otto doch, im Jahre 1581 zwei Reichs= kammergerichtsmandate (vom 22. Mai und 7. Dezember) zu erwirken, in denen Hamburg verboten wurde, lite pendente Tätlichkeiten gegen Herzog Otto auf der Elbe und der Moorburg und überhaupt zu verüben. Dadurch und durch ein Schreiben des in Lüneburg versammelten nieder= sächsischen Kreistages an Hamburg wurde wenigstens soviel erreicht, daß die Harburger Schiffe mit Getreide seitdem auf der Süder-Elbe ziemlich unbelästigt blieben. Dagegen führte die Moorburger Sache bei einer Zusammenkunft an Ort und Stelle im August 1582 zu einer Injurien= klage des hamburger Syndikus Dr. Wilhelm Moller gegen Herzog Otto und seinen Sohn Johann Friedrich.

Sonst ging die Sache am Reichskammergericht aber nicht aus der Stelle. Die vielen Nebenprozesse standen dem Urteil in der Haupt=

---

[1]) Moller an Herzog Wilhelm 23. Mai; Herzog Otto an Wilhelm, an Moller 6. Juni 1580.

streitsache im Wege; namentlich die Frage des Harburger Zolls erschwerte den Prozeß. Jede Partei warf natürlich der andern „unnötige, langwierige dilationes" vor. Daß hamburgischerseits die Verzögerung eine absichtliche war, wird man gern zugestehen können; die Stadt hatte ja ein lebhaftes Interesse daran. Das Haus Braunschweig-Lüneburg hat aber ohne Zweifel viel Schaden erlitten durch den Anwalt, der lange Jahre in Speier diese Prozesse führte. Dieser, Dr. Ramminger, starb 1586; schon vorher bekannte Herzog Otto: jener „hat uns durch seinen Unfleiß den Prozeß in derselbigen sachen also verwirret, daß wir auch schier nicht wissen, wie wir damit wiederumb sollen zu rechte kommen"; Ramminger sei „so faul gewest, daß er zuvor nicht das Protokoll besehen" usw.[1]) Bei dem an sich schon schneckenhaften Prozeßgang in Speier war ein solches Verhalten freilich sehr verhängnisvoll. Der Syndikus der Stadt Lüneburg, Dr. Husanus, hatte später viele Mühe, sich in dem ungeordneten Aktenwust zurechtzufinden.[2])

Nicht nur aber der Prozeß schien zu versumpfen, auch an der Elbe trat allmählich eine gewisse Erschlaffung auf herzoglicher Seite gegenüber den Hamburgern ein. Mehrere Ursachen haben hier mitgewirkt. Zunächst war in den 1580er Jahren Herzog Otto durch die ostfriesischen Wirren sehr in Anspruch genommen.[3]) Herzog Wilhelm aber litt an einer zwar nur periodisch auftretenden, aber doch chronischen Gemütskrankheit,[4]) und seine Räte in Celle waren nicht immer geneigt, Herzog Ottos Gesuchen um Unterstützung zu entsprechen. Auch belästigten die Hamburger jetzt mehr die Lüneburger als die Harburger Schiffe. Wenn die Hamburger dabei aber „je lenger je grober" wurden,[5]) so meinte Wilhelm, es sei „bey den Leuten all schreiben und billig suchen vergeblich".[6]) Man schien also mit Resignation alles über sich ergehen lassen zu wollen.

Nur den Rechtsstandpunkt suchte man ängstlich zu wahren; und als Herzog Heinrich d. J., der in Dannenberg residierende Bruder Wilhelms, im Herbst 1583 einen Paß ausstellte, in dem er die Zöllner des Elbstroms wie auch „der Stadt Hamburg Auslieger" ersuchte, einen Schiffer mit Getreide frei passieren zu lassen, protestierte Herzog Otto sehr lebhaft dagegen, da durch solche Pässe dem Prozeß über das hamburgische Stapelrecht präjudiziert werde, und Hamburg in solchen

---

[1]) Herzog Otto an den Kanzler in Celle, Dr. Joachim Moller, 27. Jan. 1583. [2]) Husanus an Herzog Otto 21. Oktbr. 1587. [3]) Er war in zweiter Ehe mit Hedwig, Ennos II. Grafen von Ostfriesland Tochter, vermählt. [4]) Vergl. oben S. 40, Anm. 3. [5]) Herzog Otto an die Celler Räte 23. Juli 1582. [6]) Herzog Wilhelm an Herzog Otto 30. April 1583.

Pässen eine Waffe erhalte; mit jenem Paß habe die Stadt „ein gewonnen Spiel". Otto hielt deshalb den Paß an und bot dem Schiffer lieber einige Bewaffnete, damit sie das Schiff „vor den Hallunken, den Ausliegern, woll sicher uberbringen solten". Herzog Heinrich bat er bringend, solches in Zukunft zu unterlassen; „dan was bedurfen wir der Hamburger Erlaubnis zu demjenigen, dessen wir ohne das berechtigt und wol befugt sein". Als Heinrich dann einen andern Paß schickte, drückte Otto ihm entschieden sein Mißfallen aus, daß jener „den Prozeß und desselbigen Ausgang zweifelhaftig machen" wolle; die Privilegien ihres Hauses seien weit älter als die Hamburgs; Heinrich sei „durch andere leute in solchen Wahn verleitet worden". Letzterer scheint dann dem Rat, „er möge der sachen vernunftiglich nachdenken", gefolgt zu sein und auf die Pässe verzichtet zu haben."[1]) Tatsächlich zeigt dieser Vorgang doch, daß das Interesse an dem Kampfe zu erlahmen begann.

Am meisten Widerstand gegen Hamburg leistete gerade um diese Zeit die Stadt Lüneburg. Ihre Schiffahrt wurde mehr denn je von den Hamburgern belästigt, nachdem, wohl infolge der Mandate von 1581, die direkten Untertanen Ottos mehr geschont wurden. Im November 1583 bat die Stadt Herzog Otto um Unterstützung gegen Hamburg. Der Herzog benutzte die Gelegenheit, sich einmal offen auszusprechen. Seit 27 Jahren, so erwiderte er dem Lüneburger Rat, prozessiere er mit Hamburg; die Prozesse wegen des Landfriedens, die er sich im Interesse lüneburgischer Schiffe zugezogen, kosteten ihm viel Geld; der Rat habe bisher jede Anfrage, ob er sich an den Kosten beteiligen und „den Hamburgern ihre gerumbte possession, Auslieger auf der Süder-Elbe zu halten, brechen helfen" wollte, abschlägig beschieden; auf dem Lüneburger Kreistag von 1581 habe der Rat den Herzog im Stich gelassen. Er, Herzog Otto, habe auf der Süder-Elbe weder Zoll, noch sonstige Einnahme, und „es uns gleichviel gilt, die Schiffe laufen durch die Norder- oder Süder-Elbe"; er habe deshalb keine Neigung, „uns allein in mehr Proceß und Unkosten mit dem Rathe zu Hamburg solcher Schiffart wegen einfuhren zu lassen, sondern müssens gehen lassen, wie es gehet", da ihm von dem regierenden Landesfürsten in Celle, dem der Zoll auf der Elbe zustehe, und von der Stadt Lüneburg keine Unterstützung zuteil werde. Otto lehnte deshalb jede Verhandlung mit Hamburg „in sachen, so uns nichts einbringen und dem Regierenden Fürsten zu vorsechten eignen", ab; „dan wir umb erhaltung des Fürsten-

---

[1]) Herzog Otto an Herzog Heinrich 6. Novbr.; Herzog Heinrich an Herzog Otto 9. Novbr.; Herzog Otto an Herzog Heinrich 17. Novbr. 1583.

thumbs Frey- und Hoeit willen diesfals mehr gethan, als ser unsere geringe Gelegenheit ertragen wollen". Wenn Lüneburg si wegen der Beteiligung an den Prozeßkosten usw. erkläre, sei er bereit, die lüneburgisen Siffe zu geleiten.[1])

Dieser Brief, den Otto au Wilhelm mitteilte, zeigt uns deutli die Wandlung in dem Verhalten gegen Hamburg. Herzog Otto war der Sae vollständig überdrüssig, er war prozeß- und streitmüde. Er führte die meisten Prozesse für si allein, während do in Wirklikeit fast alle das gesamte herzoglie Haus und überhaupt das Land angingen. Gemeinsam mit Herzog Wilhelm führte er nur die Prozesse „commissae poenae privilegiorum" und „Citationis die Moorburg betreffend". Man konnte Otto deshalb seine Stellungnahme nit verdenken. Er ließ si au nit dur kleine Angebote anders stimmen. Als Wilhelm ihm infolge jenes Sreibens an Lüneburg 30—50 Bewaffnete, au Geleitsiffe anbot, lehnte Otto dies ab, da sole bewaffnete Geleite lediglih wieder zu Zusammenstößen mit den Ausliegern und zu neuen Prozessen mit den Hamburgern führen würden. Er verlangte nits als Beteiligung an den Prozeßkosten; gingen Herzog Wilhelm und Lüneburg darauf nit ein, so müsse er traten, mit Hamburg zu einem nabarlien und friedlien Verhältnis zu gelangen. Au empfahl er eine gemeinsame Gesandtsaft Wilhelms und der Stadt Lüneburg an den hamburger Rat; sie sollte die Absaffung der Auslieger und die Aufhebung der Siffahrtshindernisse fordern, eventuell mit „Arresten zu Wasser und Lande" drohen; freili sei von solen Drohungen, wenn ihnen nit die Tat folge, wenig zu erwarten. Otto wies hin auf das Verfahren des Erzbiofs von Bremen, der Hamburg dur das Verbot des Hamburger Bieres gefügig gemat habe. Otto selbst wollte si aber an einer Gesandtsaft nit beteiligen, weil er fürtete, daß die Hamburger in ihm den Urheber sehen und si dann wieder allein gegen ihn wenden und die Süderelbe und die Siffahrt daselbst unsier maen würden.[2])

Au die Stadt Lüneburg zeigte si nun etwas weniger ablehnend gegenüber Herzog Otto. Freili litt die Stadt swer unter der hamburgisen Bedrängnis. Die lüneburgise Siffahrt mit der Unterelbe war vollkommen gehemmt, mehrere na Stade und Buxtehude

---

[1]) Lüneb. Rat an Herzog Otto 22. Novbr.; Herzog Otto an Herzog Wilhelm 25. Novbr.; an Lüneb. Rat 24. Novbr. 1583. [2]) Herzog Wilhelm an Herzog Otto 30. Novbr.; Herzog Otto an Herzog Wilhelm 6. Dezbr.; Herzog Wilhelm an Herzog Otto 11. Dezbr.; Herzog Otto an Herzog Wilhelm 20. Dezbr. 1583.

bestimmte Fahrzeuge schütteten ihr Korn in Harburg aus. Der lüne=
burger Rat verbot nun seinen Bürgern, in Hamburg Freizettel für die
Fahrt zu holen, und verwies sie auf das Risiko; „so möchten sie darauf
ausstehen und ebenteuren, was ihnen de facto von den Hamburgern
per actus turbativos begegnete oder widerfuhre".¹)

Das ganze Jahr 1584 verfloß unter Verhandlungen mit Hamburg.
Der Rat gab zuerst eine ziemlich willfährige Erklärung hinsichtlich der
freien Passage von Hafer elbaufwärts; die Passage von Gerste lehnte er
ab, da das hamburgische Brauwerk dadurch geschädigt werden würde.
Herzog Wilhelm schlug hierauf ein „Interim" vor,²) d. h. die Her=
stellung eines provisorischen erträglichen modus vivendi, der bis zum
Spruch des Kammergerichts zu gelten habe. Plötzlich aber verübten
die hamburgischen Auslieger wieder Feindseligkeiten, sodaß die Landstände
des Fürstentums den Herzog baten, er möge „solch werck also nicht
ersitzen lassen", sondern „die Gegenschantz zu nothwendigen defension
an die Hand nehmen". Wirklich ließ Wilhelm an seinen Zollstätten in
Bleckede und Hitzacker mehrere hamburgische Schiffe festnehmen und gab
sie erst nach längerer Zeit frei.³) Erst im Juli 1585 hatte man sich
wieder soweit beruhigt, daß am 13. bis 15. ds. Mts. die Gesandten
beider Herzöge und Lüneburgs in Hamburg mit dem Rat in Ver=
handlung traten. Die ersteren stellten hier folgende Forderungen, auf
deren Grundlage ein „Interim" geschlossen werden könne:

1. Elbabwärts müßten frei geschifft werden Salz, Essig, Kalk
(„Betekalk").

2. Elbaufwärts, d. h. nach Lüneburg und weiter, müßten frei
geschifft werden Hafer und Gerste; für Gerste könne dies eventuell
entweder auf eine bestimmte Anzahl Schiffe oder auf jährlich 1000 Wispel
beschränkt werden. Damit man sehe, daß diese Gerste nur für Lüneburg
und das Fürstentum und nicht „zu fernerer Verhandtierung" bestimmt
sei, könnten die Schiffer, die weiter aufwärts fuhren, von ihren
städtischen Obrigkeiten in Lüneburg, Winsen, Hitzacker oder Schnackenburg
mit Pässen versehen werden.

Diese Forderungen zielten also darauf, einerseits den Hauptprodukten
Lüneburgs den Absatz nach der Unterelbe freizugeben, anderseits Lüneburg

---

¹) Lüneb. Rat an Herzog Otto 6. Dezbr. 1583. ²) Der Ausdruck findet
sich zuerst in einem Briefe des Dr. Husanus vom 24. Dezbr. 1583. ³) Instruktion
der Gesandten Herzog Ottos an Herzog Wilhelm 6. Juli 1585; Amtmann und
Zöllner in Bleckede an Hamb. Rat 4. August 1586; Lüneb. Haberführer an Lüneb.
Rat 27. Dezbr. 1604.

und dem Herzogtum eine Versorgung mit unterelbischem Getreide —
unabhängig von dem Hamburgischen Stapel — zu sichern. Demgegen=
über erklärten die Hamburger sich prinzipiell nicht gegen ein Interim;
doch müsse es auf bestimmte Zeit und nicht bis zur Publikation des
Endurteils Geltung haben. Die zollfreie Passage von Essig und Kalk
gestanden sie zu; doch müsse damit in Hamburg angelegt werden, um
eine Kontrolle zu ermöglichen. Ebenso müsse es mit dem Salz gehalten
werden; sie wollten versuchen, den Grafen von Schauenburg zu bewegen,
daß der Zoll herabgesetzt werde; auch der Anteil Hamburgs am Salzzoll
sollte herabgesetzt werden. Ebenso versprach man eine Erniedrigung des
Haferzolls; wegen der Vorbeifuhr der Gerste müsse erst die Bürgerschaft
befragt werden. Die herzoglichen Gesandten lehnten aber die Zoll=
zahlung ganz ab, da Hamburg kein Anrecht darauf habe; auch verlangten
sie eine schriftliche Aufgabe der hamburgischen Bedingungen, damit man
sähe, daß es dem Rat Ernst damit sei; sonst müsse Herzog Wilhelm
„die Gegenschantz defensive an die Hand nothwendiglich nehmen". Auch
möchte während der Verhandlung alle neue Auftreibung und Anhaltung
von Schiffen unterbleiben. Das versprachen die Hamburger, doch
müßten die Lüneburger in Hamburg anlegen und sich „bescheidentlich"
erzeigen, auch sich „aller ungebüer" enthalten.

Mit den Gesandten Lüneburgs fand noch eine gesonderte Verhandlung
statt; beide Städte einigten sich, innerhalb 6 Wochen eine Erklärung
abzugeben. Die Lüneburger wünschten namentlich, daß jährlich 8—12,
mindestens aber 5 lüneburgische Ever mit Gerste nach ihrer Stadt frei
und, ohne in Hamburg anzulegen, fahren dürften. Hamburg wollte
dies aber nicht zulassen. Auch ein früher bereits gemachter Vorschlag
wurde wieder erwähnt, nämlich daß Hamburg gestatten möge, daß den
Lüneburgern zweimal im Jahr — 14 Tage nach Michaelis und im
Frühjahr, wenn das Wasser komme, — Gerste zugeführt werde, doch
daß die Ever in Hamburg anzulegen hätten und außerhalb jener Zeit
kein Korn nach Lüneburg geführt werden sollte.

Aus der ganzen Verhandlung erkennt man, daß, wenn auch die
Herzöge mit Repressalien drohten, doch ihr und Lüneburgs Verhalten
Hamburg gegenüber sehr schwächlich, freilich wohl durch die Verhältnisse
geboten war. Die Beschränkung auf ein gewisses Quantum Getreide,
die stets zur Bedingung gemachte Anlegung in Hamburg zeigen klar,
wie Hamburg fest auf seinen Ansprüchen verharrte. Nur die Hoffnung
auf eine baldige obsiegende Entscheidung am Reichskammergericht kann
es erklären, daß die Gegner sich dies von Hamburg gefallen ließen.

Aus der ganzen Verhandlung ist Positives nicht hervorgegangen. Die versprochene Erklärung scheint von den Hamburgern nicht gegeben worden zu sein; auf Äußerungen des Rats über seine Neigung zu gütlicher Einigung, die bald darauf wiederholt ergingen, legte Herzog Otto keinen Wert mehr; allerlei Handlungen der Hamburger, die er lediglich als Verletzung der Hoheitsrechte auffassen mußte (Fischerei in der Süder-Elbe usw.), bestärkten ihn in dieser Ansicht. Mit Eifer ging man daran, die Prozeßführung zu beschleunigen. Ein neuer Prokurator wurde für den verstorbenen Ramminger bestellt. Herzog Wilhelm erklärte sich endlich 1587 bereit, an der Honorierung dieses Advokaten sich zu beteiligen und die Kosten des Prozesses in der Hauptstreitsache mit Otto gemeinsam zu tragen, auch die bisher angelaufenen Kosten für seinen Anteil zu ersetzen. Im Februar 1587 verhandelte man hierüber sehr umständlich in Lüneburg. Schließlich nahm Otto die ihm angebotenen 2000 Gulden lüb. als Ersatz für die bisherigen Kosten an.

Namentlich Stade drängte auf Beschleunigung der Prozeßsache. Diese Stadt hatte damals ein Reichskammergerichtsmandat, datiert vom 1. Juli 1588, erwirkt, durch welches Hamburg geboten wurde, die Auftreibung von Schiffen, die nach Stade wollten, nach Hamburg zu unterlassen, die Kriegsschiffe abzuschaffen usw. Es mußte Stade daran liegen, diesen Erfolg auszunutzen. Auch Lüneburg mußte an baldiger rechtlicher Erledigung der Sache liegen. Man hinderte in Hamburg die Zufuhr des lüneburgischen Salzes und mehr denn je die Schiffahrt zwischen Lüneburg und der Unterelbe. „Die Hamburger", so schreibt der cellische Kanzler Friedrich v. Weihe am 29. Mai 1588, „schicken sich jegen die Lüneburgenses ziemlich grob und unnachbarlich mit irem angelegten Verbot der Zufur ires saltzes." So kam es am 3. Februar 1589 in Pattensen zur Verhandlung; beide Herzöge und die Städte Lüneburg, Buxtehude, Stade waren vertreten; es wurde namentlich auf gemeinsame Prozeßführung hingewirkt. Zu Stande kam man aber damit auch jetzt noch nicht.[1]

Auch die Moorburger Grenzsache, die fortwährend neuen Stoff zur Erbitterung bot, drängte zur Entscheidung. Im Sommer 1589 erwog man in Harburg nochmals alle Mittel, um mit Hamburg endlich ins Reine zu kommen. Der Kanzler Herzog Ottos, Dr. Joh. Hildebrand legte in einem „Bedenken" vom 2. August noch einmal Alles dar. „Wann", so stellte er Otto vor, „E. F. G. so stark und den Hamburgern

---

[1] Memorial Herzog Ottos für Dr. Hildebrand 31. Jan. 1589.

dergestalt überlegen und gewachsen wehren, das E. F. G. Schwert ihr Schwert, wie man pflegt zu sagen, in der scheiden halten konte, also das sie sich zur Gegenwehr nicht stellen dorfen", so sei der Weg der Gewalt sicherlich vorzuziehen. „Dieweil aber das contrarium zu sein fast scheinet, ist solcher Weg vorzunehmen — nicht wenig gefehrlich". Ein Verkehrsverbot gegen Hamburg sei ein sehr zweifelhaftes Mittel. Wenn auch die Hamburger das Fürstentum sehr ungern meiden würden, so könnten doch die herzoglichen Untertanen „der Stadt Hamburg noch viel weniger sich enthalten noch daraus bleiben". Der Herzog möge bedenken, „welche not und weheclagen in Winterszeiten, wan man etwan in acht oder vierzehen Tagen nur wegen des eyses in Hamburg nicht kommen kan, alhier im Stebtlein und welch hunger und kummer ist"; eine längere Sperre sei unerträglich. Der dritte Weg sei gütliche Einigung, und diese empfahl Hildebrand entschieden.

Die ganze Hülflosigkeit des Herzogs gegenüber Hamburg ergibt sich aus dieser Darstellung klar. Otto trat auch, seinem Kanzler folgend, damals in Verhandlungen mit Hamburg ein. Er könne, so ließ er im Oktober dem Lüneburger Rat vortragen, das Ende des Prozesses nicht abwarten; es wurme ihn, daß „unser arme Unterthanen dergestalt so jemmerlich gedruckt, an ihrer narung gehindert, das brobt ihnen von den Hamburgern vorm Munde hinweg gerissen werde".[1]

Allerdings mußte Otto es sich gefallen lassen, daß mitten in den Verhandlungen mit Hamburg die Auslieger dieser Stadt im Sommer 1590 mehrere Kornschiffe anhielten; noch im Juli 1591 schleppten die Hamburger zwei lüneburgische Schiffe nach Hamburg. So war es bisher jedesmal gegangen; ohne sich durch Verhandlungen stören zu lassen, ja, wie es scheint, grade absichtlich dann in verschärftem Grade, handhabten die Hamburger strenge ihre Stapelrechtsansprüche.

Offenbar hat Herzog Otto, als er in diese Verhandlung eintrat, zuerst mehr damit bezweckt, eine Art „Interim" erstreben wollen. Dazu kam es nicht. Nur über die Moorburg einigte man sich in dem Vertrage vom 25. November 1591, der wenigstens den Grenzstreitigkeiten hier ein Ende machte und die Grenze genau festsetzte. Viele Schwierigkeiten hatte die Frage der Rücklieferung der Geschütze gemacht, die der Herzog im Jahre 1566 den Hamburgern abgenommen und noch nicht zurückgegeben hatte. Nun wurde die Restitution vereinbart. Mit diesem Vertrage[2] wurden nicht nur die verschiedenen Moorburger Grenzprozesse,

---

[1] Memorial Herzog Ottos für Dr. Hildebrand 18. Oktbr. 1589. [2] Gedruckt bei Klefeker, Sammlung X. 115 ff.

sondern auch die Prozesse wegen des 2. und 3. Landfriedensbruchs (1566 und 1570) gütlich beigelegt. Der Vertrag machte somit einerseits in dem Wirrwarr der Prozesse etwas Luft, andererseits wurde weiteren Streitigkeiten über einen zu Reibereien besonders geeigneten Punkt der Grenze die Spitze abgebrochen. Doch wurde in dem Vertrage ausdrücklich bemerkt, daß hinsichtlich der anderen Prozesse — über Zoll- und Stapelgerechtigkeit auf der Elbe, über die Privilegien, die Befestigung der Moorburg, Schiffahrt auf der Süder-Elbe, Elbgericht, Zoll zu Harburg — man den „rechtlichen Austrag" abwarten wolle. Und diese Prozesse bildeten freilich den Kernpunkt des Kampfes um die Elbe; deshalb war eine gütliche Einigung hier kaum zu erwarten.

V.

Vom Moorburger Vertrag bis zum Interims=Vergleich von 1611.

Obwohl der Moorburger Vergleich von 1591 die Hauptstreitsache nicht erledigt hatte, macht es doch den Eindruck, als ob die in ihm sich kundgebende friedliche Stimmung Hamburgs sich auch auf die allgemeine Elbsache ausgedehnt hat. Fast 10 Jahre vergehen, ohne daß von Gewalttätigkeiten die Rede ist. Möglich auch, daß ein kaiserliches Dekret, das infolge eines Berichts der in der Elbsache tätigen kaiserlichen Kommissare am 14. Oktober 1592 erging, nicht ohne Einfluß auf die von Hamburg aus geübte Praxis gewesen ist. Dies Dekret ermahnte Lüneburg und Hamburg zum Frieden und wies namentlich die Hamburger an, sie „sollten sich ihrer beruemten und angegebenen possess bescheidentlich und also gebrauchen, damit sie dannoch hirunter die Obrigkeit nicht vorbey gingen und gleichsamb sich selbst in causa propria mit bewerter Hand zu Richtern macheten"; aber auch die Lüneburger wurden getadelt, daß „sie sich vor der Zeit und ordentlichem richterlichen Ausspruch desjenigen anmaßen wolten, so noch bey Recht streitig und unentschieden ist".

Erst im Jahre 1600 fingen die hamburgischen Auslieger wieder, wie es heißt, „mehr als wol ein Zeitlang zuvor geschehen", an, die Kornschiffe nach ihrer Stadt zu treiben. Auch legte Hamburg den Schiffern Reverse auf, in denen sie sich verpflichteten, sich der Schiffahrt auf der Süder=Elbe zu enthalten.[1]) Am 5. August 1600 traten deshalb in Pattensen die Abgesandten der beiden Herzöge Otto und Ernst, des Nachfolgers des 1592 gestorbenen Wilhelm, und der drei Städte zusammen; sie beschlossen, dem Rostocker Professor Cotman die Ausarbeitung eines „ausführlich Consilium" im Hauptprozeß und, was damit zusammenhing, zu übertragen; ferner, den Hamburgern möglichst

---

[1]) Der cellische Rat Andreas von Dam an Herzog Ernst 23. Juli 1600.

keine Veranlassung zu weiteren Prozessen zu geben und den Abschluß des Hauptprozesses „mit gedulb" zu erwarten.

Letzteres wurde freilich den Untertanen der Herzöge durch die Hamburger schwer gemacht. Der Lüneburger Rat klagte, die Hamburger behandelten seine Stadt so gewaltsam, „als wan sie ihr wiederrechtliches auftreiben zu recht erstritten hetten", und bat bringend um Hülfe.[1]) Im April und Juni 1601 überfielen die Hamburger auf der Süder-Elbe einige Lüneburger Schiffe und schleppten sie nach Hamburg. Auf die Beschwerde der Herzöge antwortete der Rat, er könne die Gegner nicht in dem ruhigen Besitz einer bestrittenen Sache lassen, es gäbe nur eine Elbe, und auf dieser habe Hamburg die Stapelgerechtigkeit usw. Hamburg bestritt auch den Lüneburgern das Recht, ihre Schiffe zu bewaffnen; an der Wegnahme dieser sei lediglich ihre kriegerische Ausrüstung schuld.[2]) Praktisch führte die sehr erbitterte Korrespondenz zu keinem Ergebnis; sie förderte nur, nachdem man längere Zeit keine Gelegenheit dazu gehabt hatte, wieder eine eingehende Erörterung der in Betracht kommenden Privilegien usw. zu Tage.

Besonders die Lüneburger litten um jene Zeit schwer unter der Übermacht der Hamburger. Nicht nur die allgemeine Hinderung der Schiffahrt war den Lüneburgern beschwerlich; auch wenn sie Getreide nach Hamburg brachten, verfuhr man hier beim Nachmessen sehr rigoros. Ferner waren die neuen hamburgischen Zölle auf Salz sehr lästig. Die Lüneburger Haberführer schlugen im Dezember 1604 ihrem Rat vor, wenn dieser zu schwach sei, „der Hamburger ihren freventlichen mutwillen zu hindern und den ungewonlichen Zollen des Salzes und andern Gütern abzuschaffen", so seien sie bereit, dem Herzog den ihnen von den Hamburgern abgenötigten Zoll zu entrichten, wenn der Herzog sie dann gegen jene schützen wolle. Dies Anerbieten konnte letzterer freilich nicht annehmen, gewaltsame Abwehr schien auch nicht tunlich, obwohl der Kanzler des Herzog Ernst wohl sah, daß durch die Prozesse die Hamburger „mehr als zuvor frecher und hartneckichter geworden, daß man befunden, daß sie ein sonderlich Frolokken über der Vielheit der Prozessen gehabt". Eine Arretierung hamburgischer Schiffe an den Zollstätten in Hitzacker und Blekede lehnte Herzog Ernst ab; sie werde

---

[1]) Lüneb. Rat an Herzog Ernst 14. Januar 1601. [2]) Instruktion des Lüneb. Rats für Dr. von Dam 19. April; Hamb. Rat an Herzog Otto und Ernst 6. April; Hamb. Rat an Herzog Otto 25. April; Herzog Ernst an Hamb. Rat 2. Mai; Herzog Otto und Ernst an Hamb. Rat 18. Juni n. St.; Hamb. Rat an die Herzöge 30. Juni 1601.

seinen Untertanen ebensoviel schaden.¹) So beeilten sich auch die Harburger Herzöge Wilhelm und Christoph, die Söhne des 1603 verstorbenen alten Herzog Otto II., als der Hamburger Rat sich über die gewaltsame Wegführung eines Lüneburger Schiffs und Verletzung des hamburgischen Zoll- und Stapelrechts beschwerte, sich gütlich mit dem Rat hierüber zu einigen.²)

Herzog Wilhelm aber nahm, nachdem sein Mitregent Christoph im März 1606 gestorben, die alten Pläne einer interimistischen Einigung mit Hamburg wieder auf. Der unablässigen Händel mit dieser Stadt müde, erklärte er dem Herzog Ernst II., er könne die Sache so nicht länger ansehen und müsse, wenn das kammergerichtliche Urteil nicht bald erfolge, sich anderweit mit den Hamburgern, „so uns zu mechtig" vertragen.³) Auf einer Versammlung der Prozeß-Interessenten, die am 26. Oktober 1607 in Pattensen stattfand, klagte der Herzog über die Verschleppung des Prozesses; die notwendig gewordene fünfmalige Abschrift der Akten, die schon früher beschlossen war und viel Geld kostete, war noch nicht beschafft; schon aus diesem Grunde ging der Prozeß nicht von der Stelle. Der Herzog erklärte sich aber nicht imstande „in solcher Gefahr dahin zu sitzen, das unsere zurügk zu setzen und täglich mit den Hamburgern, so uns viele zu mechtig, zu kriegen". Er bat um bessere Unterstützung durch Herzog Ernst und die Städte. Was er aber positiv vorschlug, war doch wieder schwächlich; man sollte ein gemeinschaftliches Schreiben an den Hamburger Rat senden, sich solche Tätlichkeiten und Eingriffe verbitten und ersuchen, „daß sie sich dero hinfüro enthalten und uff ihre große Macht nicht zu viele verlassen wolten"; wolle Hamburg den Frieden nicht, so habe das Fürstentum Lüneburg „auch woll mittel, dadurch ihnen der Gebühr bejegnet werden konbte, welches man doch, wans immer müglich und nicht zu grob gemachet, viel lieber geübriget sein wolte".⁴) Ein solches Schreiben ist nicht ergangen; dagegen wandten sich die Herzöge am 30. Dezember 1607 an den Reichstag in Regensburg mit einer Beschwerde über die Hamburger, ihre Gewalttätigkeiten und, daß sie absichtlich die Prozesse so „zur ungebür involviret, confundiret, verwirret und aufgehalten", daß sie „nimmermehr zu ende laufen". Dieselbe Beschwerde wurde dem kaiserlichen Kommissar am Reichskammergericht, Erzherzog Ferdinand, übermittelt. Und als Herzog Wilhelm im Sommer 1609 persönlich in Prag war, erreichte er

---

¹) Andreas von Dam an Lüneb. Rat 13. Jan. 1605. ²) Revers vom 7. Januar 1606. ³) Herzog Wilhelm an Herzog Ernst 21. Mai 1607. ⁴) Instruktion Herzog Wilhelms für seinen Kanzler Dr. Joh. Meyer 25. Oktbr. 1607.

es, daß der Kaiser am 3. Oktober d. Js. das Reichskammergericht ermahnte, die Prozeßsache mit Hamburg endlich zu Ende zu führen.

Wilhelm erreichte am kaiserlichen Hofe aber noch mehr. Im Mai 1608 hatten die Hamburger das mit Korn und Mumme beladene Schiff des Christoph Schröder, das nach Harburg bestimmt war, bei Bullenhausen festgenommen und nach Hamburg geschleppt. Der Herzog hatte damals sogleich Rückerstattung des Schiffes und der Ladung, wie Bestrafung desAusliegers gefordert, auch mit Repressalien gedroht.[1]) Die Verhandlung blieb jedoch ohne Ergebnis, und am 29. Juli 1609 schrieb der Herzog dem Hamburger Rat aus Prag einen sehr energischen, mit Repressalien und der Intervention des Kaisers drohenden Brief; der Rat bezeichnete diesen als „fast scharf und betrowlich" und erwiderte, wenn der Herzog Gewalt wolle, so sei auch der Rat dazu bereit; „ob dan davon E. F. G. so großen nutz und ruhmb erlangen moesten, werde die Zeit und der Ausgang geben". Aus Prag aber erging am 20. Oktober 1609 ein kaiserliches Mandat, das Hamburg die Klagen des Herzogs und der Städte Stade und Buxtehude über die gewaltsame Ausübung des Stapelrechts zu Gemüte führte und Hamburg befahl „von solchen Euren unrechtmessigen Attentatis" abzustehen, die Sperrung der Elbe und Behinderung der freien Schiffahrt zu unterlassen, die Auslieger abzuschaffen. Und noch mehr erreichte der Herzog. Am 15. Dezember 1609 wurde durch ein weiteres kaiserliches Mandat Hamburg verboten, seine Zölle zu erhöhen und Kriegsschiffe zur gewaltsamen Eintreibung seiner Zölle usw. auf der Elbe zu erhalten.

So wertvoll diese Mandate für die Gegner der hamburgischen Elbpolitik sein mochten, nach dem ganzen, langjährigen Gang der Entwickelung, den diese Frage genommen, war es klar, daß mit kaiserlichen Mandaten allein nichts auszurichten war. Beide Teile haben sich um solche schließlich wenig gekümmert. Andererseits berührten aber doch gerade die hier ausgebrachten Mandate den sehr empfindlichen Kern- und Mittelpunkt der hamburgischen Elbansprüche. Ihre Zölle und ihre Auslieger waren den Hamburgern doch zu wichtig, als daß sie nicht Alles daran setzen mußten, jene Mandate unwirksam zu machen. Wenn deshalb auch der Herzog den Wert der Mandate nicht überschätzte und er, als der Rat ihm auf seinen drohenden Prager Brief nicht minder drohend antwortete, schnell einlenkte und sich zu einer Zusammenkunft

---

[1]) Herzog Wilhelm an Hamb. Rat 29. Mai; 6. Juni 1608.

und gütlichen Handlung bereit erklärte,¹) so mußte er doch wohl, daß sich die Mandate als Mittel, um die Hamburger für eine gütliche Einigung gefügiger zu machen, sehr gut verwerten ließen.

Bereits als er im Sommer 1608 über die erwähnte hamburgische Gewalttätigkeit mit dem Rat verhandelte, schlug der Herzog diesem eine Beratung vor, „wegen eines gütlichen Vertrages der Fürbeyfahrt halber uff etzliche Jahr zu schließen".²) Ähnlich, wie 1585 geplant war, sollte „ein unverfengliches Interim" geschlossen und den herzoglichen Untertanen die Möglichkeit gegeben werden, an Getreide, soviel sie gebrauchten, wie auch Muschelkalk, Dachsteine, Heringen usw. zu beziehen, ohne daß das hamburgische Stapelrecht darauf Anwendung finde. Lange wurde darüber verhandelt; und als der Rat die Sache hinzuschleppen schien, folgte der Aufenthalt des Herzogs in Prag und die kaiserlichen Mandate.

Nach seiner Rückkehr nahm er die Verhandlung über ein Interim wieder auf. In einer Verhandlung der Prozeß-Interessenten am 14. Februar 1610 wurde, „woferne E. E. Rath zu Hamburg zu einer Interims-Vergleichung selbsten Anleitung geben würde, für rathsam angesehen, daß die Herren und Interessenten durch eine gütliche Communication versuchten, ob etwa derogestalt ein unverfengliches Interim entweder uff gewisse Jahr oder bis zu Austrag der Sachen gemacht werden konte". Und Hamburg zeigte sich allerdings bereit. Nicht nur durch die erwähnten Mandate, auch noch durch ein anderes Ereignis fühlte sich der Rat offenbar in Verlegenheit gesetzt. Am 19. Januar 1610 hatten Stade und Buxtehude in der Klage gegen Hamburg „turbatae possessionis" ein obsiegendes Urteil am Reichskammergericht erlangt, und Hamburg war verboten worden, jene an der freien Schiffahrt auf der Unterelbe zu stören. Dies Urteil bedeutete freilich nicht sehr viel und berührte die Hauptsache, das hamburgische Stapelrecht, nur insoweit, als seine Ausdehnung auf die Unterelbe dadurch unwirksam gemacht wurde. Aber lästig war diese Schlappe für Hamburg doch und sie machte die Stadt wohl für eine Abmachung mit Herzog Wilhelm gefügiger.

Am 3. Mai 1610 fand in Hamburg die Verhandlung zwischen dem Rat und den Deputierten des Herzogs statt; der Rat machte hier zunächst den letzteren Vorwürfe wegen der kaiserlichen Mandate, die er der Mißgunst der Stader zuschrieb; er hoffe, so erklärte der Rat, daß der Herzog die Kassation der Mandate beantragen werde, da von einem neuen Zoll nicht die Rede sei. Das lehnte der Herzog freilich ab; um

---

¹) Herzog Wilhelm in Prag an Hamb. Rat 23. Oktbr. 1609. ²) Hamb. Rat an die Räte Herzog Wilhelms 4. August 1608.

sie aber zu begütigen, ließ er den Hamburgern später erklären, er habe das Mandat nicht „aus schlechten, sondern hoch und wichtigen ursachen" ausgewirkt. Durch 1½ Jahre zogen sich nun die Verhandlungen über das Interim hin. Sie erstreckten sich im wesentlichen auf folgende Punkte:

1. Der Herzog wünschte Befreiung des ganzen Herzogtums Lüneburg, auch der Stadt Lüneburg, von dem seitens Hamburg erhobenen Tonnen- und Bakengeld. Hamburg lehnte dies ab, und der Herzog gab nach; Lüneburg war von jener Abgabe nie befreit gewesen.

2. Als Gegenleistung für die Duldung, die der Herzog den hamburgischen Ausliegern gewähren wollte, forderte er eine einmalige und eine jährliche Zahlung von Hamburg; die einmalige sollte gelten als Entschädigung für den bisher erlittenen Schaden und nicht unter 30000 Talern bemessen sein; die jährliche Zahlung sollte 3000 Taler sein; die Unterhändler des Herzogs waren aber instruiert, diese Beträge eventuell auf 20000 bezw. 2000 Taler herabzusetzen; zum äußersten aber wollte er sich mit einer einmaligen Zahlung von 30000 Talern begnügen.

3. Der Herzog forderte, daß gewisse Quantitäten Weizen, Roggen, Gerste, Hafer alljährlich nach Harburg und Lüneburg frei passieren sollten; dies Getreide sollte, um die Hamburger vor Unterschleif sicher zu stellen, unter herzoglichen Pässen gehen.

4. Die oft streitig gewesene Frage, wie es mit der Beisetzung von in der Elbe ertrunkenen Leuten gehalten werden sollte, wurde beraten, ebenso über die Stacke und Pfähle in der Elbe.

5. Hamburg dürfe dem Herzog, so forderte dieser, keine weiteren Hindernisse hinsichtlich des von ihm in Bullenhausen anzulegenden Zolles bereiten, sondern solle ihn befördern und, solange er nicht zu Stande gekommen sei, dem Herzog den hamburgischen Zoll zum Zollenspieker einräumen oder eine jährliche Zahlung von 2000 Thalern leisten.

6. Hinsichtlich des schwebenden Kammergerichtsprozesses schlug der Herzog, im Falle der nach dem Urteil erfolgenden Revision, ein Kompromis vor.

Außerdem wurden noch einige weniger wichtige Punkte behandelt.[1])

Die Verhandlung mit Hamburg verlief verhältnismäßig glatt. Viel Schwierigkeiten machte die Frage der Auslieger; Hamburg wollte ihnen nicht nur den Reiherstieg, sondern auch den Köhlbrand zugänglich machen.

---

[1]) Instruktion Herzog Wilhelms für die Verhandlung mit Hamburg 1610 Oktbr. 24. Ich gebe hier nur die wichtigsten Aktenstücke in dieser Verhandlung an.

Auch befürchtete die Stadt, daß der Herzog, wenn man die Tätigkeit der Auslieger beschränkte, den Getreideschiffen ein Geleit geben und sie von Hamburg abziehen werde. Der Herzog erklärte ausdrücklich, daß ihm das fern liege; er wolle nur nicht dulden, daß Auslieger auf die Süder-Elbe kämen; wenn sie von Moorwärder nach Moorburg fahren wollten, sollten sie über die Norder-Elbe fahren. Auf ein selbständiges Geleit verzichtete der Herzog; man könne ihm aber, so erklärte er, nicht zumuten, daß die Auslieger „uns vor der Vestung und gleichsamb in den Augen und Gesichte die Schiffe anfallen und wegnehmen möchten."[1]

Gerade an den Ausliegern lag aber dem Rat sehr viel; er forderte die Kassierung des kaiserlichen Mandats vom 15. Dezember 1609. Hierfür verlangten die Unterhändler des Herzogs 5000 Thaler und die freie Passage für 1200 Wispel Getreide; auf die Geldsumme verzichteten sie dann; und schließlich einigte man sich auf eine einmalige Zahlung von 3000 und eine jährliche von 500 Thalern; der Herzog hatte also seine Ansprüche stark herabsetzen müssen; es sei besser, so schrieb er seinem Kanzler, „man schlüge zu und nehme, was man bekommen könnte".[2]

Am meisten Schwierigkeiten bereitete aber die Frage des Konsenses der herzoglichen Agnaten. Herzog Wilhelm war nur ein kleiner Fürst gegenüber der in Celle regierenden Linie, und es mußte Hamburg daran liegen, wenn es überhaupt einen solchen Vertrag schloß, sich die Zustimmung der in Celle regierenden und sonstigen Agnaten zu sichern. Die Harburger Linie war im Aussterben; ob sie das Endurteil im Reichskammergerichtsprozeß, das dem „Interim" ein Ende machen sollte, überleben würde, war mindestens zweifelhaft. Außerdem bestand die Möglichkeit, daß die Cellische Linie auf der Elbe oberhalb Hamburgs oder sonst an hamburgischem Eigentum sich schadlos halten würde, wenn die Hamburger Schiffe von Untertanen der Cellischen Linie nach Maßgabe des „Interims" behandelten.

Herzog Ernst in Celle hatte aber Bedenken, dem Vertrag seine Zustimmung zu geben; er wollte den Rechten und Ansprüchen Lüneburgs nicht praejudizieren und meinte überdies, daß das kaiserliche Mandat wegen der Ab- und Zufuhr, dessen Nichtigmachung Hamburg erstrebte, ja Harburg allein betreffe. Auch Wilhelm hielt den Konsens nicht für nötig; er war in seinem kleinen Ländchen Souverän[3] und sah jene

---
[1] Memorial für die Gesandten Herzog Wilhelms 1611 Jan. 27.   [2] 18. Febr. 1611.   [3] Sein Großvater, Herzog Otto der Ältere, hatte aber 1527 sich verpflichten müssen, sich in keine Sonderverbindung einzulassen (Havemann II, 86); von dieser Verpflichtung ist jetzt nicht mehr die Rede.

Zustimmung als eine „plus quam abundantem cautelam" an. Da Hamburg aber darauf bestand, so empfahl er dem Herzog Ernst dringend den Beitritt; er wies auf die finanziellen Vorteile des Vertrages hin, auf die „jährliche Pension, welches von einer solchen Stadt vor ein grosses zu achten"; erfolge das Urteil, und reiche Hamburg dann die Revision ein, so werde es wohl „in perpetuum" bei dieser Zahlung bleiben. Er wies ferner hin auf Lüneburg, wo ein neues Düpegeld eingeführt sei, das fallen müsse, wenn Hamburg seinen Zoll opfere. Ein Abbruch der Verhandlungen aber werde böse Folgen haben; er, Wilhelm, habe „mit der Stadt Hamburg, die doch uns alleine viel zu mechtig", sich vertragen müssen; davon werde auch die regierende Linie einmal Vorteil haben. Und, so erinnerte Herzog Wilhelm schließlich, im Kampfe mit Städten schnitten die Fürsten immer schlecht ab, so Heinrich Julius mit Braunschweig, die Markgrafen von Ansbach mit Nürnberg, Graf Enno von Ostfriesland mit Emden.[1])

Herzog Ernst gab dann am 22. Februar 1611 dem Hamburger Rat die schriftliche Erklärung: er könne „wol geschehen lassen, daß — Vetter und Bruder sich zu S. L. zustehenden Rechten und also wegen Ihres an solcher Sache mit habenden interesse mit Euch, jedoch dem Cammergerichts-Prozesse, wie dan auch Uns, den Unsrigen und menniglichen an Unsern und ihren Rechten unnachteilig, vergliche". Schon am 2. März aber starb Ernst, und sein Bruder und Nachfolger, Christian, war nur mit Mühe zu einer ähnlichen Erklärung zu bewegen; sie war noch verklausulierter und enthielt nach dem Wort „vergleiche" noch den Zusatz: „wie Wir uns dan auch versehen, Ihr werdet Euch darunter also erzeigen, daß S. Unsers Vettern L. damit zur billigkeit friedlich sein könne". In Hamburg machte man deshalb Schwierigkeiten; die Deputierten der Bürgerschaft forderten von den mit der Verhandlung beauftragten Ratsherren eine förmliche Ratifikation durch die Cellische Linie.[2]) Da eine solche nicht zu erwarten war, erklärte Herzog Wilhelm sich bereit, einen ihm von den Hamburgern vorgelegten Revers zu unterzeichnen; darnach sollten etwaige Schäden, die den Hamburgern seitens der Cellischen Linie bei Ausübung des „Interims" zugefügt würden, dem Herzog Wilhelm bei der Jahresrente in Abzug gebracht werden.

Nun drängte Wilhelm aber auf den endlichen Abschluß; „da sie mit solchem Revers friedlich", schrieb er am 23. August 1611 an seine

---

[1]) Memorial Herzog Wilhelms für die Verhandlung mit Herzog Ernst 1611 Febr. 4. [2]) Die hamb. Unterhändler Rademin, v. Bergen, v. Eitzen an v. Weyhe und Meyer 1611 August 29.

Unterhändler in Hamburg, „hat es seine maß; wo nicht, will ich auch mein Lebtage desfals mit ihnen keine Handlung pflegen". Er verlangte Geheimhaltung des Reverses; in Celle brauche man nichts davon zu wissen. Am 5. Oktober wurde dann das „Interim" und der Revers unterzeichnet.[1])

Von dem, was der Herzog beim Beginn der Verhandlung als Ziel erstrebt hatte, war freilich wenig erreicht; die Hamburger hatten ihm seine Wünsche arg zerpflückt. Wenn wir von jenen, schon erwähnten finanziellen Leistungen, zu denen Hamburg verpflichtet wurde, absehen, Leistungen, die für die Stadt geringfügig, für den stets geldbedürftigen Herzog aber sehr willkommen waren, und wenn wir ferner absehen von dem Verzicht des Herzogs auf die Weiterverfolgung der kaiserlichen Mandate von 1609, so bestand der Hauptinhalt des Vertrages in folgendem:

Der Herzog gestattete den Hamburgern, alle Schiffe, die von oben und unten kamen und Hamburg vorbeifahren wollten, anzuhalten und nach ihrer Stadt zu führen, und er begab sich jedes Schutzes dieser Schiffe. Beschränkt war die Fahrt der Auslieger auf dem Strom, soweit er der beiderseitigen Hoheit unterstand, nirgends; ausdrücklich war ihnen gestattet, Schiffen selbst auf die Süder-Elbe zu folgen; nur sollten sie sich zwischen der Moorburg und der Moorwärder-Grenze aller tätlichen Angriffe enthalten; im Reiherstieg sollten die Auslieger zu Angriffen befugt sein. Im Grunde war also nichts als eine Neutralisierung der Süder-Elbe auf jener kurzen Strecke vereinbart. Ferner war nur für des Herzogs eigene Hofhaltung für einige Waren der freie Verkehr zwischen Lüneburg und Harburg von den Hamburgern freigegeben; selbst dieser Verkehr sollte aber ebenso, wie der von Korn aus dem Kirchwärder nach Harburg, unter der Kontrolle der hamburgischen Auslieger stehen.

Der Herzog hatte also durch diesen Vertrag für sich und sein Gebiet gesorgt; daß den Schiffern von ober- und unterhalb, den Lüneburgern, Stadern usw. wenig damit geholfen war, sollte die Folge bald zeigen.[2])

---

[1]) Aktenstücke VI, VII. [2]) Auf der Rückseite einer der Abschriften des Vertrages stehen die Worte: Ach, Ihr verblendete Augen, was habt Ihr gerahten und bewilliget gegen den elenden Vortheil, so darunter gesucht worden ist!"

VI.

Vom Interims=Vergleich von 1611 bis zur Veröffentlichung des Reichs= kammergerichts=Urteils 1619.

Das „Interim" war kaum unterzeichnet, als Gewalttätigkeiten der Hamburger lehrten, wie diese jenes verstanden. Ende Oktober griffen sie ein Lüneburger Schiff, das, mit Kedinger Hafer beladen, nach Lüne= burg fahren wollte, auf und hätten es nach Hamburg geschleppt, wenn die Lüneburger sie nicht daran gehindert hätten. Es war dabei zu Tätlichkeiten gekommen, und der Hamburger Kapitän hatte erklärt: „es hette nunmehr eine viel andere Gelegenheit damit, und hetten seine Herren von Hamburg itzo die Frey= und Gerechtigkeit durch einen sonderlichen Vertrag erlangt, daß sie überall, auch in hochgemelts Fürsten zu der Harburg Gebiete die Lüneburger und andere Schiffe, so vorbey schifften, muchten angreifen". Der Wortlaut läßt diese Aus= legung nicht zu; Herzog Wilhelm erklärte den Lüneburgern auf ihre Klage, daß der Vertrag auch ihnen zu Gute komme, indem er ihren Schiffen einen vor den Ausliegern sicheren Zufluchtsort zwischen Moor= burg und Moorwärder gewähre; er sei nicht verpflichtet, die Lüneburger zu geleiten und gegen die Hamburger zu schützen; Lüneburg habe sich von jenen lange Alles gefallen lassen. Die Lüneburger aber schrieben die ganze Bedrängnis, in der sie sich befanden, dem Interim zu. Mehr Eindruck, als die „injuriosische Wort", die er von den Lüneburgern hören mußte, machten wohl auf Wilhelm die Vorhaltungen, die ihm von Herzog Christian zu Teil wurden. Von Anfang an, so schrieb dieser, habe er zu verstehen gegeben, daß der Hamburger Rat „nur einzig und alleine damit umbgangen, den Elbstromb für Harburg über zu schliessen, alle Schiffe auf Hamburg zu zwingen und die consortes litis zu trennen"; das habe der Rat durch den Vertrag erreicht. Er bezweifle, ob Wilhelm dazu berechtigt sei, und man könne wohl eine Reichskammergerichtsklage erheben. Er riet Wilhelm, er möge Hamburg erklären, daß der Vertrag nur die Harburger Untertanen binde.

Man sieht: das Interim hatte es dahin gebracht, daß Uneinigkeit unter den Herzögen, ja selbst ein Prozeß drohte. In Wirklichkeit wurde es freilich nicht so schlimm. Wilhelm konnte darauf hinweisen, daß der Vertrag Niemanden hindere, den Hamburger Rat wegen gewalttätiger Handlungen zu belangen; auch sei niemand im freien Gebrauch der Elbe gehemmt. „Weil Wir aber denselben geringen Strom, drüber Wir zu gebieten, nach als vor einem Jeden zu seiner Gelegenheit frey und offen lassen und uns allein dahin nicht wollen astringiren und verbindlich machen, umb weniger Lüneburger Schiffer willen unser vornembste und fruchtbarste Landgüter, so der Stadt Hamburg gleichsam für der Thür liegen, in Gefahr zu setzen und unser armen Unterthanen leib und leben in die Schanz zu schlagen," so müsse er die Lüneburger auf die Selbst=hülfe verweisen; er könne ihnen nicht die Freiheit der Schiffahrt ver=schaffen, die sie überhaupt nie besessen hätten.[1]

Allerdings mußte Herzog Wilhelm bald sich überzeugen, daß das Interim ihm mit dem Gelde doch keine Ruhe brachte. Ein Protest, den er nach Hamburg sandte, fruchtete nichts. Fast ein Jahr lang, 1612—13, sperrte die Stadt den Transport von Lüneburger Bier, Salz, Kalk und Essig für den Bedarf der Harburger. Als die Hamburger im Sommer 1612 mehrere Ever auf der Süder=Elbe anhielten, drohten die Herzöge dem Rat: „Woferne Ihr Euch understehen werdet, Unsern, Herzog Christians, Untertanen das geringste ferner anzuhalten, so werdet Ihr eigentlich und für gewiß im werk und in der That befinden, daß Wir mit vollnstreckung solcher Defensiv=Mitteln demnegsten ohne einigen Ver=zug verfahren werden." Der Rat beschwerte sich dann über solche Drohungen und schrieb sie dem Anstiften ihrer „widerwertige und mis=günstige", nämlich des Rats von Stade zu, ja er rief selbst die Hülfe Herzog Wilhelms gegen Christian an. Die Verpflichtung, die Hamburger gegen Tätlichkeiten zu schützen, lehnte Wilhelm jedoch ab; er sah in dieser Zumutung nichts als die Absicht, den Hamburgern Grund zu geben, ihm die bewilligten Geldsummen zu verkürzen. An diesen aber war dem ewig geldknappen Herzog besonders gelegen, und die Hamburger waren zu klug, um die Zahlungen zu sistieren; die Annahme des Geldes

---

[1] Lüneburg an Herzog Wilhelm 5. Novbr.; Herzog Wilhelm an Lüneburg 10. Novbr.; Herzog Wilhelm an Herzog Christian 19. Novbr.; Herzog Christian an Herzog Wilhelm 23. Novbr.; Herzog Wilhelm an Herzog Christian 8. Dezbr. 1611.

durch den Herzog war für sie eine willkommene Handhabe, um auf der Elbe nach ihrer Willkür zu verfahren. Christian beurteilte die Hamburger richtiger; er hielt fernere Verhandlungen mit Hamburg für unnötig, „dadurch sie nur hochmütiger werden"; es sei besser auf „bequeme, sichere conservatiff und defensiff mittel" zu denken.[1]

Dies schien den Herzögen um so notwendiger, als Hamburg wieder auf der Moorburg allerlei Befestigungen zu machen begann, die jenen sehr verdächtig und bedrohlich schienen. Auf eine Beschwerde der Herzöge erklärte der Rat am 28. April 1612: er könne dort bauen, was er wolle; eine „Vestung" könne es nicht genannt werden; in den benachbarten Fürstentümern seien die „Adels=Personen=Heuser ungleich besser verwart als dies Haus". Die Herzöge verlangten einen Revers, in dem der Rat für sich und seine Nachkommen auf eine weitere Befestigung der Moorburg verzichtete; eine genaue Zeichnung sollte den jetzigen Zustand der Burg feststellen. Das lehnte der Rat ab und fuhr mit den Bauten fort. In einer Verhandlung zu Harburg am 9. April 1613 wurde zwischen Herzog Wilhelm und dem Rat vereinbart, auf der Moorburg Alles in statu quo zu lassen.[2]

Hatte es zuerst den Anschein gehabt, als ob das „Interim" die Gegner Hamburgs trennen könnte, so zeigte sich bald, daß das nicht der Fall war. Die Auslegung des Interims gab zu fortwährenden Streitigkeiten Anlaß. Was nicht in dem Vertrage stand und durch ihn nicht direkt verboten war, dazu fühlten sich die Hamburger berechtigt; sie nahmen das Besichtigungsrecht im weitesten Umfange in Anspruch; dadurch und daß sie mit den Ausliegern bis an den bei Harburg mündenden Lötzebach fuhren, verletzten sie Herzog Wilhelm schwer. Auch den Holzstapel behauptete Hamburg jetzt schärfer als je, was besonders den Harburgern sehr schmerzlich war. Die Lüneburger aber wurden nach wie vor schwer bedrängt; namentlich der Bezug unterelbischer Gerste, auf den die dortigen Brauereien angewiesen waren, wurde vollständig abgeschnitten; ebensowenig wurde die Vorbeischiffung von Bier, Kalk und Essig von Hamburg geduldet.

Wiederholte gewaltsame Wegführungen von Schiffen erregte in dem hauptsächlich betroffenen Lüneburg viel Erbitterung; die Stadt wandte

---

[1] Herzöge Christian und Wilhelm an Hamb. Rat 7. Juni; Hamb. Rat an die Herzöge 16. Juni; Herzog Wilhelm an Hamb. Rat 19. Juni; Herzog Christian an Herzog Wilhelm 21. Juni 1612. [2] Hamb. Rat an Herzog Wilhelm 5. Mai; Herzog Wilhelm und Christian an Hamb. Rat 7. Juni; Herzog Wilhelm an Kanzler in Celle 2. August; beide Herzöge an Hamb. Rat 7. Sept. 1612.

sich sowohl an Herzog Christian, wie auch an die Herzogin Dorothea, die Witwe des 1591 verstorbenen Herzog Wilhelm, die in Winsen resibierte.[1]) Man griff wieder zu den Prozessen, und am 12. August 1612 beschlossen die in Lüneburg versammelten Abgeordneten Christians und der Städte Lüneburg, Stade und Buxtehude, daß man nochmals Schritte tun wolle, um das Endurteil in Speier zu beschleunigen; ferner daß man erlaubte Gegenmittel gegen Hamburg ergreifen wollte; jeder Interessent sollte „die Mittel, so ihme Gott und das Recht darzue an die Hand geben und erlaubeten, seiner besten Gelegenheit nach im Namen Gottes gebrauchen".

Solche Beschlüsse machten auf die Hamburger freilich wenig Eindruck. In Celle waren am 1. Oktober hamburgische Gesandte bei Herzog Christian. Man stellte ihnen vor: „die Stadt Hamburg müßte es also machen, daß ein Jeder seine Nahrung haben konte, und der Stadt Lüneburg auch etwas gonnen, sonsten es einen Aufstand erregen mogte," usw. Dagegen erklärten die Gesandten: die Stapelgerechtigkeit sei die „medulla und anima totius Civitatis"; davon könnten sie nicht abgehen. Auch ein Hinweis auf das gemeinsame Bündnis der Evangelischen, die „Union", beeinflußte die Hamburger nicht; sie forderten, Lüneburg möge Mittel und Wege angeben, wie man, unbeschadet des Hamburgischen Stapelrechts sich einigen könne. Lüneburg meinte hingegen, besser sei es, Hamburg gäbe zuerst solche Mittel an; dort werde stets die Erbgesessene Bürgerschaft als „Praetext" vorgeführt, „dadurch sie sich von fürgewesener Handlung liberiren konnen".[2])

Herzog Wilhelm aber, dem sehr viel daran lag, die leidige Elbfrage zu erledigen, verhandelte unablässig. Er erklärte sich sogar bereit, wegen der Hoheit auf der Elbe einen „annehmlichen Revers" auszustellen, ohne daß klar zu erkennen ist, was dieser bedeuten sollte. Am 9. April 1613 fand in Harburg eine Verhandlung zwischen seinen Räten und hamburgischen Gesandten statt. Sie hatte wenig Erfolg. Doch ließ der Rat nun das Lüneburger Bier, Salz, Kalk und Essig nach Harburg durch, wogegen Wilhelm sich verpflichtete, daß diese Waren nicht außerhalb Harburgs verführt oder verhandelt werden dürften; sie sollten nur für den Bedarf der Harburger dienen. Über die Zufuhr weniger Tonnen dieser Waren mußte der Herzog lange mit dem Rat verhandeln, und

---

[1]) Harb. Räte an den hamb. Landherrn Soltau 8. Mai; Rademin, v. Bergen und Wetken in Hamburg an Harb. Räte 8. Juli; Lüneb. Rat an Herzog Christian 15. Juli 1612 usw. [2]) Hamb. Rat an Herzog Christian 13. Oktbr.; Lüneb. Rat an Räte in Celle 19. Novbr. 1612.

dieser drückte großmütig die Hoffnung aus, daß „diese unsere nachbarliche wolmeintliche Concession nicht misbrauchet werden müge". Als besondere Gnade bewilligte der Rat zunächst auf ein Jahr, daß die Harburger sich zu mehreren zusammentun und ihre Waren von Lüneburg holen dürften, doch für jedes Haus nicht mehr als 3 Tonnen und stets mit herzoglichem Paß. Die freie Zufuhr des Brennholzes lehnte Hamburg ab, da es stets nach Hamburg „aufgetrieben worden" sei.[1)]

Doch fanden die Hamburger bald, daß bei dieser Abholung von Lüneburg nach Harburg „eine große Unrichtigkeit" sich zeigte; und am 11. April 1614 verhandelte man abermals, jetzt in des Herzogs Haus am Reiherstieg; auch über die Moorburg, deren Befestigung für den Fall der Not Hamburg nicht aufgeben wollte, und einen neuen Wärder, der sich in der Süder=Elbe gebildet und nun streitig war, wurde beraten. Die Zufuhr nach Harburg suchte Hamburg wieder mehr zu beschränken und schärfer zu kontrollieren; Herzog Wilhelm mußte den Hamburgern genau vorrechnen, wieviel Konsumenten das Städtchen Harburg hatte, um die Quantität des Verbrauchs zu motivieren.[2)] Es blieb Alles umsonst; eine neue Verhandlung am 7. Mai 1614 hinterließ bei den herzoglichen Unterhändlern den Eindruck, daß Hamburg nicht allein die schwebenden Irrungen nicht zu gütlicher Entscheidung bringen wollte, sondern sogar „noch andere Örter streitig zu machen geneigt" war. Aus der Instruktion, die der Herzog seinen Abgesandten erteilte, erkennt man klar, daß er wohl das Demütigende dieser ganzen Verhandlung empfand; wenn Hamburg auf die Zufuhr nicht eingehen wolle, „sollen die unserigen ihnen anmelden, daß wir uns endlich zu unerträglichen schaden und nachteil unserer Untertanen, auch besondern schimpf und teils der benachbarten unzimblichen Nachrede, deren wir wegen des Interims=Vergleichs (wiewoll ohnbilliger weise) eine zimbliche notturft bereit müssen einnehmen, die Hende von ihnen nicht also würden schliessen lassen". So blieb auch diese Verhandlung ohne Ergebnis.[3)]

Ueberhaupt versumpfte die ganze Elbsache immer mehr. Nie sind mehr Verhandlungen gepflogen worden als in diesen Jahren, und nie ist das Resultat ärmlicher gewesen. Herzog Wilhelm war durch das

---

[1)] Hamburger Rat an Herzog Wilhelm 5. Mai; Herzog Wilhelm an Herzog Christian 6. Mai, an Hamb. Rat 9. Mai; Hamb. Rat an Herzog Wilhelm 11. Mai 1613. [2)] Harburg hatte damals ca. 250 Bürger, außer sonstigen Einwohnern; als weitere Konsumenten kamen die Durchreisenden und die Hausleute aus der Umgegend hinzu. [3)] Hamb. Rat an Herzog Wilhelm 20. April; Herzog Wilhelm an Dr. Hildebrand 19. April; Instruktion Herzog Wilhelms für von Weyhe und Fürstenow 6. Mai; der Harb. Kanzler Witte an Syndikus Moller 6. Juni 1614.

„Interim" gebunden, hatte sich aber finanziell verbessert; und wenn auch die Bedingungen, unter denen der Hof und die Stadt Harburg von Lüneburg her verproviantiert werden durften, demütigend waren, so hatte der Herzog doch immerhin etwas erreicht. Die Lüneburger aber hatten wenig davon; sie sahen in jener hamburgischen Konzession „nur allein eine bloße Spiegelfechterey" und baten Herzog Christian um schärfere Maßregeln gegen Hamburg, die dieses bewegen sollten, die Schiffahrt freizugeben, von dem hohen Gerstenzoll abzulassen und den Schiffer Christian Schröder, der seit Jahren wegen seines in Hamburg arretierten Schiffes beim Lüneburger Rat klagbar war, zu entschädigen.

Die Herzöge drohten mit Gewaltmaßregeln, führten sie aber nicht aus.[1]) Im Januar 1614 brachte der Lüneburger Rat auch „Interims= Mittel" in Vorschlag; sie enthielten die Forderung freier Passage aller Waren elbabwärts ohne Zolleistung; nur für Salz wollten sie „ein billiches und leibliches" zugestehen; die Schiffer, die von der Unter=Elbe kämen, sollten einen Zoll zahlen; die Gerste sei auf eine gewisse Anzahl Schiffsladungen zu beschränken 2c.

Nach der Darstellung der Hamburger scheiterte die Einigung hier= über an den zu weit gehenden Wünschen der Lüneburger, die die Zufuhr von so viel Gerste forderten, daß man in Hamburg durch ihre Be= willigung den Ruin der eigenen Brauereien befürchtete. Auch auf das Anlegen in Hamburg wollte man hier nicht verzichten. Herzog Wilhelm, dem im Interesse des eigenen Friedens an einer Beilegung der Hamburg= Lüneburgischen Differenzen sehr viel lag, war ernsthaft betrübt wegen des Scheiterns der Verhandlungen; sein Kanzler Dr. Witte ermahnte im August 1614 die Lüneburger bringend, sich mit Hamburg zu ver= tragen.[2]) Bald sollten der Herzog und Lüneburg spüren, wie schwer es war, Hamburg durch Maßregeln, die nur den Schein der Gewalt an sich trugen, mürbe zu machen.

Im Frühjahr 1615 legten Hamburg und Lübeck gemeinsam drei alte Wrack=Schiffe an den Zollenspieker. Auf Anfrage der Herzogin Dorothea und des Herzog Christian erklärten sie, daß die Schiffe lediglich Zwecken der Bedeichung dienen und hier versenkt werden sollten. Man verhandelte hin und her; Christian behauptete, jene Arbeiten fänden statt auf seinem Hoheitsgebiet und seien geeignet, die Schiffahrt auf seinem Strome und seine Marschlande zu schädigen. Von den Städten

---

[1]) Lüneb. Brauer an Lüneb. Rat 16. April; die Herzöge Christian und Wilhelm an Hamb. Rat 7. Juni; Hamb. Rat an Herzog Christian 9. Juli 1613.
[2]) Instruktion Herzog Wilhelms für Dr. Michael Witte 10. Aug. 1614.

wurde Beides bestritten; vier Schiffe wurden Anfang Juli dort versenkt. Christian hatte schon am 2. Juli Wilhelm und die Stadt Lüneburg gebeten, Geschütze und Soldaten der Herzogin Dorothea zur Verfügung zu stellen. Nachdem dann die Versenkung erfolgt war, verboten Dorothea und Christian in ihren Landen den Kauf und Verkauf und Verbrauch von Hamburger Bier, wie auch den Verkauf von Holz und Hopfen, Fischen und Salz an Hamburg. König Christian IV. von Dänemark wurde gleichzeitig gebeten, Hamburg zur Entfernung jener Schiffe zu veranlassen.[1])

Das war zum ersten Male, daß das Haus Braunschweig in seinem Kampfe gegen Hamburg zu solchen Mitteln griff; das Beispiel des Erzbischofs von Bremen, der im Jahre 1612 auf ähnliche Weise gegen Hamburg vorgegangen war, scheint als Vorbild gedient zu haben. Christian forderte nun auch Wilhelm auf, sich an dem Vorgehen gegen Hamburg zu beteiligen. Dazu hatte letzterer aber wenig Lust; er wies hin auf die Schädigungen, die durch solche Verbote die eigenen Untertanen erleiden würden, die durch ihre Fischerei, ihren Holzhandel, ihre Braustuben ganz abhängig von Hamburg seien. Auch würden die herzoglichen Einnahmen leiden durch die Verminderung der Accise; endlich werde der Verkehr zwischen Hamburg und Harburg andere Wege nehmen. Er lehnte deshalb seine Beteiligung ab, während der in Hitzacker residierende Herzog August sich bereit erklärte, wenn er auch offen gestand, daß er mit den beiden Städten „nicht gerne in widerwillen leben möchte".[2])

Auch der Lüneburger Rat hatte große Bedenken hinsichtlich des von Christian eingeschlagenen Verfahrens. Direkt verweigern konnte freilich die Stadt ihrem Landesherrn den Gehorsam nicht; aber sie stellte vor, daß das Verbot des Hamburger Biers wahrscheinlich ein Verbot des Lüneburger Salzes seitens Hamburg zur Folge haben werde. Lüneburg war um so mehr gegen das Verfahren des Herzogs, als neuerdings Hamburg sich in der Frage der Elbfahrt zuvorkommender gezeigt hatte und man in Lüneburg Hoffnung schöpfte, in dieser Hauptsache ein befriedigendes Abkommen zu erreichen. Auch das von Christian angeführte Motiv, das Verbot des Hamburger Biers werde die Unter-

---

[1]) Herzogin Dorothea an Hamb. Rat 2. April; Hamb. Rat an Dorothea 2. Mai; Lübeck und Hamburg an Dorothea 10. Mai, an Herzog Christian 12. Mai, 26. Juni; Herzog Christian an die Städte 29. Juni; Dorothea an Christian 9. Juli; Christian an König Christian von Dänemark 19. Juli 1615. [2]) Herzog Christian an Herzog Wilhelm 18. Juli; Herzog Wilhelm an Herzog Christian 3. August; Herzog August an Herzog Christian 29. Juli 1615.

tanen zu größerer Solidität veranlassen, konnte den Lüneburger Rat nicht überzeugen; den Vorteil, so meinte er, würden nur die Winsener Brauereien haben, den Schaden allein Lüneburg.[1])

Herzog Christian ließ Hamburger Bier nun wiederholt arretieren; wegen des in Hamburg noch angehaltenen Schröder'schen Schiffes wurden auch andere Hamburger Güter festgehalten. Aber es fehlte nicht an Klagen über das Verbot. Die Stadt Walsrode beschwerte sich, daß dadurch ihr Absatz von Wachs, Honig, Wolle, Leinwand nach Hamburg geschädigt werde. Es kam hinzu, daß schon die zwischen Herzog Friedrich Ulrich und der Stadt Braunschweig tobende Fehde damals den Warenverkehr zwischen Norden und Süden schwer störte; die Sperre gegen Hamburg vermehrte noch die Kalamität. Bremen und Magdeburg suchten zu vermitteln; Hamburg aber erhob gegen Dorothea und Christian Klage am Reichskammergericht wegen Arretierung seiner Güter; und am 28. Oktober hob Christian das Verbot auf; viel erreicht hatte er nicht; die Deicharbeit am Zollenspieker hatte ihren Fortgang genommen.[2])

Gegenüber Lüneburg hatte sich inzwischen, wie schon bemerkt, Hamburg in der Frage der Elbschiffahrt entgegenkommender gezeigt als je. Im September 1615 wurde in Lüneburg, dann in Pattensen verhandelt; in einer Verhandlung im Zollenspieker am 17. April 1616 erklärten sich die Hamburger bereit, etliche 100 Wispel Gerste jährlich nach Lüneburg gestatten zu wollen, ohne daß diese vorher in Hamburg angelegt zu werden brauchte; auch daß das andere nach Lüneburg bestimmte Getreide nicht mehr, wie bisher, in Hamburg drei Fluttiden lang, wenn es nicht dort verkauft würde, aufgehalten werden dürfe. Schwierigkeiten machte aber die Frage der Entschädigung des Schiffers Schröder, in der nachzugeben Hamburg sich entschieden weigerte. Lüneburg bewies in dieser Verhandlung große Mäßigung und zeigte sich sehr abgeneigt, dem stets auf energischere Maßregeln drängenden Herzog Christian zu folgen. Dieser warnte die Stadt, nichts mit Hamburg abzuschließen, was seinen Rechten an der Elbe präjudizierlich sein könne.[3])

Mitten in die Verhandlungen fiel dann das vom 31. Mai 1616 datierte Kammergerichts-Mandat „de non offendendo", das sich gegen

---

[1]) Herzog Christian an Lüneb. Rat 17. Juli, 29. Juli; Lüneb. Rat an Herzog Christian 25. Juli, 8. Aug.; Herzog Christian an Lüneb. Rat 10. Aug. 1615.
[2]) Rat von Walsrode an Regierung in Celle 6. Sept.; Herzog Christian an Lübeck und Hamburg 9. Oktbr.; Hamb. Rat an Herzog Christian 13. Oktbr; Herzog Christian an Hamb. Rat 28. Oktbr. 1615. [3]) Lüneb. Rat an Herzog Christian 22. März, 8. Mai, 31. Mai; Herzog Christian an Lüneb. Rat 27. März, 13. Mai; die hamb. Ratsherren Vogler und Vincent Moller an Kanzler Hedemann 5. April 1616.

Christian und Dorothea wegen Arretierung hamburgischer Güter 2c. und gegen den Schiffer Schröder wegen Verletzung hamburgischen Stapelrechts wandte; den genannten Fürsten wurden alle Feindseligkeiten gegen Hamburg verboten. Dies Mandat brachte Wasser auf die Mühlen der Hamburger. Wieder einmal hatte sich die alte Taktik bewährt. Sie glaubten nun auch keinen Grund zu weiterem Entgegenkommen zu haben; die Verhandlungen wurden hingeschleppt. Im Januar 1617 klagten die Lüneburger, jene seien ohne Erfolg geblieben; nach wie vor müßten sie in Hamburg auf ihr Getreide 3—4 Tage warten; vor den Ausliegern mußten sie die Süder-Elbe meiden. Als im April ein Lüneburger Schiffer, der Holz geladen, von den Ausliegern mit Gewalt nach Hamburg geschleppt wurde, drohte Herzog Christian mit Gegenmaßregeln. Der Rat kümmerte sich nicht darum, und Bürgermeister Vincenz Moller erklärte den Lüneburger Schiffern, sie müßten sich „des Süder-Elbstroms, dessen sie allein in possessione wären, enthalten"; bitter klagten jene Schiffer, daß die Süder-Elbe, weil sie nicht gebraucht werde, allmählich versande. Herzog Wilhelm suchte zu vermitteln; er bedauerte die Drohungen Christians und erklärte, daß, wenn dieser eigene Schiffe auf die Süder-Elbe legen wolle, „uns solches fast unleidlich, auch zu leiden wegen unser Hand und Siegel gegen die von Hamburg unverantwortlich sei"; auch werde dadurch die Unsicherheit nach Harburg und auf seine Untertanen gezogen. Andererseits verwies Wilhelm aber den Hamburgern, ihre Gewalttätigkeiten stets mit dem Interim zu „beschönen" und so zu tun, als ob er ihnen die Hoheitsrechte auf der Süder-Elbe verkauft habe.[1])

Es nützte Alles wenig. Wohl gab Hamburg die wegen Übertretung des Stapelrechts arretierten Schiffe meist nach einiger Zeit wieder frei; die Süder-Elbe blieb gesperrt und unsicher. Die Hamburger beriefen sich stets auf ihre alten Rechte, und, wo diese nicht ausreichten, auf das „Interim" von 1611. Die Herzöge redeten und schrieben zwar noch immer, wie seit 80 Jahren von „unserm freyen Süder-Elbstrom und darauf zustehenden Regalia und Gerechtigkeiten"; und im Juli 1617 ließ Herzog Christian dem Rat von Stade, der sich nach dem Stand

---

[1]) Lüneb. Ever- und Kornführer an Herzog Christian 5. Jan., 1. März; Lüneb. Rat an Hamb. Rat 29. April, 5. Mai; Hamb. Rat an Lüneb. Rat 10. Mai, 22. Mai; Herzog Christian an Hamb. Rat 16. Mai; Herzog Wilhelm an Hamb. Rat 5. Juni; Hamb. Rat an Herzog Wilhelm 23. Juni; Lüneb. Ever- und Kornführer an Herzog Christian 8. Juli; Instruktion Herzog Wilhelms für Dr. Witte 26. Juli 1617.

der Elbsache erkundigte, antworten, er sei „durchaus nicht gemeinet, der Hamburger Tätlichkeiten auf der Elbe also lenger nachzusehen";[1]) das waren aber alles nur leere Drohungen, und tatsächlich verhielt es sich so, wie der Lüneburger Rat, von den Cellischen Räten um seine Meinung gefragt, am 23. März 1618 erklärte: es habe bis jetzt nichts geholfen; Hamburg befinde sich de facto in dem Besitz „juris emporii" und beherrsche, mit Ausschluß der Lüneburger, die Süder=Elbe; am besten sei, solange das Reichskammergerichtsurteil nicht ergangen, mit den Hamburgern einen Totalvergleich zu schließen; zu bezweifeln sei freilich, ob es jenen damit Ernst sei; doch sei zu hoffen, daß ihr Respekt vor dem Herzog, „welcher gleich wol ihre solitam pertinaciam eine Zeithero etwas alterirt", sie beeinflussen werde.

So hoffnungs= und aussichtslos lag die Sache für die Gegner Hamburgs noch ein Jahr später, als endlich am 19. April 1619 in Speier das Urteil in Sachen Hamburgs gegen die Herzöge von Braunschweig=Lüneburg und die Städte Lüneburg, Stade und Buxtehude erging. Das Urteil war für Hamburg ungünstig und stellte fest, daß dieses nicht berechtigt sei, jene an der freien Schiffahrt auf der Süder=Elbe, am freien Kauf von Getreide und andern Waren in Hamburg und sonst zu hindern; auch wegen der Erhöhung des Schauenburger Zolls und der Zudämmung des Gammerdeichs wurde Hamburg verurteilt und für schuldig erklärt, „Alles in vorigen Stand zu richten".

---

[1]) Rat von Stade an Räte in Celle 26. Mai, 17. Juli 1617.

Anhang.

Der Bullenhauser Zoll.

Neben den Verhandlungen, die zu dem „Interim" führten, begann Herzog Wilhelm im Jahre 1609 eine Unterhandlung über eine Frage, die ihm offenbar sehr am Herzen lag. Es war dies der Plan der Errichtung eines Zolles in Bullenhausen.[1]) Diese Unterhandlung steht mit den dem Interim zu Grunde liegenden Elbschiffahrts-Angelegenheiten in engem Zusammenhange: sie bedarf aber, da sie ihren eigenen Weg geht, einer abgesonderten Darstellung.

Herzog Wilhelm, stets in Geldnöten, hatte schon seit längerer Zeit das Bedürfnis empfunden, seinen Finanzen gründlich aufzuhelfen. Er besaß an der Elbe keinen Zoll; der alte, in Harburg erhobene Zoll stand der Harburger Linie nicht zu;[2]) daß dem Herzog oder seinen Räten der Gedanke kam, die Geldnot durch einen Elbzoll zu beseitigen, ist begreiflich. Ohne Einwilligung des Kaisers und der Kurfürsten durfte ein neuer Zoll nicht angelegt werden. Im Sommer des Jahres 1609 wandte sich der Herzog an den Kaiser und bat um die Erlaubnis, in Bullenhausen einen Zoll anlegen zu dürfen.

Die Motivierung des Gesuchs zeigt den Zusammenhang dieser Zollsache mit dem Kampf, in dem Hamburg stand. Hamburg habe, so heißt es hier, vor Jahren widerrechtlich an der Gamme einen Arm der Elbe verpfählen und zudämmen lassen und sich dadurch Nutzen geschafft, dem Lande Braunschweig-Lüneburg aber nur Schaden, der mit 100 000 Thalern nicht gut zu machen sei. Hamburg schädige ferner den Handel und die Nahrung Harburgs, indem es die Elbe sich allein zueignen und den

---

[1]) Kurz berührt ist die Frage bei Falke, Geschichte des deutschen Zollwesens S. 207 f. [2]) Über den alten Harburger Zoll vergl. Weißenborn, Die Elbzölle und Elbstapelplätze (Halle a. S. 1901) S. 130. Ganz klar sind die Verhältnisse dieses Zolles nicht, in den Akten wird er nur ganz sporadisch erwähnt.

Stapel an sich ziehen wolle. Andererseits habe der Herzog viel Kosten zur Erhaltung des Stromes aufgewandt, dessen Ufer ihm hier an beiden Seiten gehörten. Deshalb müsse er den Zoll haben, dessen Höhe nach der des Zolls von Hitzacker zu bemessen sei.

Schon ehe die Antworten auf das Rundschreiben des Kaisers, das die Kurfürsten befragte, eingingen, zeigte sich bei den hauptsächlich durch den Zoll Betroffenen Opposition. Ein Zoll zu Bullenhausen, das am linken Elbufer gegenüber dem hamburgischen Ochsenwärder und dem lüneburgischen Hagelt kurz oberhalb der Trennung von Süder- und Norder-Elbe lag, mußte alle am oberelbischen Verkehr interessierten Städte berühren. Hamburg, Lübeck und Magdeburg machten sich zu Wortführern der Interessenten. Am 15. Dezember 1609 wandten sie sich „vor sich und andere interessierende Stedte" an den Kaiser mit der Bitte, dem geplanten Zoll die Genehmigung zu versagen; er werde die Folge haben, daß andere Zölle an der Elbe erhöht oder neue errichtet würden; schon jetzt beständen zwischen Magdeburg und Hamburg 17 Elb-Zölle; die Waren würden dadurch verteuert, die Elbschiffahrt zu Grunde gerichtet 2c.

Der Kaiser scheint persönlich dem Herzog seine Zustimmung zu dem Zoll gegeben zu haben; es galt also die Kurfürsten zu gewinnen und den Widerstand der Opposition, die auf die Kurfürsten einwirkte, abzuschwächen. Den Widerstand Hamburgs, der für den Herzog am schwersten wog, versuchte er bei Gelegenheit der Verhandlung über das Interim zu beseitigen. In einer Instruktion vom 24. Oktober 1610 für die Verhandlung mit Hamburg wurde dem Rat nahe gelegt, er möge dem Herzog „des von der Key. Matt. eingewilligten Zollens halber nicht allein vor sich keine Hinderung und Eintracht ferner thun, sondern auch andere Opponenten von aller Wiedersetzlichkeit abmahnen", auch dahin mitwirken, daß der Kaiser und die Kurfürsten ihren Konsens gäben, überhaupt den Zoll auf alle Weise beförderm; ja der Herzog forderte sogar, daß, solange der Zoll nicht in Kraft sei, Hamburg ihm dafür den Zoll zu Zollenspieker einräume oder jährlich 2000 Thaler zahle.

Dazu fand sich aber Hamburg in keiner Weise bereit; und der Herzog beauftragte im Sommer 1611 seinen Agenten in Prag, Johan Leue, namentlich dahin zu wirken, daß den Städten durch ein kaiserliches Mahnschreiben die Einmischung in diese Angelegenheit verboten werde. Der hamburgische Syndikus Vincent Moller hat aber auf dem Nürnberger Kurfürstentag im Oktober 1611 ebenso gegen den Zoll gewirkt wie Hehemann, des Herzogs Abgesandter, für den Zoll. Entschieden

wurde hier aber nichts. Die Städte wandten sich auch an den Reichs=
hofrat und trugen ihm schriftlich ihre Bedenken vor.

So kam das „Interim" zu Stande, ohne daß Hamburg hinsichtlich
des Bullenhauser Zolls ein Zugeständnis gemacht hatte. Auch der Tod
Kaiser Rudolfs (20. Januar 1612) wurde von dem Herzog als für
seinen Plan sehr verhängnisvoll beklagt. Er versuchte es deshalb noch=
mals, den Widerstand der Städte auf gütlichem Wege zu entfernen. Am
26. März 1612 bat er den hamburgischen Rat, er möge doch seinen
Widerspruch aufgeben und den Zoll bei den Kurfürsten empfehlen. Der
Rat lehnte das höflich, aber entschieden ab; er habe sich mit Lübeck und
Magdeburg in dieser Sache verbunden und könne nicht davon abgehen.
Auch durch einzelne Ratsherren versuchte der Herzog etwas zu erreichen;
namentlich durch den Syndikus Rademin; doch antwortete dieser am
15. April 1612 dem herzoglichen Rat v. Weihe: Magdeburg und Ham=
burg hätten sich „unlengst vereinbaret, eusserstes Vermugens, auf gleich=
messigen Kosten, alles abzuwenden, so zu behinder — oder beschwerung der
Schiffart auf dem Elb=Strome gedeyen mochte"; er verwies auch auf
das Mandat Kaiser Maximilians II. von 1569, Aug. 6. gegen die
Herzöge von Braunschweig=Lüneburg; auch hätten die Städte früher dem
Herzog Ernst widersprochen, als er die Erhöhung der Zölle von Hitzacker
und Blekede erbeten habe.

Nichtsbestoweniger verhandelte der Herzog mit Rademin weiter und
erbot sich, wenn der Rat ihm zur Erlangung des Zolls Beihülfe leiste,
von den 500 Thalern, die ihm das „Interim" alljährlich zuspreche,
200 Thaler aufzugeben.[1]) Die Verhandlung zerschlug sich aber; Ham=
burg konnte und wollte den Zoll nicht zulassen, was man ihm nicht ver=
denken wird. Der Herzog wandte sich noch an zahlreiche Fürsten
Nord= und Süddeutschlands; von den meisten erhielt er nichtssagende
Antworten, von einigen die gewünschten „Recommendationsschreiben" an
die Kurfürsten. Nur Herzog Johann Adolf von Schleswig=Holstein
hatte „allerhand erheblich Bedenken". Bremen erklärte, es wisse zwar
von der Sache nichts; da aber zwischen Hamburg und Magdeburg 17,
zwischen Münden und Bremen 24 Zölle beständen, so könne es kaum
für eine weitere Vermehrung sich aussprechen, könne auch nicht sich gegen
die andern Städte äußern, „alsban was heut die eine der andern zu
verdrieß thäte, morgen jene von dieser wieder zu gewarten hette".[2])

---

[1]) Herzog Wilhelms Memorial 1612, 30. April. [2]) Herzog Johann Adolph von
Schleswig=Holstein an Herzog Wilhelm 11. April 1612; Rat von Bremen an
Herzog Christian 31. März 1612.

Der Kurfürstentag von Frankfurt a. M. 1612, auf dem Matthias zum Kaiser gewählt wurde, trat der Angelegenheit näher und ersuchte den Kaiser um weitere Angaben über den geplanten Zoll und seine Berechtigung. Herzog Wilhelms Gesandter Hedemann gab sich hier im Verein mit dem Gesandten Herzog Christians, Julius von Bülow, redliche Mühe, dem Ziele näher zu kommen. Das Einzige, was erreicht wurde, war, daß am 13. November 1612 der Kaiser den Herzog Adolf Friedrich von Mecklenburg und den Erzbischof Christian Wilhelm von Magdeburg mit der Untersuchung beauftragte.

Im März 1613 fand vor diesen Kommissaren die Verhandlung in Magdeburg statt. Für Hamburg erschien Syndikus Dr. Vincent Moller, für Herzog Wilhelm der Hofmarschall Joachim von Weihe, für Herzog Christian Dr. Michael Witte. Die Städte mußten hier zugeben, daß Herzog Wilhelm für Erhaltung der Dämme jährlich eine ansehnliche Summe ausgebe und daß diese Ausgabe zum Teil durch die Zudämmung der Gammer=Elbe und Errichtung des Gammerdeichs verursacht sei. Von den Städten wurde geltend gemacht, daß Herzog Wilhelm an jener Stelle nicht an beiden Seiten die Hoheit besitze, daß Hamburg mit dem Herzog über die Hoheit im Prozeß liege und schon des Präjudizes wegen deshalb den Zoll nicht zulassen könne. Auch auf den Harburger Zoll wurde hingewiesen, den der Herzog ohne kaiserliche Genehmigung erhoben habe und über den man noch in Speier prozessiere; sodann auf die allgemeine Belästigung, die der Handel durch einen neuen Zoll erleiden müsse. Herzog Wilhelm machte dagegen geltend, daß die Beschwerung des Handels nicht vom Zoll herrühre, die Zölle wären alt, während „die Steigerung der Commercien sich erst vor kurzen Jahren ereuget und noch täglich fast zunehme". Auf ein Pfund Butter mache der neue Zoll nur eine Preiserhöhung von noch nicht einem Heller aus, auf acht Heringe kaum 1 Pfennig. Die Steigerung der Preise rühre her von den „eigennützigen Monopolien" in den Handelsstädten und von der Ungleichheit der Münzsorten. Jede Verbindung des geplanten Zolls mit den schwebenden Kammergerichtsprozessen lehnten die herzoglichen Gesandten ab.[1])

Die beiden kaiserlichen Kommissare erstatteten über diese Verhandlung dem Kaiser einen Bericht; und man hatte nun weiteres zu erwarten. Herzog Wilhelm aber hatte offenbar wenig Vertrauen, auf dem ordnungs= mäßigen Wege zum Ziele zu kommen, wenn nicht Hamburg vorher

---

[1]) Bericht der kaiserlichen Kommissare an den Kaiser 1613, 26. April.

gewonnen war. Schon am 7. Juni wandte er in Gemeinschaft mit Herzog Christian sich an den Hamburger Rat; sie erinnerten ihn an das Wohlwollen ihres Hauses für die Stadt; erst vor kurzem habe Wilhelm wegen der Beschwerden der Lüneburger Schiffer vermittelt; Hamburg möge ihm doch den kleinen Zoll gönnen. Der Rat lehnte wieder ab; sie möchten ihm nicht zumuten, was „Unser, dieser Stadt, geleisteten Eyden und Pflichten zuwiedern"; der Zoll sei Hamburg schädlich, in der Bürgerschaft habe man schon von dem Plan vernommen und den Rat bringend um Gegenmaßregeln gebeten.[1]) Trotzdem ließ Herzog Wilhelm nicht ab; und Rademin, der für Hamburg verhandelte, machte tatsächlich im August einige Vorschläge, auf deren Grund Hamburg vielleicht einwilligen könne, nämlich: 1. diese Zollsache dürfe dem schwebenden Kammergerichtsprozeß nicht präjudizieren. 2. der Herzog dürfe pendente lite keine Neuerung in der Schiffahrt vornehmen und müsse sich deshalb schriftlich verpflichten; auch dürften die Waren von Bullenhausen ab nicht zu Lande gehen, sondern nach wie vor auf der Elbe. 3. Die Hamburger Bürger müßten für alles, was sie zu ihrem eigenen Hausgebrauch benutzten, wie auch für das, was sie sonst verhandelten und selbst bezahlten, von dem Zoll befreit sein.

Bedenklich für den Herzog war namentlich die dritte Bedingung, die leicht zu Unterschleifen führen konnte. Hedemann schlug vor, nur das Hamburger Bier freizulassen.[2]) Die Verhandlung stockte dann. Ob sie von Hamburg ernst gemeint war, scheint zweifelhaft. Der Herzog hoffte nun doch, durch die Kurfürsten noch zum Ziel zu kommen. Marquard von Hodenberg, Herzog Christians Rat und Hofrichter, unterhandelte für Wilhelm in Aschaffenburg beim Kurfürsten von Mainz Ende 1614. Sowohl von diesem wie vom Kurfürsten von der Pfalz erhielt Hedemann günstige Zusagen. Mehr denn je war Wilhelm entschlossen, an seinem Plan festzuhalten; am 2. April 1615 schrieb er an Hodenberg, er sei entschlossen, „wie wirs mit ernst angefangen und uns bereits nicht ein geringes haben kosten lassen, also auch bis zu genßlichem Ausgange das unserige darbey zu thun".

Die Sache kam aber nicht aus der Stelle. Den Widerstand schrieb Wilhelm noch immer meist den Hamburgern zu; er bat Herzog Christian am 7. Februar 1617, die Hamburger, „als welche es am meisten wider uns treiben" zu beeinflussen, sich gefügiger zu zeigen. Als im Jahre

---

[1]) Hamb. Rat an Herzog Christian 16. Juni; Vincent Moller, Hieronymus Vogler, Rademin an Herzog Wilhelm 28. Juni 1613. [2]) Herzog Wilhelm an Hedemann 1613, Aug. 30.; Hedemann an Herzog Wilhelm 3. März 1614.

1618 ein Kurfürstentag bevorstand, schrieb auf Wilhelms Veranlassung Christian an die Kurfürsten und erinnerte sie an die Bullenhauser Zollsache. Der Tag kam nicht zustande. Dagegen wirkte auf dem Frankfurter Kurfürstentage im Sommer 1619 der Kammergerichtsadvokat Dr. Georg Fischer, ein Schwager Hedemanns, für den Herzog in der genannten Sache. Der Hauptgegner unter den Kurfürsten war, das zeigte sich jetzt klar, Brandenburg; wie es überhaupt gegen die Ausübung der braunschweig-lüneburgischen Zölle allerlei Beschwerden hatte, so hatte es für einen neuen Zoll offenbar wenig Neigung. Auch Kursachsen schien Bedenken zu haben. Man verlangte auch von dem Herzog einen Revers, der die Erträge des Zolles jedenfalls beschränken mußte; wenn alle kurfürstlichen Untertanen, die ihre Waren bei Bullenhausen vorüberschifften, von dem Zoll befreit sein sollten, so sei ihm, so erklärte Wilhelm, mit dem Zoll sehr wenig gedient.[1]) Doch erreichte Fischer es, daß am 6. September 1619 ein Dekret des Kurfürsten-Kollegiums erging, in dem es hieß: Die Kurfürsten gönnten dem Herzog und seinem Hause wohl ein „gedeyliches uffnehmen"; doch seien die Gesandten nicht genügend instruiert, sodaß ein Kollegial-Beschluß nicht habe zustande kommen können; der Herzog müsse sich bis zu einer weiteren Reichs- oder Kollegial-Versammlung gedulden.

Bis dahin wurden die Kurfürsten weiter bearbeitet, namentlich Brandenburg suchte der Herzog von seinem Widerstande abzubringen. An den neuen Kaiser Ferdinand wurden im Sommer 1621 Hodenberg und Fischer gesandt; die Bullenhauser Zollsache nimmt in ihrer Instruktion die erste Stelle ein. Am 27. Oktober 1621 erging dann ein kaiserliches Mahnschreiben, das die Kurfürsten an ihre Gutachten, von denen bisher keines eingegangen, erinnerte. Wiederholt mahnte in der Folgezeit der Herzog beim Kaiser und den Kurfürsten; ein abermaliges kaiserliches Rundschreiben erging im Jahre 1625. Die Kurfürsten hatten freilich in jener unruhigen Zeit Wichtigeres zu tun, als sich für einen neuen Elbzoll zu interessieren. Allmählich schlief die Sache ein. Doch heißt es in einem Briefe Wilhelms an den in Celle regierenden Herzog August vom 8. Juni 1636, es fehle nur noch das kaiserliche Diplom für den Zoll, die Kurfürsten hätten ihre Zustimmung gegeben. Als damals Hamburg die Herzöge Wilhelm und August um Unterstützung gegen die Absicht Dänemarks, in Glückstadt einen Zoll anzulegen, anrief, verwies Wilhelm auf sein Bullenhauser Projekt, das jedenfalls nicht durch die Stellung,

---

[1]) Instruktion für Dr. G. Fischer 26. Juli; Bericht Fischers 3. Septbr. 1619.

die man dem Glückstädter Projekt gegenüber nähme, präjudiziert werden dürfe. Wilhelm äußerte sich damals noch sehr hoffnungsvoll im Hinblick auf die „merckliche hohe Accession", die dem Hause Braunschweig-Lüneburg durch den Bullenhauser Zoll werde zu Teil werden.

Das ist das letzte, was über den Plan verlautet; er ist nie verwirklicht worden.

VII.
Vom Reichskammergerichtsurteil bis zum Ende des 30jährigen Krieges.

Das ergangene Urteil erregte natürlich bei den Siegern um so mehr Freude, als in der letzten Zeit die Elbsache sich tatsächlich immer ungünstiger für sie gestaltet hatte. Nach 65jährigem Kampfe hatten sie den Sieg erfochten; vorläufig freilich nur „formell"; denn darauf waren die Gegner Hamburgs längst vorbereitet, daß Hamburg sich nicht bei dem Urteil beruhigen, sondern die „Revision" einlegen würde.[1]) Das bedeutete aber damals nichts anderes als eine weitere, unabsehbare Hinschleppung des Prozesses; denn die meisten mit dem Rechtsmittel der Revision angefochtenen Urteile des Reichskammergerichts blieben, da die Visitations=Deputationen nicht imstande waren, die Revision zu bewältigen, unvollstreckbar; die eingelegte Revision hatte aber Suspensivwirkung; erst 1654 wurde dies aufgehoben.[2]) Bei aller persönlichen Genugtuung, die die Gegner Hamburgs empfinden mußten, war deshalb ihr Sieg materiell erst dann ein wirklich großer Erfolg, wenn sie sich in dem Besitz des Streitobjektes, d. h. der freien Schiffahrt auf der Elbe befanden. Von diesem Ziele waren sie aber weit entfernt. Doch taten sie, was in ihren Kräften stand, den Sieg zu verfolgen.

Ende Mai schon verhandelten Abgesandte der Herzöge und der drei Städte in Celle, und am 1. Juni richteten beide Herzöge ein Schreiben an alle Fürsten und Stände des Niedersächsischen Kreises und baten sie, wenn Hamburg Revision einlege und die Exekution des Urteils zu suspendieren suche, die Stadt davon abzumahnen, auch dahin zu wirken, daß der Revision nicht stattgegeben werde. Am 2. Juni schlossen die in Celle versammelten Gesandten einen Abschied, in dem beschlossen wurde, die Revision möglichst zu verhindern, mindestens aber dahin zu

---

[1]) Vergl. oben S. 57, 59. [2]) Vergl. Schröder, Lehrbuch der Rechtsgeschichte (1889) S. 768.

wirken, daß das Urteil nicht suspendiert werde. Man beschloß ferner, „alle assistentz dem Rath zu Hamburg abzuschneiden", und, wenn die Stadt mit der gewaltsamen Auftreibung der Schiffe usw. fortfahren sollte, oberhalb wie unterhalb die Hamburger Schiffe und Waren anzuhalten, „auch andere Sperrung der Hamburger Commercien" in den Fürstentümern vorzunehmen. Dazu wollten sie alle fest zusammenstehen; Keiner dürfe sich ohne Wissen der Andern mit dem Rat in Verhandlungen oder Vergleiche einlassen; auch sollte allen Untertanen eingeschärft werden, sich von den Hamburgern wegen des Zolls und sonst nichts „auftrengen" zu lassen.

In Speier war bereits am 24. Mai das Gesuch eingereicht, die eventuelle Revision abzulehnen und die Suspension des Urteils nicht zuzulassen. Der Anwalt der Gegner Hamburgs, Dr. Georg Fischer, war sehr tätig, er riet dem Herzog Christian, er möge „entweder mit starker Hand sich bei Ihrer Gerechtsam schützen" oder Executorialia auswirken. Es gelang Fischer auch zu erreichen, daß am 16. Juli die Vikare am Reichsgericht sog. Executoriales erließen, in denen Hamburg ernstlich befohlen wurde, dem Urteil vom 19. April nachzukommen.

Auch an König Christian IV. von Dänemark wandte sich Herzog Christian; er sandte an den König den Geheimen Rat v. Bülow und bat den König, er möge den Herzögen in der Durchführung des Urteils beistehen, den Hamburgern aber „in ihrer etwa vorhabenden resistenz keine handbietung zu thun oder durch die Ihrigen thun zu lassen". Der König antwortete Bülow, er sei gern bereit, dem Herzog zu helfen; und er erbot sich, die Hamburger nicht nur zu ermahnen, dem Urteil Folge zu leisten, sondern er wollte dem Herzog „aufn Fall der wiedersetzlichkeit wirklich assistiren und beypflichten".[1]

Im Juni sandten außerdem die Verbündeten den Rat Herzog Christians, Goswin Merkelbach, und den Bürgermeister von Stade, Martin von der Meden, nach dem Haag; diese erreichten hier, daß am 27. Juli die Generalstaaten eine Resolution abgaben, in der sie die Erwartung ausdrückten, Hamburg werde nun sich nach dem Urteil richten, und ihre Bereitwilligkeit erklärten, dahin zu wirken, daß die Stadt sich fügen werde.

Die Hamburger verloren dieser Tätigkeit ihrer Gegner gegenüber ihr kaltes Blut nicht. Als dem Rat das Urteil vom 19. April von

---

[1] Instruktion für Jul. v. Bülow 3. Aug.; König Christian an Herzog Christian 12. Aug.; Bericht v. Bülows 19. Aug. 1619; vgl. Schäfer, Geschichte von Dänemark V. 368f.

Herzog Christian insinuiert wurde, erklärte er sogleich, es sei selbst=
verständlich, daß sie sich dabei „nicht so liederlich werden abquiesciren können".
Dem Herzog Wilhelm aber, der das Interim als erloschen bezeichnete,
schrieb der Rat, er könne das Urteil „pro re judicata" nicht halten
und, solange es nicht rechtsbeständig, bleibe das Interim in Kraft.[1])
In Speier erbat der Rat „restitutionem in integrum" und reichte
eine umfangreiche „petitio articulata" ein; er nahm ferner das Vor=
gehen der Herzöge gegen die Stadt zum Anlaß, sich ein neues Kammer=
gerichtsmandat, datiert vom 5. November 1619, zu erwirken; in diesem
wurde darauf hingewiesen, daß die Herzöge „fast bedrauliche Schreiben"
an den Rat gerichtet hätten, obwohl dieser gegen das Urteil Revision
eingelegt habe; es wurde ferner die Sendung nach den Niederlanden
kritisiert; durch diese hätten sie es den Generalstaaten so hinstellen wollen,
als ob ihnen und den Eingesessenen der Niederlande es nunmehr „frey
stunde, ohne Entrichtung gepurenden Zollens zu Hamburg die Elbe uff
und ab und also die Stadt Hamburg ungescheuet vorbey zu fahren";
auch hätten die Räte der Herzöge überall öffentlich erklärt, daß der
Gammerdeich demnächst gewaltsam eingerissen werden würde, und die
Lüneburger Untertanen seien aufgefordert, sich dazu bereit zu halten. Darauf
habe auch Hamburg rüsten müssen. Obwohl nun bisher nichts erfolgt,
so wäre doch zu besorgen, daß die Herzöge den Gammerdeich durchstechen
würden; es wurde ihnen deshalb geboten, in der Sache der restitutio
in integrum und der Gammerdeich=Angelegenheit von jeder gewalt=
tätigen Handlung abzusehen; auch sollten sie „sich des gesuchten beclagten
Anhanges und Einführung fremder Nationen uff des Reichs Boden
gentzlich äußeren und enthalten."

Dies Mandat war ohne Zweifel ein Erfolg Hamburgs; nachdem
das Urteil in der Sache gesprochen und sogar „Executoriales" ergangen,
war ein solches Mandat, wie Simon Förstenow, der Rat des Herzog
Wilhelm, meinte, ein „fast unerhört Ding". Auch die Verwertung der
Gesandtschaft nach den Niederlanden durch Hamburg war geschickt. Als
die Gesandten der Verbündeten am 3. Januar 1620 in Pattensen be=
rieten, was nun zu tun, war man in ziemlicher Verlegenheit. Die
Exekution mit Gewalt durchzuführen, scheute man doch. Förstenow
warnte, die Hamburger „nicht zu gering" zu achten; er sei „glaubwürdig
berichtet", daß sie vier Kriegsschiffe in Holland bauen ließen, „damit den
Elbstrom zu vertheidigen". Die Gesandten von Stade empfahlen, man solle

---

[1]) Hamb. Rat an Herzog Christian 26. Juni; Herzog Wilhelm an Hamb. Rat
22. Juni; Hamb. Rat an Herzog Wilhelm 12. Juli; 6. Oktober 1619.

Schiffe hinauf nach Magdeburg schicken, dort Korn kaufen und die Schiffe dann bei Hamburg vorbeifahren lassen; hielten die Hamburger sie dann an, müsse man Repressalien ergreifen; gegen ihre vereinten Kräfte vermöchten die Hamburger nichts. Die Abgeordneten Christians rieten, jene Kornschiffe mit Bewaffneten zu versehen und damit die Auslieger von der Süder-Elbe zu vertreiben; auch sei das Hamburger Bier zu verbieten und ihnen die Zufuhr von Korn und Holz abzuschneiden. Förstenow sprach sich gegen alle gewaltsamen Schritte aus; „man müsse sich auch woll fürsehen und keine unnötige Händel anrichten". Auch die Lüneburger, die erklärten, daß sie von den Hamburgern jetzt nicht an der Schiffahrt auf der Süder-Elbe gehindert würden, waren vorläufig nicht für Gewalttätigkeiten. Man beschloß also: „Ein jeder Interessent an seinem Ort müßte darauf bedacht sein, wie die freye Schiffahrt auf der Elbe sowoll unten als oben werts versucht und in schwang gepracht werde, dero behuef man dann die handtierende Bürgere und Unterthanen animiren und dahin disponiren müßte, daß sie ihnen der Schiffart angedeyen sein ließen; wofern dann dem einen oder andern durch die Hamburgische Auslieger oder sonsten das geringeste genommen oder angehalten würde, solte ein jedweder bey der ersten occasion, die ihm an die hand stoßen würde, wiederumb auf der Hamburger Personen, Güter und Wahren greifen, alles auf gemeinen Kosten und Gefahr, immassen zu Zelle wehre verabschedet.[1]) Sobald auch die Hamburgischen Auslieger sich in dem einen oder andern wieder die gepür bezeigen würden, solte man dieselbigen mit gesambter Hand von der Elbe treiben, und ein jeglicher Interessent bedenken, obs nicht rathsamb, daß man aus Hamburg kein Bier holete, den Bürgern auch Holz, Salz und andere Notturft fürenthielte; item wie ihnen das Korn von oben herunter könnte entzogen werden, also daß sie, die Hamburger, keiner Magdeburgischen Gärsten könten mechtig werden." Außerdem wurde die Ausarbeitung einiger Prozeß- und Druckschriften beschlossen.

Herzog Christian ließ diesem Beschluß noch im Januar ein Verbot der Zufuhr nach Hamburg und des Hamburger Biers in seinem Lande folgen; er forderte Herzog Wilhelm auf, dem Verbot sich anzuschließen. „Daran thun E. L., was uns beiderseits zu gutem gereichet, die Unterthanen ersparen die daran wendende Ausgaben, konnen auch ohne Hamburger Bier wol leben." Wilhelm war anderer Ansicht; er verstünde wohl, so schrieb er an Christian, daß dieser bedacht sei, „der Hamburger

---

[1]) Am 2. Juni 1619, vgl. oben S. 78 f.

Stolz und Vermessenheit" zu dämpfen; dem Verbot könne er sich aber nicht anschließen, da er vor 3 Jahren in Harburg die Akzise auf Bier so angesetzt habe, daß dadurch seine Einnahme um mehr als 3000 Mark lüb. jährlich sich verbessert habe; diese Einnahme falle weg, wenn jenes Verbot erfolge. Auch ohnedies müsse es Harburg schwer schädigen, da die Durchreisenden und Fuhrleute das ortsgebraute Bier nicht trinken möchten; Hamburg selbst habe wenig Schaden davon, da seinem Bier die Städte Lüneburg, Burtehude, Stade doch offen stünden. Christian blieb bei dem Verbot und erklärte den Hamburgern auf ihre Beschwerde, es sei aus polizeilichen Rücksichten erlassen.[1]

Außerdem rüstete er und machte offene Anstalten, den Gammerdeich zu durchstechen und diesen Teil des Urteils vom 19. April 1619 gewaltsam durchzuführen. Er wollte damit nichts weniger, als „dem vorigen Elbstromb seinen alten Eingang und Lauf wieder eröffnen". Solcher Gefahr gegenüber rüstete auch Hamburg; die Stadt befestigte außerdem die Moorburg stärker. Christian ließ deshalb Ende Februar bei Wilhelm anfragen, ob er bereit sei, mit ihm gemeinsam die Moorburg zu zerstören.[2] Die Antwort Wilhelms ist mir nicht bekannt; er hat sich aber an den Feindseligkeiten gegen Hamburg wenig oder garnicht beteiligt; schon in der Verhandlung am 3. Januar 1620 hatte Förstenow auf das Bedenkliche der gewaltsamen Durchstechung des Gammerdeichs hingewiesen und namentlich bedauert, daß dadurch Herzog Wilhelms Hoffnung auf die Bewilligung des Bullenhauser Zolls und die gütliche Beilegung der übrigen Streitpunkte „sehr geschwechet werden" würde. Christian aber fiel in die Vierlande ein, ließ sein Kriegsvolk hier entsetzlich hausen und den Deich an mehreren Stellen durchstechen. Hamburg versuchte Lübeck zu energischem Vorgehen gegen den Herzog zu bewegen; Lübeck hatte aber Bedenken. Ende März zog das Kriegsvolk Christians wieder ab. Er hatte mit seinem Zug wenig für sich erreicht.[3]

König Christian IV., der ihm früher Unterstützung zugesagt hatte, dem aber doch offenbar das selbständige Auftreten des Herzogs in und an der Elbe wenig behagte, schrieb am 14. April an den Herzog: er habe stets Neigung gehabt, ihn in rechtmäßigen Dingen beizustehen; das grausame Vorgehen des Herzogs könne er nicht billigen, ebensowenig

---

[1] Herzog Christian an Herzog Wilhelm 21. Jan.; Herzog Wilhelm an Herzog Christian 1. Febr.; Hamb. Rat an Herzog Christian 21. Jan.; Herzog Christian an Hamb. Rat 3. Febr. 1620. [2] Herzog Christian an Jul. v. Bülow 23. Febr. 1620. [3] Fleischfreiser, Die pol. Stell. Hamburgs in der Zeit des 30jähr. Krieges, I; Zeitschr. d. Ver. f. lüb. Gesch., II, 444 ff.; Gallois, Hamburg. Chronik, III, 15 ff.

seine Verbindung mit den Niederlanden; mit dem Elbstrom, „als einem holsteinischen Regale und aller dessen Hoheit und Gerechtigkeit bis in die offenbare Sehe" sei sein Haus belehnt, und Er habe stets darnach getrachtet, „daß im geringsten die gemeine Commercia auf itzermeltem Unserm erblichen Elbstrome im geringsten nicht geschwechet, sondern vielmehr ihren starcken, geraden lauf unverrücket erhalten". Der Herzog beeilte sich, dem König am 23. April zu antworten, es liege ihm fern, sich irgendwelche, ihm nicht zustehende Hoheit über den Elbstrom anmaßen zu wollen; er habe aber der Hamburger Hochmut bestrafen müssen; er rief das monarchische Gefühl des Königs gegen die Städte auf und bemerkte, es sei klar, daß, „wan dergestalt etzliche wenig Stedte sich gleichsamb eines dominats über die vornembsten Ströme, heilsamben Justicien und Printzen unternehmen, und allen des Reichs und Ihrer Landesfürsten gehorsamb entziehen solten, es alsban nicht alleine ein seltsamb ansehen in und ausserhalb des Heil. Röm. Reichs gewinnen, sondern auch die hergebrachte Monarchia, dabei man sich nicht übel befunden, sehr geschwechet und darentjegen, zu unterdrückung der Justicien und des Fürstenstandes, ein populatic status allgemacht eingeführet werden mögte". Der Herzog, der es mit dem König nicht verderben wollte und durch sein Vorgehen auch den jungen Herzog Friedrich von Holstein gekränkt hatte, sandte überdies seinen Geheimen Rat Marquard von Hodenberg noch im April zu dem in Flensburg weilenden König. Dieser verhehlte dem Gesandten nicht, daß es besser gewesen sei, wenn man „nicht so precipitanter, sondern etwas cautius damit verfahren were". Er wies ihn auf die Reichskonstitution; „deren solte man sich billig gebrauchet und nachgesetzet haben und sein eigen Richter also nicht gewesen sein". Die beiden hamburgischen Kriegsschiffe bei Harburg könnten nicht viel ausrichten, seien nur Tonnen-Bojer.[1]

Schützte auf diese Weise der König die Stadt Hamburg gegen den Herzog von Celle, so sah er andererseits die Bedrängnis der Stadt nicht ungern; er suchte selbst in jener Zeit sie auf der Elbe in jeder Weise zu beschränken; auf die Bitte Herzog Christians, Kriegsschiffe auf den Strom zu legen, ging er nicht ein; als er es später doch tat, geschah es zwar im Gegensatz zu Hamburg, aber im eigenen Interesse.

Wir können im einzelnen hier diesen Verhältnissen nicht nachgehen. Nur soweit sie die von uns behandelten Fragen berühren, mußten sie

---

[1] König Christian an Herzog Christian 3. Mai; Bericht Marquard v. Hodenbergs an Herzog Christian 4. Mai; König Christian an Herzog Christian 11. Mai 1620.

Erwähnung finden. Durch den Einfall des Herzogs war der ganze niedersächsische Kreis in Aufregung gekommen. Der Warenverkehr zwischen Hamburg und dem Süden geriet durch die Sperrung, die Herzog Christian ihm bereitete, ins Stocken; aus Ulm, aus Nürnberg, Leipzig kamen deshalb Klagen. Die ausschreibenden Fürsten nahmen sich der Sache an, und es kam, namentlich infolge der Bemühungen des Herzogs Friedrich Ulrich von Braunschweig-Wolfenbüttel,[1]) im Juni zu einer gemeinsamen Verhandlung in Boitzenburg, an der Gesandte der Herzöge Christian und Wilhelm von Braunschweig-Lüneburg, des Erzbischofs von Magdeburg, der Herzöge von Mecklenburg, der Städte Hamburg, Lübeck, Bremen, Goslar, Stade, Lüneburg und der Generalstaaten teilnahmen. Hauptzweck der Verhandlung war die Beilegung des offenen Zwistes, wie er zwischen Herzog Christian und Lübeck und Hamburg entstanden war, wie auch die Ursache dieses Zwistes, der Gammerdeich. Die eigentliche Elbsache stand nicht zur Beratung, da sie direkt mit jenem Einfall nicht in Verbindung stand. Den Herzögen mußte aber viel daran liegen, möglichst auch diese Hauptsache, überhaupt alles, was in dem Urteil vom 19. April 1619 enthalten war, hier zur Verhandlung zu bringen. So instruierte Herzog Wilhelm seine Gesandten, alle diese Fragen — Vorbeifuhr auf der Süder-Elbe, Getreidestapel in Hamburg, Moorburger Befestigung, der von Hamburg zu leistende Schadensersatz[2]) — in die Beratung zu ziehen. Hinsichtlich der Moorburger Befestigung erklärte Wilhelm sich bereit zur Einigung mit Hamburg, wenn dieses ihm und seinem Bruder Otto eine Abstandssumme bezahle.[3])

Tatsächlich sind in Boitzenburg alle diese Dinge wohl mehr oder weniger berührt worden; mit der Frage des Gammerdeichs hatte man aber genug zu tun; auch hatte Lübeck ja an den anderen Fragen kein Inter-

---

[1]) Herzog Friedrich Ulrich an Administrator von Magdeburg 24. März 1620. Der Herzog verhandelte im April durch Eberhard v. Weihe und Bartold v. Rautenberg in Hamburg mit dem Hamburger und Lübecker Rat. [2]) Herzog Wilhelm reichte im Februar 1620 folgende Schadensrechnung ein:

I. Verhinderung der freien Schiffahrt:
    a) Schäden des Herzogs . . . . . 18 650 Taler
    b) Schäden der Untertanen . . . . 38 205 „
II. Gammerdeich ꝛc.:
    a) Schäden des Herzogs . . . . . 19 350 Taler
    b) Schäden der Untertanen . . . 25 292 „
                                                       101 497 Taler.

[3]) Instruktion Herzog Wilhelms für O. v. Hagen, Simon Förstenow, Joh. v. Drebber 20. Juni 1620.

esse. In dem am 25. Juli abgeschlossenen Vertrage¹) zwischen Herzog Christian und den Städten Lübeck und Hamburg wurde die Gammerdeichsache weiterer gütlicher Handlung oder rechtlichem Austrage überlassen; ebenso wurde für die Angelegenheit der freien Schiffahrt auf der Elbe eine „Vergleichung" in Aussicht genommen.

Positiv war also nichts erreicht, als daß die Waffen niedergelegt, die Schanzen abgetragen, die Fähren wiederhergestellt wurden. Wie wenig Hamburg geneigt war, sich durch jenen Einfall in seiner Elbpolitik irre machen zu lassen, zeigte die Stadt dadurch, daß sie, trotz der schwierigen Lage, in der sie sich damals Dänemark gegenüber befand, am Bunten Hause, wo Norder- und Süder-Elbe sich trennen, durch ihre Auslieger strenger denn je die Süder-Elbe sperren und wiederholt Schiffe gewaltsam nach Hamburg weisen ließ. Auf eine Anfrage Herzog Wilhelms in Celle, ob man sich das gefallen lassen wolle, antwortete Christian: fahre Hamburg fort mit Gewalttätigkeiten, so werde Er oberhalb auf der Elbe Gegenmaßregeln ergreifen; auch bei Harburg müsse man an solche denken.²)

Diese Absichten Christians erlitten freilich bald eine Abkühlung. Infolge des Einfalls in die Vierlande hatte sich Hamburg an das Reichskammergericht gewandt, und nun kam ein Mandat dieses Gerichtes vom 30. Oktober 1620, in dem den Herzögen Christian und Wilhelm und den Städten Lüneburg, Stade und Buxtehude wegen jenes Einfalls, der erfolgt sei trotz der von Hamburg gegen das Urteil von 1619 eingelegten Revision usw., von Hamburg Prozeß angekündigt wurde. Infolge dessen vereinigten sich die genannten Gegner Hamburgs am 11. Januar 1621 in Pattensen zu gemeinsamem Vorgehen gegen Hamburg; es wurde nicht allein gemeinsame Prozeßführung und Schriftenherausgabe beschlossen, sondern sie einigten sich auch über die praktische Durchführung ihrer Sache. Sie wollten alle dahin wirken, „daß die ihrigen die Schiffe und Anzahl der Schiffer sterken, sich der Schiffahrt oben und unterwerts behertzet unnachlessig gebrauchen"; den Herrschern von England und Dänemark, den Generalstaaten, dem Ober- und Niedersächsischen Kreise, den Hansestädten sollte alles berichtet, das Domkapitel und die Landstände von Bremen sollten gebeten werden, ihr gemeinsames Vorhaben zu unterstützen. Sollte aber von den Hamburgern trotzdem „die angefangene Gewalt gleichsamb mit gewehrter Hand je continuiret, die

---

¹) Klefeker a. a. O., X, 383 ff. ²) Instruktion Herzog Wilhelms für seinen Rat Joh. v. Drebber 27. Septbr.; Bericht v. Drebbers 3. Oktbr. 1620.

Schiffe ferner aufgetrieben, nacher Hamburg gebracht, Schiff und Wahren daselbsten ausgelegt, angehalten und der Zoll gefordert werden wollen", so wollten sie alsbald die ersten hamburgischen Schiffe und Waren zu Wasser bezw. zu Lande anhalten, die Waren zu Geld machen oder die den Hamburgern etwa ausstehenden Schulden einziehen und die Geschädigten davon entschädigen. Ebenso, wenn die Herzöge und Städte Getreide, Holz oder sonst Waren, die auf der Elbe verschifft würden, benötigten, so sollte dies dem Herzog Christian oder dem Rat von Stade mitgeteilt werden, und den Schiffern, die nicht Hamburger seien, sei ein Eid abzunehmen, daß sie die betreffenden Waren dorthin führten, wo man ihrer bedürfe, und nicht nach Hamburg. Auch sei „auf bequeme Mittel und Wege zu gedencken, daß den Hamburgern auf den Fall beharrlicher gewaltsamer Wiedersetzlichkeit des Korns, Holz und Hopfen Zufuhr zu hemmen". Jeden Schaden wollten sie gemeinsam tragen. Im übrigen wurde der Abschied vom 2. Juni 1619 nochmals bestätigt.

Von allen diesen Beschlüssen kam aber wenig mehr zur Ausführung; am allerwenigsten diejenigen, die auf die praktische Durchführung des Urteils von 1619 sich erstreckten. Die zunehmende Unsicherheit und Unruhe in Niedersachsen kam der Stadt zu gute. Die Herzöge von Braunschweig=Lüneburg hatten genug mit sich selbst und der Sicherung ihrer Lande zu tun. Hamburg hat ungestört in der nächsten Zeit sein Stapelrecht aufrechterhalten. Man schrieb und prozessierte in Speier noch weiter, und kleine Eingriffe in die gegenseitigen Hoheits=Ansprüche kamen auch vor. In Speier wurden ein paar neue Prozesse eröffnet; so klagte im Jahre 1623 Herzog Friedrich von Schleswig=Holstein, der früher die Elbschiffahrtssache ruhig mit angesehen hatte, nun gegen Herzog Christian auf Aufhebung des Urteils vom 19. April 1619, soweit es die Durchstechung des Gammerdeichs betraf; und Lübeck und Hamburg klagten gegen Christian auf Feststellung ihrer Rechte über den halben Elbstrom und die damit zusammenhängenden Ländereien. Je mehr hier aber prozessiert wurde und die Akten sich anhäuften, um so weniger veränderten sich die tatsächlichen Verhältnisse.

Hamburg ließ sich in seiner Elbpolitik um so weniger stören, als es der Stadt gelang, durch geschickte Ausnutzung der politischen Lage mehrere wichtige Erfolge am kaiserlichen Hofe davonzutragen. Am 22. Januar 1621 bestätigte Kaiser Ferdinand II. die Hamburg von Friedrich III. verliehenen Privilegien. Am 3. Juni 1628 aber wurde Hamburg ein weiteres kaiserliches Privileg verliehen, nach dem von Hamburg bis zur See und elbaufwärts fünf Meilen weit keine Festung angelegt werden, auch niemand außer Hamburg dort Kriegsschiffe halten oder ein Zoll auf der Unterelbe eingerichtet werden dürfe.¹)

Mit diesen Privilegien konnte Hamburg nicht nur seinem damaligen Hauptgegner, Christian IV. von Dänemark, sondern auch dem Hause Braunschweig=Lüneburg entgegentreten. Letzteres verhielt sich freilich unter dem Druck der Verhältnisse still. Nur als im Herbst 1626 Hamburg mehrere Kriegsschiffe auf die Süder=Elbe und an das Buntehaus legte — wie der Rat erklärte, „zur Defension der Vierlande" gegen Christian von Braunschweig — protestierte die Regierung in Celle formell gegen diese auf des Herzogs „freyen Elbstromb" erfolgte Rüstung.

Dagegen fand Hamburg sich bereit, dem Herzog Wilhelm entgegenzukommen, als dieser im Jahre 1627 den Rat erinnerte, daß er ihm seit 1618 die jährliche „Pension" von 500 Talern, die im Interim von 1611 vereinbart war, schuldig geblieben sei. Freilich hatte Wilhelm diesen Vergleich 1619 gekündigt; die Kündigung war aber vom Rat nicht angenommen, und Wilhelm hatte tatsächlich seitdem die Hamburger auf der Elbe nie gehindert; so einigte man sich auf eine einmalige Zahlung von 3000 Talern, und die 500 Taler wurden seitdem regelmäßig bis zum Tode Wilhelms (1642) bezahlt. Damit hatte Hamburg zugleich die Anerkennung der Fortdauer des durch das Interim geschaffenen Zustandes erreicht.

Der König von Dänemark benutzte dagegen die alte lüneburgisch=hamburgische Streitsache wiederholt in seinen Zwistigkeiten mit Hamburg. Schon als er 1621 mit dem Herzog Friedrich von Braunschweig=Lüneburg, Dompropst von Bremen, über die Nachfolge in Verden und Bremen verhandelte, versprach er ihm, in der Sache der freien Schiffahrt auf der Elbe gegen Hamburg „gute handtierung zu thun", daß der Revision ungeachtet das Urteil von 1619 aufrechterhalten werde. Und als 1630 der König mit Hamburg in kriegerischen Konflikt kam, schickte er im März seinen Kanzler Dr. Busse zum Herzog August d. J. von Braunschweig=Lüneburg und ließ ihm u. A. vortragen: auch der König habe wegen Glückstadt lebhaftes Interesse an der freien Schiffahrt auf der Unter=Elbe und sähe gern, wenn die Exekution des Urteils von 1619 beschleunigt werde und Herzog Christian diese Sache neuerdings wieder aufnähme und urgieren würde; August möge Christian dazu veranlassen, der König werde ihm nach Kräften helfen und eine Revision zu vereiteln suchen.²)

---

¹) Steltzner, Versuch einer zuverläßigen Nachricht 2c., III, 18 ff. (1733); Klefeker, Sammlung, VII, 636 ff. ²) Proposition für Dr. Busse 1. März; Herzog

Es wurde aber nichts aus einer gemeinsamen Aktion. Überhaupt hat sich in den Verhältnissen des Hamburger Stapelrechts um jene Zeit wenig verändert. Das gewaltsame, auf Glückstadt sich stützende Auftreten Christians IV. auf der Unterelbe hat wohl ohne Zweifel die Hamburger hier zeitweilig in der unbeschränkten Ausübung ihrer Ansprüche behindert. Gegen Braunschweig-Lüneburg wird dies wenig zum Ausdruck gekommen sein. Es steht fest, daß Hamburg auf der Süder- wie Norder-Elbe in dieser ganzen Zeit bewaffnete Schiffe gehalten hat und durch diese sein Stapelrecht aufrechterhalten ließ.[1]) Eine Reaktion hiergegen seitens der Herzöge fand nicht statt, wäre auch wohl aussichtslos gewesen. Nur einmal, im Jahre 1635, kommt eine Klage, daß einem Lüneburger Schiffer, der mit Korn hatte bei Hamburg vorbeifahren wollen, hier Zoll abgefordert worden sei. Die damals von Herzog Wilhelm angeregte „Gegen-Exekution", nämlich Schadloshaltung an Hamburger Waren beim Zoll in Blekede, scheint nicht erfolgt zu sein.

Wenn auch die Elbschiffahrt während des Krieges nicht allzu rege gewesen sein wird, die Hamburger wurden daran nicht behindert. „Die Stadt Hamburg", so berichtete man aus Harburg am 2. März 1645 an Herzog Friederich, den Bruder und Nachfolger des 1633 gestorbenen Christian, „geniesset bey jetzigen lauf der Commercien die Elbfarth gantz sicher", und würde sich darin auch nicht hindern lassen, wenn man bewaffnete Schiffe auf die Elbe legte; „dahero und anderer mehr inlaufender respecten halber dieselbe ohne offensa gelassen wird." Wie nach vielen anderen Richtungen hin, ist also auch in diesem Falle für Hamburg der große Krieg nützlich gewesen; er hat die Zeit, die Hamburg bedurfte, um ungestört seine Handelsstellung an der Elbe zu befestigen, abermals um ein Menschenalter verlängert.

August (in Hitzacker) an Herzog Christian 18. März 1630; vergl. Brida und Friedericia, Kong Christians IV. egenh. Breve, II, 248. [1]) Bericht des Oberhauptmanns in Harburg 28. August 1649.

VIII.

Das Aufkommen Harburgs und der Vertrag Celles mit Brandenburg 1661.

Kaum war der allgemeine Friede wieder hergestellt, zeigte sich doch, daß die Zeit, in der Hamburg ungestört über die Elbe herrschen konnte, dahin war. Die Reaktion gegen die Vorherrschaft Hamburgs brach herein. Und nicht nur das Ende des Krieges führte dies herbei; die Veränderung der dynastischen Verhältnisse kam hinzu. Die Herrschaft über Harburg war nach dem Ableben Herzog Wilhelms (1642) und nach einem Erbstreit an die Cellische Linie gefallen und damit die Trennung in zwei Herrschaften auf diesem Gebiete, die Hamburg in der Verfechtung seiner Elbansprüche so günstig gewesen war, aufgehoben. An der Unterelbe aber, im Herzogtum Bremen, saßen nun die Schweden, die für Hamburg mächtiger und gefährlicher waren als die erzbischöfliche Herrschaft.

Besonders ein neues Moment tritt jetzt in dem Kampfe mit Hamburg hervor. Das war das offen an den Tag gelegte Bestreben, Harburg im Gegensatz zu Hamburg zu heben. In den früheren Zeiten ist hiervon nie die Rede; man wollte auf Seiten des Hauses Braunschweig-Lüneburg wohl die Elbschiffahrt von der hamburgischen Vorherrschaft befreien, namentlich den Verkehr auf der Süder-Elbe, die Verbindung zwischen Ober- und Unterelbe sichern; man wollte die herzoglichen Zolleinnahmen erhöhen und die Landeshoheit und Landesgrenzen nicht von Hamburg verletzen und verkürzen lassen. Das war mit Gewalt, mit Verhandlungen, mit Prozessen versucht; im wesentlichen hatten die Herzöge doch wenig erreicht.

Jetzt versuchte man allmählich, zuerst vielleicht unbewußt, nach und nach aber in immer deutlicherem Streben, die Stadt Harburg selbst in den Vordergrund zu stellen. Wie Christian IV. es mit Glückstadt versucht, so jetzt das Haus Braunschweig-Lüneburg mit Harburg. War man ehemals für Lüneburg eingetreten, so beginnt diese Stadt immer mehr an Bedeutung zu verlieren; das an dem Elbstrom gelegene Harburg, das der großen Seeschiffahrt zugänglich und deshalb ein weit passenderer Konkurrent Hamburgs war, nimmt seinen Platz ein.

In Hamburg verschloß man sich der Einsicht, daß Harburg mit der Zeit ein gefährlicherer Wettbewerber werden konnte, als es Lüneburg bisher gewesen, nicht. Deshalb hatte Hamburg, den natürlichen Gegensatz zwischen Lüneburg und Harburg benutzend, schon in den Jahren 1644 bis 1646 mit Lüneburg verhandelt und von diesem die „unabgeladene Durchfuhr" der Hamburger Güter durch Lüneburg erlangt, dafür aber sich dem letzteren gegenüber verpflichtet, keine Güter nach Winsen oder Harburg gehen zu lassen.[1]) Damit sollte die wachsende Niederlage in Harburg, die gegen die hamburgischen Stapelansprüche verstieß, in ihrem Entstehen erstickt werden. Als gar die Harburger im Jahre 1649 Korn direkt von der Oberelbe nach Harburg schiffen wollten, verstärkte der Rat die Wache am Buntenhause und hinderte jene direkte Verschiffung. Über alles dieses beschwerten sich die Harburger bei Herzog Christian Ludwig. Dieser aber meinte, die Hamburger würden sich in ihrem Verfahren hinsichtlich der Fuhren ꝛc. kaum beeinflussen lassen; wohl aber empfahl er den Harburgern, durch eigene Faktoren sich Waren aus Hamburg holen und dann durch ihre Fuhrleute weiter transportieren zu lassen. Namentlich aber wies er die Harburger hin auf die Fahrt auf der Süder-Elbe; hinderten die Hamburger sie dabei, „so sein Wir ihnen doch solches nicht geständig, sondern wollen über unsere diesfals von altersher erlangete und durch Urteil und Recht bekräftigte Gerechtigkeit und Hoheit auf dem Elbstrom allerding gehalten haben". Er stellte den Harburgern, wenn sie dieser Schiffahrt sich widmeten, bewaffneten Schutz, Konvoi, in Aussicht und versprach ihnen jeden Schutz gegen die Hamburger.[2])

Zu einer solchen Schiffahrt fehlte freilich in Harburg noch alles. Die Einwohner waren Handwerker, Höker, Tagelöhner, Ackerbürger; die Haupteinnahmequelle war das Fuhrwerk, von Kaufmannschaft und Handel wußte man nichts; es fehlte auch an Kapital. Die Stadt hatte kein einziges Seeschiff, nicht einmal einen kleinen Bojer oder Kogge. Der vom Herzog empfohlenen Bestellung von Faktoren stand entgegen die in Hamburg streng beobachtete Praxis der Güterbestätter, denen verboten war, solchen Faktoren Waren auszuliefern. Andererseits fühlten sich aber

---

[1]) Vergl. Zeitschrift des histor. Vereins f. Niedersachsen, 1903, S. 200, 206.
[2]) Herzog Christian Ludwig an den Harb. Oberhauptmann v. Peterstorff 11. Mai; 9. Juli 1649.

die Harburger durch die Hamburger, die ihnen die Niederlage nicht gönnten, schwer bedrängt. Sie baten den Herzog, er möge den Hamburgern die Fähre bei Stöckte¹) abschneiden oder dort ein hohes Wegegeld einrichten; das werde die Fuhrleute nötigen, die Waren in Harburg oder Winsen niederzulegen, und sie müßten dann zu Schiff nach Hamburg gebracht werden; auch müsse das Salz von Lüneburg nicht zu Schiff nach Hamburg, sondern über Harburg gehen.²)

Die Wünsche der Harburger waren also nicht nur antihamburgisch, sondern auch antilüneburgisch und fanden schon deshalb wohl weniger Aufnahme beim Herzog. Seine Fürsorge für Harburg bewegte sich vorläufig nur in engen Grenzen. Er ging im Jahre 1650 auf das Gesuch von 2 Holländern, die in Harburg Handel treiben wollten und um Erlaubnis, des Herzogs Flagge zu führen, nur insoweit ein, als er ihnen Schutz und Schirm versprach, die Führung der Flagge aber abschlug. Und gegen Übergriffe der Hamburger zeigte er entschieden den Willen, sich nichts gefallen lassen zu wollen. Im Dezember 1650 befahl er, als einem Harburger ein Ever weggenommen und nach Hamburg geschleppt worden war, daß bei erster Gelegenheit ein Hamburger Ever konfisziert werden solle. Als Hamburg Miene machte, sich der Hohen Schaar oder Großen Weide zu bemächtigen, entstand eine langjährige Verhandlung, die schließlich in Pfändungen usw. verlief. Auch dem alten Prozeß über die Schiffahrt auf der Elbe trat der Herzog wieder näher; man setzte Hoffnungen auf die schwedische Regierung; in einem Bericht des Harburger Oberhauptmanns Bessel vom 5. Oktober 1654 heißt es: Schweden könne nicht dulden, daß Hamburg durch seine Ausleger „das Dominium Albis suchte". Schon 1652 hatte sich der Herzog an Schweden und Dänemark gewandt und beide auf die hamburgischen Tonnenbojer aufmerksam gemacht.

Aber erst mit dem Jahre 1659 beginnt der lange Zeit latente Kampf zwischen dem Hause Braunschweig-Lüneburg und Hamburg wieder einen offenen, lebhafteren Charakter anzunehmen. Scharf wurde von Hamburg jetzt darauf gesehen, daß keine Schiffe von hier nach Harburg fuhren, um hier Korn zu laden; gegen Schiffer, die dagegen verstießen, wurde mit Strafen vorgegangen. Eine andere Beschwerde der Harburger bestand darin, daß von Korn, nachdem es bereits in Harburg verzollt war, außer dem Tonnen- und Bakengeld auch noch Zoll in Hamburg gezahlt werden mußte, wenn es hierher zum Verkauf gebracht wurde.

---

¹) An der Ilmenau, wo die Luhe in diese mündet. ²) Rat von Harburg an den Oberhauptmann 18. Juni 1649.

Eine Beschwerde der Cellischen Regierung wurde im Mai 1659 vom Hamburger Rat dahin beantwortet, daß das Verfahren der Schiffer gegen das hamburgische Stapelrecht, das die Niederlage in Harburg nicht zulasse, verstoße; dem Tonnen- und Bakengeld seien alle seefahrenden Schiffe unterworfen; über den Zoll äußerte sich Hamburg nicht; seinen Ansprüchen entsprach diese Forderung vollkommen. Die Cellische Regierung instruierte hierauf die Harburger Beamten, daß Schiffe, die von oben kämen und von Harburg, Hamburg vorbei, elbabwärts gingen, den Hamburger Zoll nicht zahlen dürften, „wenn sie ihre Fart diesseits nacher dem User zu halten"; vom Baken- und Tonnengeld könnten sie sich schwerlich frei halten.¹)

Stapel und Zoll, die Grundpfeiler der hamburgischen Ansprüche, suchte man von Celle aus also zu umgehen. Harburg gehörige Schiffe kamen allerdings nicht in Betracht. Man stellte damals fest, daß von Harburger Schiffern „noch niemand die Elbe herunter Hamburg vorbey nach der Sehewerts gefahren" sei; nur nach Glückstadt und Stade waren sie mit kleinen Evern gefahren. Die in Harburg seewärts verkehrenden Kornschiffe waren meist solche von der Unterelbe, Holstein, Friesland, Holland.

Das hinderte Hamburg nicht, diese Schiffahrt zu bekämpfen; nicht die Harburger als solche, sondern die Niederlage in Harburg war ihnen ein Dorn im Auge. Im Juni 1660 nahmen sie ein nach Lüneburg bestimmtes Schiff mit Hafer am Deich bei Bullenhausen, also auf herzoglichem Gebiet, weg. Der Schiffer fand sich in Hamburg mit einer Geldstrafe ab, worüber man in Celle sehr ärgerlich war. Eine Anfrage der Regierung beantwortete der Rat nicht; es wurde ein zweites Schiff von den Hamburgern angehalten, und die Cellische Regierung erklärte dem Rat, sie müsse dessen Verfahren „dahin deuten, daß sie nichts achten, daß sie einen mechtigen benachbarten Fürsten beleidiget, durch welches Fürstenthumb und Lande doch ihre meiste Commercia ins Reich gehen". Die Regierung ließ ein hamburgisches Schiff anhalten und von diesem jene Strafe wieder einziehen. Die Harburger Beamten schlugen außerdem vor, unterhalb Bullenhausen bei der Stromteilung eine kleine Schanze anzulegen und mit Soldaten und Geschützen zu versehen.²)

---

¹) Harb. Oberhauptmann an Hamb. Rat 3. Mai; Hamb. Rat an Harb. Oberhauptmann 26. Mai 1659; Regierung in Celle an Harb. Beamte 15. Febr. 1660. ²) Harb. Beamte an Hamb. Rat 3. Juni, 9. Juni; Harb. Beamte an Cellische Regierung 29. Juni, 17. Oktober; Hamburger Rat an Harburger Beamte 5. Juli 1660.

Durch jene Repressalien ließ Hamburg sich nicht einschüchtern; den Harburgern, die in Hamburg Handel treiben wollten, wurde dies mehr denn je erschwert; in Harburg sah man darin ein förmliches Handelsverbot. Auf eine Beschwerde erwiderte der Rat am 20. Juni 1661: er erinnere sich nicht, „daß wir Jemand das Commercium bey dieser Stadt solten hemmen oder hindern wollen, weniger daß wir zur See ab- und zugehenden Schiffen ichtwas newes solten angemuhtet haben".

Gleichzeitig kam von einer anderen Seite dem bedrohten Verkehr Harburgs eine Unterstützung. Auch die märkischen Schiffer litten unter den hamburgischen Prätensionen.[1]) Neuerdings wollte man in Hamburg den märkischen Schiffern nicht gestatten, am Deichtore anzulegen und dort zu liegen, obwohl sie Zoll und Schlammgeld entrichteten. Die brandenburgische Regierung sah sich deshalb nach anderen Gelegenheiten für ihre Schiffer und den Korn- und Holzhandel aus der Mark um; der brandenburgische Agent in Hamburg, Dietrich von Eitzen, und der Havelberger Dompropst von Grote verhandelten im Juni 1661 im Auftrage der Geheimen Räte mit den Harburger Beamten von der Recke und Bessel und erkundigten sich, ob nicht jener Handel von Hamburg nach Harburg „transferiret" werden könne. Der Kurfürst wandte sich ferner direkt an Herzog Christian Ludwig und ersuchte ihn, wenn Hamburg bei seinem Verfahren gegen die märkischen Schiffe beharre, „unsere Unterthanen mit ihren Holz- und anderen Wahren zu Harburg anländen zu lassen". Mit Vergnügen ging der Herzog auf diesen Wunsch ein; er versprach, in Harburg für Neu-Einrichtungen zu sorgen; es werde ihm lieb sein, wenn des Kurfürsten Untertanen dort „Handlung treiben und die Commercia daselbst hin befodern werden, zumahlen die Stadt Hamburg allerhand newerungen unverantwortlicher massen einzuführen und unter dem praetext des angemasseten juris stapulae die monopolia an sich zu reissen und den benachbarten das freye Commercium zu hindern sich bearbeitet".[2]) Der Kanzler des Herzogs, Langenbeck, wurde, wie die genannten Harburger Beamten, mit den weiteren Verhandlungen betraut.

Daß Hamburg diese Entwicklung nicht so ruhig mit ansehen werde, davon war man in Harburg und Celle von vornherein überzeugt. Bisher hatte Harburg als Handelsstadt doch nur eine recht bescheidene

---

[1]) Über diese brandenburgisch-hamburgischen Beziehungen vergl. Schmoller, Jahrbuch, 1884, S. 1076f. Die oben geschilderten Verhältnisse, soweit sie Harburg und die Cellische Regierung betreffen, werden dort nur kurz berührt. [2]) Harburger Beamte an Cellische Regierung 12. Juni; Kurfürst von Brandenburg an Herzog Christian Ludwig 17. Juni (d. d. Cleve); Herzog Christian Ludwig an den Kurfürsten 22. Juni 1661.

Rolle gespielt; man hatte deshalb seitens Hamburgs die nach Harburg bestimmten Waren stets frei passieren lassen, auch die geringe Holzabfuhr von Harburg seewärts geduldet. Wenn sich dieser Handel, von Brandenburg begünstigt, förmlich organisierte, war doch anzunehmen, daß Hamburg dem entgegentreten würde. Daß es sich um das hamburgische Stapelrecht handelte, gab der Herzog ja selbst zu. Zur Sicherung der Schiffahrt von der Oberelbe nach Harburg begann deshalb jetzt die Cellische Regierung den, wie bemerkt, schon früher angeregten Bau einer Schanze gegenüber dem Buntenhause. Schon die Anfänge dieses Baues erregten in Hamburg großes Mißvergnügen. Der Herzog ließ sich nicht einschüchtern; er war „resolviret und entschlossen, zu befreiung des Süder=Elbstroms und beforderung der Navigation und Handlung nach Unser Stadt Harburg", jene Schanze anlegen zu lassen. Der Rat schickte Proteste sowohl an den Herzog wie an die ausschreibenden Fürsten des niedersächsischen Kreises. Den Herzog kümmerte es nicht; er ließ im Oktober die fertige Schanze stark armieren.[1]) Noch am 7. Oktober hatten die Hamburger Auslieger auf der Süder=Elbe fünf Schiffe mit Lüneburger Salz „vermessentlich visitirt"; im September hatte der Rat einen holländischen Schiffer, weil er in Harburg Holz, das brandenburgischen Untertanen gehörte, eingeladen hatte, festnehmen lassen. Der Kurfürst von Brandenburg drohte, auch die Generalstaaten beklagten sich; auf alle Vorstellungen der Harburger Beamten antwortete der Rat mit seinen alten verbrieften Rechten auf die Elbe, auf das Recht, Auslieger zu halten, „pro conservando jure nostro restringendi seu stapulae".[2])

Um die Verbindung Harburgs mit der Oberelbe ganz sicher zu stellen, verfügte der Herzog im Oktober, daß über die abwärts kommenden Schiffe an seinen Zollstätten eine Kontrolle darüber eingeführt werde, wer nach Harburg oder Hamburg gehen wolle, und ihr Ergebnis sofort weiter an die neue Schanze und nach Harburg berichtet werden sollte, wodurch „der Hamburger Visitir= und Nothigunge nach dem Norderstromb vorgebauet werden könne". Außerdem wurden einige Ever an die Schanze gelegt; keineswegs, so befahl der Herzog, sollten in Zukunft hamburgische Auslieger am Buntenhause oder auf dem Süderstrom geduldet werden; der Kommandant der Schanze solle in dem Falle sogleich „der Stücke gebrauchen". Deshalb sollte auch jedes Schiff, das in

---

[1]) Hamb. Rat an die ausschreibenden Fürsten 16. Oktbr., 24. Oktbr.; Herzog Christian Ludwig an die Harb. Räte 26. Septbr. 1661. [2]) Harb. Räte an Hamb. Rat 15. Septbr.; Hamb. Rat an Herzog Christian Ludwig 8. Oktbr.; Kurfürst von Brandenburg an Hamb. Rat 12. Novbr. 1661.

Blekede Harburg als Bestimmungsort angäbe, eine Rotte Knechte erhalten. Auf der Veste Harburg war man wachsamer als je; ein hamburgischer Handstreich schien nicht ausgeschlossen.¹)

Um sich endlich vor etwaigen Schritten Hamburgs am Reichskammergericht, die nach den früheren Vorgängen nicht ausgeschlossen schienen, zu schützen, instruierte die Cellische Regierung ihren Prokurator in Speier und beauftragte ihn, allen „machinationes" des Rats bei Zeiten entgegenzutreten.²)

Hamburg scheint aber weder an Gewalt noch an Prozesse und gerichtliche Klagen gedacht zu haben; für erstere waren die Gegner doch zu gefährlich und letztere hätten bei der Dringlichkeit der Sache wohl wenig Erfolg gehabt. Aber die Stadt verfolgte die Verhandlungen zwischen Celle und Brandenburg natürlich mit großer Aufmerksamkeit. Schon im Juli oder August ließ der Rat dem v. Grote seine Bereitwilligkeit kundgeben, wegen der „Gravamina" zu verhandeln; man wolle sie „corrigiren und in allem vollstendige satisfaction" beschaffen; da er keinen Auftrag dazu hatte, ging Grote nicht darauf ein. In Celle fürchtete man sehr, daß die Hamburger „durch corruptiones" am Brandenburgischen Hofe die schwebenden Pläne hintertreiben könne; sie werden, so schrieb Eitzen am 2. Oktober, „gewaltig mit gulden und silbern Kugeln schetten, umb das gute werck zu verhindern".³) Damit hat Hamburg offenbar keinen Erfolg gehabt. Die Verhandlungen zwischen den cellischen und brandenburgischen Bevollmächtigten nahmen zwar einen langsamen Verlauf, man kam aber doch weiter. Und da schon im August die Zahl der in Harburg verkehrenden Schiffer, namentlich der Holländer, zunahm, konnte dies auf den Fortgang der Verhandlungen nur stimulierend einwirken. Vom 9.—17. September verhandelten v. Grote, v. Eitzen, Langenbeck und Gladenbeck in Harburg. Den Brandenburgern lag vornehmlich daran, daß in Harburg Hafen, Speicher und Packräume in geeignetem Zustande seien; sie verlangten ferner Befreiung der märkischen Schiffer ꝛc. von allen bürgerlichen Lasten, Vorschüsse auf Waren, wie sie in Hamburg üblich seien. Auch müßten in Harburg stets Rückfrachten vorhanden sein. Die Cellischen versprachen eine Erweiterung des Kaufhauses; Hafen und Lagerplätze seien ausreichend. Handlungsfreiheiten wollte der Herzog gern bewilligen, doch nur auf bestimmte Zeit; auch müsse, da der Holzhandel „große Unsauberkeit mit sich führte", ein Schlammgeld entrichtet werden. Zu Vorschüssen war der Herzog bereit;

---
¹) Herzog Christian Ludwig an Generalmajor von Usseln 14. Oktober 1661.
²) Cellische Regierung an Dr. Paul Gams 15. Oktbr. 1661. ³) Ähnlich noch öfter.

Rückfrachten konnte er nicht gewährleisten; es könnte „auch anfänglich so strax nicht vollenkommlich sein"; die Holländer würden schon Rückfrachten bringen.

Die Hauptschwierigkeit boten die von den Brandenburgern geforderten Handlungsfreiheiten. Vollkommene Zollfreiheit wollte Celle nicht zugestehen, doch verstand man sich zu einer Reihe von Freijahren für den Holzhandel; das Schlammgeld müsse auf jeden Fall bezahlt werden. Endgültig einigte man sich noch nicht. Man trat aber auch der Frage nahe, welches Verhalten der Hamburger Opposition gegenüber einzuschlagen sei. Die Brandenburger erklärten, der Kurfürst wolle seine Untertanen in Zukunft nach Harburg verweisen. Das konnte Celle sich ja gefallen lassen. Celle selbst, so erklärte man, wollte niemanden zwingen, nach Harburg zu gehen; Bessel meinte, man dürfe für Harburg sich ein solches Monopol nicht anmaßen, „damit man an sich nicht approbire, was man Hamburg misbilliget hat". Gewaltsame Opposition der Hamburger befürchtete man nicht; sie würden, so meinten die Cellischen, es sich wohl überlegen „und mit sothanen zween großen Herren sich nicht in Contrasto setzen". Celle erbot sich, auf seinem Elbgebiet den Schiffern Sicherheit zu schaffen; der Kurfürst ließ erklären, daß, halte Hamburg seine Untertanen an, er die Hamburger in seinem Lande alsbald arretieren lassen werde.

Gleichzeitig begann die Cellische Regierung Anknüpfungen an der Unterelbe, um auch hier den hamburgischen Ansprüchen entgegenzutreten. Am 12. September verhandelte Bessel in Altenkloster mit dem Kanzler Nicolai; es kam ihm zunächst darauf an, zu erfahren, ob der König von Schweden „der defension freyer Schiffarth auf der Elbe und Commercien beitreten" wolle. Nicolai mußte zugeben, daß es „nicht gut wehre, daß die Städte den Fürsten über die Köpfe wüchsen, wie man an Magdeburg und anderen Stedten gesehen". Die alten Prozesse Hamburgs mit Stade und dem Erzbistum waren noch in Erinnerung. Christian Ludwig wandte sich auch direkt an den Gouverneur von Bremen-Verden, den Grafen von Königsmarck, und suchte ihn für die gegen Hamburg gerichtete Bewegung zu gewinnen. Mitte Oktober war Bessel abermals in Stade; man witterte hamburgische Umtriebe gegen die Verhandlungen mit Brandenburg. Die schwedische Regierung war augenscheinlich nicht geneigt, den brandenburgisch-cellischen Plänen entgegenzukommen.[1])

---

[1]) Bericht Bessels 14. Septbr.; Herzog Christian Ludwig an Graf Königsmarck 16. Oktbr.; Bericht Bessels 21. Oktober 1661.

Diese kamen aber bald zum Abschluß. Am 20. Oktober fand in Celle in Anwesenheit des brandenburgischen Kurfürsten eine Verhandlung statt. Abermals betonten hier die Cellischen, daß sie keinen Zwang begehrten, jeder möge gern von Harburg nach Hamburg gehen; „sey nicht anders als libertas commerciorum". Hamburg hatte inzwischen den Zoll auf Getreide herabgesetzt. Das war für die Brandenburger ein willkommenes Mittel, auf die Cellischen einzuwirken, während letztere meinten, jene Herabsetzung sei nur „pro forma" geschehen. Doch konnte dieser Schachzug Hamburgs die Verhandlung nicht mehr aufhalten; auch Gesandte der Stadt, die in Berlin erschienen, vermochten nichts mehr; nach Bessels Angabe soll der Rat direkt Geld gegen den Abschluß geboten haben.[1]) Am 26. November wurde in Cölln a. Spree der Rezeß zwischen Brandenburg und Braunschweig-Lüneburg abgeschlossen.[2]) Seine wichtigsten Bestimmungen waren:

Der Kurfürst wollte seine Untertanen möglichst, doch ohne Zwang, nach Harburg weisen. Der Herzog versprach für gute Lagerplätze, Hafen usw. zu sorgen; das Schlammgeld sollte die Hälfte des hamburgischen betragen. Er erbot sich ferner zum Bau von Kornspeichern, zur Hergabe von Terrain für diese; allen von elbaufwärts kommenden Schiffen und Waren wurde der eingehende Zoll erlassen, ebenso der Zoll für alle Waren, die unterhalb Harburgs auf dem Strom verkauft, sofort von einem Schiff ins andere verladen und nach Holland verschifft würden. Von den Waren, die aber einmal in Harburg durch den Baum gebracht und dann wieder ausgeführt wurden, sollte die Hälfte des hamburgischen Zolls gegeben werden. Für Holz aber wurde den märkischen Holzhändlern eine 5jährige Zollfreiheit bewilligt, danach sollte die Hälfte des Hamburger Zolls eintreten usw. Diese Begünstigungen sollten vorläufig nur den brandenburgischen Untertanen zuteil werden; doch wurde dem Herzog vorbehalten (Art. 10), auch andern Kaufleuten usw. gleiche oder ähnliche Bewilligungen zu machen.

Wir werden unten weiter sehen, welche Gestalt unter dem Bestand dieses Vertrages der Kampf zwischen Braunschweig-Lüneburg und Hamburg um die Elbe annahm.

---

[1]) Bessel 4. Dezbr. (Havelberg). [2]) Aktenstück IX. Bei von Moerner, Kurbrandenb. Staatsverträge 256 f findet sich nur ein Auszug.

IX.
Der Kampf Hamburgs mit Harburg bis zum Ende des 17. Jahrhunderts.

Der Vertrag von 1661 bedeutet in mehr als einer Beziehung einen Wendepunkt in der Elbpolitik Hamburgs und seines am linken Elbufer wichtigsten Gegners, Braunschweig-Lüneburg. Mit der offen kundgegebenen Absicht des Herzogs, in Zukunft keine hamburgische Kriegsschiffe, überhaupt keinen Zwang mehr auf der Süder-Elbe dulden zu wollen, einer Absicht, die in dem Bau und der Armierung der Schanze bei Bullenhausen sichtbaren Ausdruck erhielt, hatte die bisher immer noch ausgeübte Gewaltherrschaft Hamburgs über die Süder-Elbe ein Ende. Hamburg hat es nie wieder gewagt, hier als Herr aufzutreten; formell hat es freilich seine Ansprüche auf die Süder-Elbe nie aufgegeben. Wie schnell jene Entschiedenheit des Herzogs, zu der die Verbindung mit Kurbrandenburg hinzutrat, wirkte, zeigt, daß schon Anfang 1662 die Elbschiffer, denen Musketiere von Blekede als Schutz beigegeben waren, baten, sie mit den Leuten zu verschonen; niemand hindere sie an der Fahrt. Und wenn die Harburger Beamten die Vertiefung der Elbe vorschlugen, damit die Holländer nicht nötig hätten, ihren Weg durch den Köhlbrand zu nehmen, und somit „ohn minder furcht der Hamburger nach Harburg schiffen kunten", so zeigt dies, wie sehr man noch unter dem Eindruck der früheren Periode der rohen Zwangsmittel stand; tatsächlich war jenes Motiv hinfällig.

Noch nach einer andern Richtung bekundet der Vertrag einen Wendepunkt. Der Vertrag ist eine unleugbare Kundgebung des Eintritts Harburgs in den Wettbewerb mit Hamburg. Die nach dem hamburgischen Maßstab bemessene Herabsetzung der Zölle und des Schlammgeldes lassen hierüber ebenso wenig ein Mißverständnis aufkommen wie die im Art. 11 bedingten billigen Warenpreise in Harburg, damit der „Haubtzweck" — die „Heranziehung der Commercien auf dem Süder-Elb-Strom" — nicht vereitelt werde. Das Haus Braunschweig-Lüneburg ergreift offen die Waffe wirtschaftlicher Konkurrenz gegen Hamburg. Das war etwas Neues. Und demgegenüber mußte auch Hamburg mit etwas Neuem antworten, indem es in Voraussicht des kommenden Vertrages seine Getreidezölle herabsetzte.

Nachdem so der Kampf in friedlichere Bahnen gelenkt war, entbrannte er in diesem neuen Geleise doch nicht minder scharf; der Kampf bleibt derselbe, nur seine Formen verändern sich.

Sehen wir zunächst, wie auf der herzoglichen Seite der Kampf organisiert wurde. Es fehlte zuvörderst nicht an einem Projekt, das sich erbot, Harburg mit großen Mitteln zu heben. Der Oberfaktor Johann Duve in Hannover legte ein solches Projekt vor; er wollte die Kornhandlung in Harburg „stabilieren" und auf Kosten Magdeburgs und Hamburgs heben. Dazu bedurfte er Geld, insgesamt 100 000 Taler, von denen der Herzog die Hälfte vorschießen sollte. Man verhandelte hierüber in Celle; doch erregte die von Duve geforderte Zollfreiheit große Bedenken; auch fürchtete man, daß eine „monopolische Handlung" daraus entstehen könne. Duve hatte schon beim Bleihandel „alle Monopolia an sich gezogen". Die Sache zerschlug sich.[1]) Ebenso wenig wurde aus einem im Jahre 1680/81 auftauchenden Projekt, das gleich hier erwähnt werden möge. Ein gewisser du Chiron, der sich in Hamburg aufhielt, unterbreitete es dem Herzog Georg Wilhelm; es bezweckt nichts weniger als den Bau einer neuen Stadt bei Harburg.[2])

Überhaupt hatte man zunächst wenig Neigung, einzelnen unternehmenden Leuten eine, wenn auch nur provisorische Ausnahmestellung in Harburg zu bereiten, wie Duve sie wünschte. Man hoffte, der Stadt das, was ihr fehlte, auf natürlichere Weise zu verschaffen, hoffte, von dem Strom des Handels und der Schiffahrt, der bisher nach Hamburg gegangen, einen guten Teil nach Harburg zu leiten dadurch, daß dem hamburgischen Handel ein Teil seiner Verbindungen abgeschnitten und Harburg zugeführt werde. So wurde schon Ende 1661 Alles versucht, die oberhalb gelegenen Elbstädte zu veranlassen, ihre Waren in Zukunft nach Harburg zu senden. Namentlich auf Magdeburg kam es an. Hier arbeitete Albrecht Friedrich v. Syborg eifrig für den Herzog.[3]) Nach dem Abschluß des Vertrages vom 26. November suchten Gladenbeck und

---

[1]) Das Projekt Aktenstück X.; Protokoll der Verhandlung 31. Jan.; 1. Febr.; Bessel und v. d. Recke an die Regierung in Celle 11. Febr. 1662. [2]) Aktenstück XI.; es wurde über dies Projekt zwischen Celle und Hannover verhandelt. [3]) Vergl. seine „Bedenken" über die Harburger Niederlage Aktenstück VIII.

Bessel persönlich in Magdeburg auf ein „pactum reciprocum" hinzuwirken. Trotz der Beschwerden, die man hier gegen Hamburg hatte, erreichten die Unterhändler des Herzogs doch nicht viel; Magdeburg war tief gesunken, es hielt außerdem streng auf seinen eigenen Stapel, und die alte auf dem Krebit und der Banco sich stützende Geschäftsverbindung mit Hamburg ließ sich so leichthin nicht unterbrechen. Auch den Kurfürsten Johann Georg von Sachsen suchte der Herzog für Harburg zu interessieren; er machte ihn darauf aufmerksam, „daß der Holz- und Kornhandel gefüglicher und mit größern Vortheil der Commercirenden daselbst als in der Stadt Hamburg getrieben werden kan".[1]

Mehr Erfolg als im Oberlande hatte man von der mit den Niederlanden angeknüpften Verbindung. Der neue Resident des Herzogs im Haag, Wicquefort, war hier für Harburg tätig und verbreitete unter den holländischen Kaufleuten die Nachricht von den vortrefflichen Anlagen usw. in Harburg. Auf die Generalstaaten hatte der Herzog von vornherein viele Hoffnung gesetzt, weit mehr als auf Dänemark, dessen frühere, den braunschweigisch-lüneburgischen Elb-Bestrebungen wenig günstige Haltung man in guter Erinnerung hatte. Die Harburger Beamten schlugen als Mittel, die Niederlage zu heben und namentlich Rückfrachten zu beschaffen, folgende vor: entweder seien die Holländer zu bewegen, Waren zum Weitertransport nach Harburg zu senden, und den Harburger Höfern bei Strafe zu befehlen, die Waren vorzugsweise von jenen zu kaufen; oder es seien verdeckte Schiffe auf herzogliche Rechnung zu kaufen, die zwischen Harburg und Holland einen Warenverkehr einrichteten; oder es seien Kaufleute zu veranlassen, sich in Harburg niederzulassen und Handel zu treiben, gegen allerlei Freiheiten, z. B. daß durch Harburg und Winsen keine frische Fische in das Herzogtum geführt werden dürften, ehe die Heringe jener Kaufleute dorthin gegangen seien; oder endlich: es sei eine Sozietät gewisser bemittelter Kaufleute zu errichten.[2]

Von allen diesen Vorschlägen kam zur Ausführung nur der auf die Heranziehung des Verkehrs der Holländer zielende. Wir werden unten sehen, was man in dieser Beziehung erreichte. Einer von Johan Balke ausgehenden Anregung, eine Zuckersiederei in Harburg anzulegen[3], wurde nicht stattgegeben.

---

[1] Bessel's Bericht 9. Dezbr.; v. Eyborg's Bericht 12. Dezbr. usw.; Kurfürst von Sachsen an Herzog Christian Ludwig 26. Septbr.; Herzog Christian Ludwig an Kurfürst von Sachsen 24. Dezbr. 1661. [2] Bericht Bessel's und von der Recke's 6. Febr. 1662. [3] Johan Balke an Regierung in Celle 18. Jan. 1662.

Alle diese Pläne richteten sich ja gegen Hamburg, aber doch immer nur mittelbar und ohne differentiellen Beigeschmack. Andere Vorschläge entbehrten dagegen eines solchen nicht. Schon Syborg hatte in seinen „Bedenken"[1]) eine verschiedene Behandlung der nach Harburg und der nach Hamburg gehenden Elbschiffer an den herzoglichen Zöllen vorgeschlagen. Nun, 1662, wurde tatsächlich den Elbzöllnern in Hitzacker, Bleckede und Schnackenburg von der Regierung vorgestellt, ob nicht die Schiffer, die bei den Zollstätten Harburg als Bestimmungsort angäben, ohne besonders scharfe Visitation abgefertigt werden könnten, während die nach Hamburg bestimmten Schiffe genauer visitiert, auch dabei verzögert werden könnten; gegen die nach Harburg fahrenden Schiffe könne man dann dort eine um so schärfere Visitation vornehmen. Die Zöllner widersetzten sich aber dieser differentiellen Behandlung nicht sowohl aus zolltechnischen Gründen, als auch weil es „wieder den Lauf der Commercien und bisherige Observantz" sei, und man bald wahrnehmen werde, daß man dadurch „die Commercien uf Harburg zu gehen zwingen" wollte. Trotzdem versprachen die Zöllner, daß die auf Harburg fahrenden Schiffer „vor allen andern favorisiret, auch in ein und andern schleunige Beförderung erwiesen und die übrigen retardiret werden". Das billigte die Regierung; doch müsse es „ohne querelen und Abgang der Zollgelder" geschehen.[2])

Noch weiter ging die Regierung, indem sie Anfang Januar 1662 den Harburger Kornhändlern und Schiffern verbieten ließ, das Korn, das sie in Magdeburg einkauften, nach Hamburg zu bringen; es sollte nur nach Harburg geführt werden. Dies einem Zwange gleichkommende Verbot wurde freilich von den Harburgern selbst übertreten. Wiederholt kam hierüber Klage; und als einige Harburger Kaufleute im März Getreide an hamburgische Kaufleute verkauften, das noch auf der Elbe schwamm und direkt nach Hamburg gehen sollte, wurden jene bei Strafe von 100 Talern genötigt, ebensoviel Getreide wieder in Hamburg zu kaufen und nach Harburg zu führen. Dies strenge Verfahren lehrt, daß ohne Zwangsmittel Harburg zu heben doch aussichtslos schien. Als jene Kaufleute klagten, sie fänden in Harburg bei der großen Menge des dorthin zusammenströmenden Getreides keine guten Preise, befahl ihnen die Regierung, wenn sie wieder Korn nach Harburg bringen wollten, sich zuvor nach Abnehmern, namentlich in Holland, umzusehen.

---

[1]) Aktenstück VIII. [2]) Die in Celle versammelten Elbzöllner an Regierung 28. Jan.; Bescheid der Regierung 9. Mai 1662.

Dies zeigt schon, woran die künstlich geschaffene Harburger Niederlage krankte; Ware, namentlich Getreide, war wohl reichlich vorhanden; aber es fehlte am Markte; und ein solcher läßt sich nicht so schnell schaffen. Die Regierung befahl deshalb, daß das Getreide, das nicht in Harburg verkauft werden könne, von Amts wegen angekauft und gelegentlich zum Verkauf gebracht werden solle; in keinem Falle dürfe es nach Hamburg gebracht werden. Darnach verfuhr man, und schon Ende März 1662 war der Wert des auf öffentliche Kosten erworbenen Kornes auf 5000 Taler angewachsen; die Harburger Beamten hatten kein Geld mehr, und die Regierung wies sie an, das Korn möglichst nach Holland usw. zu verschiffen; auch sollte man sich nach „Herbeybringung etlicher vermögsamer Kaufleute" umsehen.[1]

Bald erwies sich auch dies Verfahren, das den alten Hamburger Markt kurzweg zu ignorieren unternahm, als praktisch kaum ausführbar. Die Harburger Kornhändler klagten, sie könnten das lange Warten auf Käufer nicht vertragen; „das Korn=Gewerbe ein solchen langen Verzug nicht leidet, indem der Preis in einem Tag sich enderen, die Gelegenheit, es andere zu verkaufen und zu verführen, uns aus den Händen gehen kan"; trotz des Verbots wurde Getreide von Harburg nach Hamburg verkauft; und die Regierung sah im Juni sich genötigt, zu gestatten, daß, wenn trotz aller Bemühungen, Korrespondenzen usw. sich keine Käufer fänden, dann — aber in keinem andern Falle —, man dulden könne, daß ein Teil des Getreides nach Hamburg verkauft werde.[2]

Nicht viel anders ging es mit dem zweiten Hauptartikel, der für Harburg in Betracht kam, Holz. Wie in Getreide, so nahm auch in Holz ohne Zweifel der Harburger Verkehr in jenen Jahren stark zu; aber der Mangel an einem Markte machte sich auch bei Holz bemerkbar, wenn auch bei diesem das in der Verderblichkeit der Ware beruhende Moment wegfiel. Die Holzquantitäten, die in Harburg ohne Abnehmer und auf von der Regierung gemachte Vorschüsse lagerten, waren zeitweise recht beträchtlich; Anfang Januar 1662 bewertete sich das Lager auf 14026 Taler.

Daß Hamburg der Entwickelung Harburgs ruhig zusah, konnte man nicht erwarten. Die mit Harburg verkehrenden märkischen Kaufleute

---

[1] Cell. Regierung an Harb. Beamte 28. Jan.; Harb. Beamte an Cell. Regierung 12., 18., 22. März; Cell. Regierung an Harb. Beamte 24. März 1662.
[2] Harb. Räte an Cell. Regierung 14. April; Harb. Kornhändler an Cell. Regierung 18. Mai; Bescheid der Harb. Beamten 23. Mai; Cell. Regierung an Harb. Beamte 19. Juni.

wurden in Hamburg mehr oder weniger boykottiert; der Berliner Kaufmann Tietz, der namentlich die Holzsendungen nach Harburg betrieb, fand für sein Holz in Hamburg keine Abnehmer; der Rat verbot es direkt. Doch zögerte dieser, Strafen, mit denen er die Vorbeischiffung von Waren beim Bunten Hause nach Harburg bedroht hatte, einzuziehen; er wollte es mit den verbündeten Fürsten nicht verderben.[1]

Weniger rücksichtsvoll zeigte sich der Rat gegenüber den mit Harburg verkehrenden Holländern. Hatten sie Getreide in Harburg geladen und kamen sie dann nach Hamburg, so bedrohte der Rat sie mit Strafe. Dem hamburgischen Makler, der holländische Schiffer nach Harburg wies, wurde vom Rat die Korrespondenz mit den Harburger Kornhändlern verboten. Über dies Verfahren beschwerte sich am 2. Juni 1664 Herzog Christian Ludwig beim Hamburger Rat, nannte es eine Beschränkung der „Freyheit der Commercien" und verbat sich „solch monopolisch, in Rechten hochverbotenes beginnen". Der Rat erwiederte hierauf, er hoffe nicht, daß der Herzog „uns einig maß oder Ziel zu geben gemeinet, des Commercii Besten in dieser guten Stadt fortzusetzen"; der Rat werde „damit allemal vermüge dieser Stadt habenden Frey- und Gerechtigkeiten also wissen zu verfahren, wie wir es für die Röm. Kay. Majest., dem heyl. Röm. Reiche und Männniglichen zu verantworten uns wol getrauen". Die Cellische Regierung riet damals auf Vorschlag der Harburger Beamten, Repressalien gegen Hamburg zu ergreifen, namentlich ein Verbot des Hamburger Biers zu erlassen. Dazu hatte der Herzog offenbar keine Neigung. Selbst als im Herbst desselben Jahres eine ähnliche Klage kam, da die Hamburger Kornhändler sich bei einer Konventionalstrafe von 300 Talern verpflichtet hatten, keinem Harburger, der mit Korn nach Hamburg käme, etwas abzukaufen, beschwerte man sich zwar von Celle aus beim Rat, verfolgte die Sache aber nicht weiter.[2] Und bei dem beiderseits geübten Zwange hatte eigentlich keiner das Recht, sich über den andern zu beschweren. Es kam hinzu, daß sich die Anzeichen mehrten, daß Hamburg bei den Oberländischen doch mehr Unterstützung fand als man in Celle gedacht hatte. Die märkischen Kaufleute hatten, nachdem in Hamburg die Zölle auf Getreide herabgesetzt waren, wenig Interesse mehr, Hamburg zu meiden.

---

[1] Harb. Beamte an Cell. Regierung 21. Juni 1662. [2] Hamb. Rat an Herzog Christian Ludwig 21. Juni; Harb. Beamte an Cell. Regierung 7. Juli; Cell. Regierung an Harb. Räte 11. Juli; Harb. Schiffer an Harb. Beamte 20. Novbr.; Harb. Beamte an Hamb. Rat 21. Novbr.; Hamb. Rat an Harb. Beamte 5. Dezbr. 1664; Harb. Beamte an Hamb. Rat 11. Jan. 1665.

Vorzüglich aber zeigte sich immer mehr ein Einverständnis zwischen den Magdeburgern und Hamburgern, das den Harburgern nicht günstig sein konnte. Schon im Frühjahr 1663 schlossen die Hamburger und Magdeburger einen Vergleich, nach dem kein Schiffer mit mehr als zwei Schiffen von Magdeburg ab Korn verschiffen sollte; da die Harburger meist kleinere Schiffe hatten, war das für sie sehr nachteilig; sie mußten sich aber fügen.[1])

Besonders verhängnisvoll für die Harburger Schiffahrt und somit den Harburger Hafen mußte es aber sein, als im Sommer 1666 der Kurfürst von Brandenburg das Stapel- und Niederlagsrecht Magdeburgs erneuerte und bestätigte. Damit verbunden war es, daß in Magdeburg die fremden Schiffer, die nur mit ledigen Schiffen nach dort kamen, keine Waren einladen durften. Magdeburg zögerte nicht, mit aller Strenge dies Recht auszuüben. Es ist bezeichnend für die Verschärfung des zwischen Hamburg und Harburg bestehenden Kampfes, daß die Harburger jenes Vorgehen Magdeburgs dem Antriebe Hamburgs zuschrieben. „Daß man hiesigen wenigen Leuten die Schiffart von Magdeburg anhero nicht gestehen will", so schrieb Heinrich Bessel in Harburg am 17. Dezember 1666 an den Magdeburger Bürgermeister Otto v. Gericke, „ist ihrer Stadt verderb und eine wahre finesse der Hamburger Kornhandler, welche solche durch ihre Factoren zu Magdeburg practisiren". Bessel drohte mit Repressalien des Herzogs gegen Magdeburg, und „dergleichen machinationibus der Stadt Hamburg und ihrer Kaufleute gesambter Hand zu begegnen". Seitens Harburgs wies man namentlich darauf hin, daß die Hamburger in Magdeburg besser und günstiger in Schiffahrt und Zoll behandelt würden als die Harburger, daß die Magdeburger „collusion" mit den Hamburgern trieben und das Korn nicht nach Harburg, sondern nach Hamburg brachten, und daß Alles darauf hinauslaufe, den Harburgern die Schiffahrt zu legen.[2])

Daß die Hamburger ihre alte Stellung im Magdeburger Handel gegen Harburg ausnutzten, ist allerdings wahrscheinlich; im übrigen bedarf es dieses Motives nicht, um Magdeburgs Vorgehen zu erklären. Daß der Kurfürst mehr Interesse an dem neuerworbenen Magdeburg hatte als an Harburg, ist begreiflich; er konnte aber auch darauf hin-

---

[1]) Harb. Bürger, Elbschiffer usw. an Harb. Beamte 10. April; Harb. Beamte an Magdeb. Rat 11. April 1663. [2]) Harb. Schiffer an Harb. Beamte 24. Septbr.; Cell. Regierung an Magdeb. Rat 15. Oktbr.; Harb. Schiffer an Harb. Beamte 3. Dezbr.; v. Gericke an Bessel 29. Dezbr. 1666; Bessel an Dompropst Grote 11. Jan. 1667; Harb. Schiffer an Harb. Beamte 20. April 1668.

weisen, daß das, was von Celle aus beklagt wurde, auch an andern Orten geübt werde, daß die Harburger in Hamburg und die Magdeburger in Lüneburg keine Güter einnehmen dürften, wenn sie mit leeren Schiffen dorthin kämen.[1])

Dadurch war es nun freilich den Harburgern nur dann möglich, Getreide usw. in Magdeburg einzunehmen, wenn sie selbst Waren nach dort brachten. An solchen fehlte es ihnen aber. Über Einfuhrartikel — Kolonialwaren, nordische Artikel, Heringe usw. — verfügte Harburg noch so gut wie garnicht. Die meisten Schiffe, die von der See nach Harburg kamen, waren leer; höchstens brachten sie Dachpfannen und Fettwaren (Butter, Käse). Versuche, in Holland mehr Interesse für Harburg zu wecken, als es bisher sich in der Zusendung lediger Schiffe zum Holz- und Getreidetransport kundgegeben hatte, liefen fehl. Man hoffte immer noch, holländische kapitalkräftige Kaufleute nach Harburg zu ziehen; der Geh. Rat Lorenz Müller, der sich 1667—68 in Holland befand, wirkte hier eifrig dafür; doch mußte er berichten, daß man dort die Übersiedelung von Holland nach Harburg für nicht ausführbar halte: „denn wer wohl hier sitze, würde nicht changiren, und mit Leuten, die keine Mittel in henden, würde dem werke wenig geholfen werden".[2]) Und gerade darauf mußte es ankommen, Harburg Verbindungen mit dem Auslande zu verschaffen. Wenn man in Harburg dafür sorgen werde, daß sich dort gute Faktoren, es seien Holländer oder andere, fänden, die gute Preise zahlten, so werde er dafür sorgen, daß die Waren, die aus Böhmen kämen (Holz, Korn, Wolle, Hanf, Hopfen usw.), nicht mehr nach Hamburg, sondern nach Harburg gehen sollten; so hatte im Jahre 1662 der das Elbgebiet bereisende kaiserliche Kammerrat Joachim Friedrich v. d. Goltz, der in Hamburg und Umgegend einige Zeit zu seiner Orientierung weilte, dem Agenten v. Syborg in Magdeburg versichert.[3])

Daran fehlte es aber, und das ließ sich schwer schaffen. Man konnte wohl schnell Harburg zu einem Platz machen, der für den Umschlag und die Spedition eine gewisse Bedeutung gewann; einen Handelsplatz zu gründen, war doch nicht so leicht. Die Entwickelung

---

[1]) Kurfürst von Brandenburg an Herzog Christian Ludwig 20. Mai 1667; vergl. über das Magdeburger Stapelrecht Schmoller a. a. O., S. 1051. [2]) Cell. Regierung an Geh. Rat Müller 14. Novbr. 1667; Müller an Cell. Regierung 6. Febr. 1668. [3]) v. d. Reck und Vessel an Cell. Regierung 8. April 1662; v. Syborg an Cell. Regierung 3. Septbr. 1662.

des Schiffsverkehrs im Harburger Hafen in jener Zeit wird durch folgende Zahlen beleuchtet:

Es liefen ein:[1])

        im Jahre 1662: 83 Schiffe
               „   „   1663: 34 „
               „   „   1664: 232 „
               „   „   1665: 278 „
               „   „   1666: 140 „
               „   „   1667: 112 „

Die meisten dieser Schiffe waren holländische, die entweder leer kamen oder mit Muschelkalk, Dachpfannen, Mauersteinen, Fischen; sie luden Holz oder Getreide; die andern Schiffe kamen aus dem Lande Hadeln, Kedingen mit Butter, Getreide, Mauersteinen. Für den Bau der Festung wurden letztere damals viel in Harburg verwandt. Der Höhepunkt war also schon 1665 erreicht. Namentlich aber der Handel mit Krummholz blieb in Harburg dauernd von Bedeutung; er war verpachtet und hat offenbar der Stadt viele Vorteile zugeführt, mehr als der Kornhandel.

Der Vertrag von 1661, der ja ohne Zweifel der Ausgangspunkt des zunehmenden Harburger Verkehrs ist, verlor freilich praktisch allmählich sehr an Bedeutung. Brandenburg hatte aus den schon berührten Gründen kein Interesse, für Harburg sich besonders zu bemühen; als auf der Elbkonferenz in Lenzen im Frühjahr 1685 die Gesandten des Herzogs Georg Wilhelm von Celle die Brandenburgischen an jenen Vertrag erinnerten, machten diese Ausflüchte, „scheinen es zimlich zu apprehendiren";[2]) und von dem Vertrag ist nie mehr die Rede.

Die Hamburger fühlten wohl, daß die brandenburgisch-cellische Verbindung, die ihnen recht unwillkommen gewesen war, wenig mehr für sie bedeutete. Um so schärfer konnten sie gegen die cellischen Untertanen vorgehen; da die Brandenburger durch das kaiserliche Privileg von 1558 hinsichtlich der Vorbeifuhr und des Verkaufs an Gäste in Hamburg schon besser gestellt waren, als alle anderen Fremden, konnten

---

[1]) Die Zahlen, die Spilcker im Vaterländischen Archiv IV. 123 bringt, sind durchweg größer; er hat, wie es scheint, die ein- und auslaufenden Schiffe zusammengeworfen. Die oben angegebenen Zahlen finden sich Hannov. Archiv Celle B. A. Des. 60. Nr. 50; andere auch Hannov. Des. 74. Amt Harburg III. 3b. Nr. 2. [2]) Bericht der braunschweigisch-lüneburgischen Gesandten aus Lenzen 10. Mai 1685.

die Hamburger darauf rechnen, daß Brandenburg für derartige Beschwerden Celles wenig Verständnis haben würde.

So wurde am 5. August 1674 in Hamburg ein Rats-Mandat angeschlagen, das die Vorbeifuhr des Getreides streng verbot; jedem, der dawider handle und nachher mit seinen ledigen Fahrzeugen nach Hamburg komme, wurde verboten, Fracht hier einzunehmen; nach Befinden sollte er bestraft werden. Dies Mandat veranlaßte eine sofortige Beschwerde der Harburger Kornhändler beim Oberhauptmann Hake; dieser wandte sich dann an den Hamburger Rat. Letzterer leugnete die Absicht, etwas Neues hinsichtlich des Kornhandels auf der Elbe einzuführen; er befolge nur die „uralte Compactata und Vergleiche", die die Stadt mit Magdeburg wegen des Kornhandels abgeschlossen habe. Damit bezog sich Hamburg auf den im Jahre 1538 mit Magdeburg geschlossenen Vertrag, nach dem die Kornzufuhr von Magdeburg nach der Unterelbe allein nach Hamburg gehen durfte. Auf diesem Recht bestand der Rat streng. Als im Jahre 1675 ein Harburger Schiffer von 80 Last Gerste, die er von Magdeburg nach Hamburg geführt, im Köhlbrand 20 Last in ein holländisches Schiff geladen hatte, erließ er ihm zwar auf Fürbitten des Oberhauptmanns die Strafe, prinzipiell beharrte er aber auf seinem Rechte. Und im Jahre 1677 wurden vom Rat 80000 Pipenstäbe, die ein holländischer Kaufmann in Hamburg gekauft und von hier hatte nach Harburg führen wollen, mit Beschlag belegt, bis einige holländische Schiffe, die im Köhlbrand Holz geladen, hierfür den Zoll gezahlt hätten, gerade als ob die Ladung in Hamburg erfolgt sei. Der Rat stellte die Sache so hin, daß sowohl der holländische Kaufmann, wie der hamburgische Verkäufer „vorsetzlich in der dieser Stadt hergebrachte Gerechtigkeit zu ihrem unziemlichen Privat-Nutzen gehandelt", indem der hamburgische Verkäufer das Holz zur Verladung im Köhlbrand verkauft habe, die vier Schiffe aber das hamburgische Tonnen- und Bakengeld umgehen wollten. In Harburg sah man in diesem Allen nichts als Chikane gegen die Schiffahrt Harburgs, eine „heimbliche Beeintrechtigung der von den Hollendern anhero genommenen Navigation und treibenden Commercii".[1]

Alle diese Beschwerden brachten die braunschweigisch-lüneburgischen Gesandten auch bei der Elbzollkonferenz in Lenzen im Jahre 1685 zur

---

[1] Harb. Kornhändler an Hake 13. August; Hamb. Rat an Hake 18. August 1674; Peter Dircks an Herzog Georg Wilhelm 18. Mai; Hamb. Rat an Regierung in Celle 25. Juli 1677. Bericht des Oberhauptmanns 24. April 1677.

Sprache. Diese Konferenz verdankte ihren Zusammentritt namentlich den Bestrebungen Brandenburgs, eine Vereinfachung der Elbzölle zu erreichen; und für ihre besonderen Beschwerden über Hamburg fanden die Gesandten wenig Gehör. Nicht nur eine Herabsetzung der hamburgischen Zölle forderten sie, sondern sie klagten auch über die Verhinderung des Handels zwischen Gast und Gast in Hamburg; ferner, daß man den Lüneburgern dort die Einnahme von Stückgütern nicht gestatten wollte; „Sie, Hamburgenses, wolten alles allein für sich behalten und alle andere vom Commercio ausschließen"; noch immer bereiteten die Hamburger ihnen auf der Süder=Elbe Schwierigkeiten, beanspruchten sie ein Stapelrecht, kümmerten sich um das Urteil von 1619 nicht usw.

Diese Klagen waren doch ohne Zweifel übertrieben; eine direkte Behinderung der Fahrt auf der Süder=Elbe namentlich hat nicht mehr stattgefunden. Der Rat von Lüneburg selbst berichtete auf eine Anfrage der Cellischen Regierung: Früher habe ja mit Hamburg viel Zwist bestanden; jetzt aber sei Tatsache, „daß hiesige Kaufleute und Schiffer sich keiner weiteren Newerungen und Beschwerden der Schiffahrt zwischen hier und Hamburg und die Elbe hinunterwerts erinnern, sondern vermeinen, daß Alles in richtigem stande sey".[1]) Freilich betrieb Lüneburg selbst damals nur noch wenig Schiffahrt; und Hamburgs Gegner war jetzt mehr Harburg als Lüneburg. Aber in Wirklichkeit war die Sachlage doch so, daß Hamburg zwar Alles daran setzte, von Harburg den Verkehr möglichst fernzuhalten, daß aber die Mittel, die es hierzu brauchte, schwer anzufechten waren; es waren die Mittel, die damals die meisten Städte anwandten, um die Vorteile des Handels und Verkehrs möglichst den Einheimischen allein zukommen zu lassen, Mittel, die die Fremden zwar nicht persönlich ausschlossen, ihren Handelsverkehr aber doch möglichst beschränkten. In Harburg selbst verfuhr man nicht anders, wenn den Hamburger Schiffern das Einnehmen der Waren dort nicht gestattet wurde.

Bedenklich schien für Hamburg erst die Lage zu werden, als zwischen seinen beiden nachbarlichen jungen Widersachern — Harburg und Altona — sich ein Verkehr anbahnte und für die Harburger sich dadurch zugleich die Aussicht auf bessere Anknüpfungen mit Holland eröffnete. Im Frühjahr 1687 wandte sich der Hamburger Rat an Herzog Georg Wilhelm und bat ihn, zu verfügen, daß die Güter von Harburg

---

[1]) Lüneb. Rat an Cell. Regierung 28. März 1685.

nicht mehr nach Altona geführt würden. Der Herzog antwortete hierauf: er wolle Hamburg gern gefällig sein; den Warenverkehr nach Altona könne er aber „nicht wohl öffentlich und directe verbieten"; er wolle aber „gerne sehen, daß unter der Hand ein solch Mittel, dadurch beregte Eure intention erreichet werden könne", zu finden sei. Doch fügte der Herzog hinzu, daß ohne Zweifel zu dem Verkehr mit Altona die Beschwerden Anlaß gegeben, die seine Untertanen gegen Hamburg hätten. Groß war damals der Verkehr zwischen Harburg und Altona noch nicht; Hopfen, Korn und Vieh ging nach Altona, auch bezogen die Harburger Juden ihre Heringe von Altona.[1])

Gleichzeitig aber bestanden Pläne, um neben der zwischen Hamburg und Amsterdam bestehenden regelmäßigen Reiheschiffahrt eine solche von Amsterdam auf Harburg zu errichten. Joachim Winstman in Harburg, der hier als Spediteur und Inhaber des Kaufhauses eine gewisse Rolle spielte, trat für diese Fahrt ein, die nach seiner Angabe den Harburgern den vierten Teil der Kosten oder mehr sparen werde gegenüber der Verladung über Hamburg. Diese Reihefahrt ist aber nicht zustande gekommen, vielleicht infolge der Schritte, die der Hamburger Rat dagegen tat.[2])

Gefährlicher als durch die Harburg=Altonaer Verbindung gestaltete sich für Hamburg die Sachlage, seitdem 1690 die Verbindung Lüneburgs mit Altona zunahm. Zuerst suchte Hamburg sie mit Gewalt zu hindern,[3]) ohne doch viel Erfolg dabei zu haben. Sie machte den Hamburgern aber viel Sorge und spielte in den Verhandlungen, die man damals über Einführung eines Porto=Franko führte, eine nicht geringe Rolle. In dieser Not suchte Hamburg von 1694 an durch Verhandlung mit dem cellischen Vizekanzler Fabricius unter der Hand dahin zu wirken, daß von Celle aus jene Lüneburg=Altonaer Verbindung möglichst beschränkt, ja verboten werde. Auch hoffte Hamburg zu erreichen, daß an der Seevemündung nicht mehr Güter von oben= und unterwärts gelöscht und geladen würden und daß sich hier — zum Schaden Hamburgs — eine freie Niederlage entwickelte. Als Gegenleistung hat, wie es scheint, Hamburg den Lüneburgern hinsichtlich ihrer Fahrt nach Hamburg Begünstigungen gewähren wollen.[4])

---

[1]) Herzog Georg Wilhelm an Hamb. Rat 13. April 1687. [2]) Joachim Winstman an Cell. Regierung 24. Juni 1688; vergl. Baasch, Forschungen II. 14 ff. [3]) Zeitschrift des histor. Vereins f. Niedersachsen 1903, S. 202 ff. [4]) Protokoll der Hamburger Kommerz=Deputirten; auch im folgenden mehrfach benutzt.

Gleichzeitig hinderte Hamburg den Verkehr der Harburger nach Möglichkeit. Der Getreidestapel wurde streng gegen sie in Anwendung gebracht; Kaufmannswaren, die sie elbaufwärts bringen wollten, durften sie in Hamburg nicht kaufen, überhaupt keine nach Magdeburg bestimmte Güter einnehmen. Dem direkten Verkehr Harburgs mit Holland wurden Schwierigkeiten aller Art in den Weg gelegt. Kurfürst Georg Wilhelm drohte im Jahre 1695 mit Anhaltung Hamburger Güter.[1])

Trotz alledem war man aber in Celle den dänischen Elbhäfen nichts weniger als günstig gesonnen. Die Nähe des Königs von Dänemark war viel zu drohend und gefährlich; und man gönnte schließlich noch lieber Hamburg seinen Handel und Verkehr, als daß man Altona und Glückstadt hätte aufblühen sehen mögen. Es zeigte sich dies besonders bei Gelegenheit des im Jahre 1700 zwischen Brandenburg und Hamburg vereinbarten Reglements einer Berlin-Hamburger Reihefahrt. In dieses Reglement war auf Betreiben Hamburgs die Bestimmung aufgenommen worden, daß bei dieser Fahrt die Lagerstellen nur in Berlin und Hamburg „und sonst nirgends" sein sollten. Hamburg erklärte ausdrücklich, daß diese Klausel nur auf Altona ziele.[2]) In Celle wurde wegen dieser Bestimmung die Befürchtung laut, daß das Reglement der „freyen Süder=Elb=Schiffart" präjudizierlich sein könne. Der Resident in Hamburg, Hübner, verhandelte deshalb mit den Kommerz=Deputierten und Lorenz Claßen, der das Reglement hauptsächlich betrieben hatte. Claßen wurde im November von den Kommerz=Deputierten in das kurfürstliche Hoflager in die Göhrde gesandt und stellte hier dem Kurfürst und seinen Geheim=räten vor, daß Hamburg, bedrängt durch die wachsende Konkurrenz Altonas, sich seiner Haut wehren müsse und die Hülfe Celles dagegen erbitte. Sogar einen engeren Anschluß an Celle durch einen Handels=vertrag schlugen die Kommerz=Deputierten dem Kurfürsten vor. Die mündliche Antwort des Letzteren lautete: „Wir vernehmen ungerne, daß Hamburg im Commercio gedrücket wird; Hamburg soll und muß im Commercium beybehalten bleiben; Wir werden Sie assistieren."[3]) Fabricius aber wurde vom Kurfürst instruiert: „Ob Wir nun zwar nicht gemeinet, geschehen zu lassen oder dahin zu cooperiren, daß das commercium gedachter Stadt ruiniret und das Altonaische dadurch in

---

[1]) Harb. Elbschiffer an Regierung 8. Jan. 1691; Georg Wilhelm an Hamb. Rat und an Harb. Beamte 5. März 1695; Hamb. Rat an Cell. Regierung 28. Febr. 1696; Harb. Beamte an Cell. Regierung 9. Novbr. 1697. [2]) Zeitschrift des Vereins für hamb. Geschichte IX. 189. [3]) Claßen an seinen Sohn, Berlin 24. Novbr. 1700 (Komm.=Deput.=Prot.).

desto größern Flor und aufnehmen kommen möge, weil Wir unserm interesse convenabler halten, daß solches bey gedachter Stadt verbleiben, als das Altonaische mit jenes nachtheil befordert werde", so solle er dahin trachten, "daß Unsere Lande und Unterthanen selbsten nicht dabei leiben, sondern auch deren besten und interesse dabei prospicirt und denen gravaminibus, so selbige gegen die Stadt Hamburg haben, ab= geholfen werde". Hierüber mit der Stadt zu verhandeln, erklärte der Kurfürst sich bereit; einen wirklichen Vertrag hielt er vorläufig für nicht tunlich.[1])

Diese merkwürdige Erklärung zeigt das Bild des Verhältnisses mit Hamburg gegen früher total verändert. Die immer unbequemer werdende Nachbarschaft Altonas hatte Hamburg zum Bittsteller bei dem Kurfürsten gemacht. Freilich hat wohl Hamburg den Cellern gegenüber seine da= malige Lage ungünstiger geschildert, als sie in Wirklichkeit war. Fabricius legte den Kommerz=Deputierten sogar nahe, daß, wenn man die Hülfe seines Hofes wünsche, Hamburg etwas "uns alljährlich in die fürstl. Cammer geben" müsse. Wahrscheinlich hätte Hamburg im dringenden Notfall sich auch dazu verstanden. Doch hatte die Stadt nicht nötig, Kurhannover in seinem Gegensatz zu Dänemark zu bestärken; dieser Gegensatz beruhte auf politischen wie wirtschaftlichen Gründen; auch am Londoner Hofe bekämpfte Kurhannover damals die mächtige Stellung Dänemarks an der Unterelbe und den erstrebten Glückstädter Zoll.[2])

Für Hamburg handelte es sich lediglich um Erhaltung seines Stapels gegen die von allen Seiten erfolgende Umgehung. Deshalb verhandelten noch Anfang des Jahres 1701 die Kommerz=Deputierten durch Classen mit Fabricius. Classens Vorschläge gingen u. a. dahin: die Niederlage und Verladung von Gütern an der Seevemündung müsse aufhören; die oberländischen Schiffe dürften nicht im Köhlbrand oder Reiherstieg liegen und hier mit Ausländern Handel treiben; auch müsse ein Mittel gefunden werden, die Holzhandlung von Harburg und dem Reiherstieg wieder nach Hamburg zu leiten; die Süder=Elbe müsse mit Erlaubnis des Kurfürsten "auf gewisse Conditiones gesperret werden". Ob diese wie ähnliche Vorschläge bis zum Kurfürsten gelangt sind, ist zweifelhaft. Seitens Hamburg betonte man stets den nichtamtlichen Charakter der Verhandlung; der Rat wollte sich nicht kompromittieren und hielt sich vorsichtig zurück. Schließlich blieb Alles beim Alten.

---

[1]) Herzog Georg Wilhelm an Fabricius 20. Novbr. 1700. [2]) Vergl. Have= mann III. 337 ff., 358 ff.

Das Reglement von 1700 erlangte wenig praktische Bedeutung für Hamburg; aus einem Vertrage mit Celle wurde nichts; die hamburgischen Oberalten machten ihre Zustimmung zu Vereinbarungen abhängig davon, daß sie „der Stapelgerechtigkeit nicht nachteilig" wären. So hartnäckig hielt man in Hamburg an der Form und dem Prinzip des Stapels fest, während er doch tatsächlich kaum noch beachtet wurde. Die Lüneburger Umfahrt aber dauerte fort, und Hamburg zeigte sich wenig bereit, die Beschwerden Celles abzustellen.

X.

Das 18. Jahrhundert.

Im 18. Jahrhundert geht der Kampf mit Hamburg allmählich über in das eifrige, aber friedliche Bestreben des Hauses Braunschweig=Lüneburg bezw. Hannover, diejenigen Anstalten auszubauen, die am meisten Aussicht boten, einen Teil des Elbverkehrs anzuziehen. Dazu gehörte einerseits die weitere Entwickelung von Harburg, andererseits der neu entstehende Hafen am Reiherstieg.

Eine zeitlang hatte es den Anschein, als ob die im Reiherstieg, dem östlich vom Köhlbrand fließenden Elbarm, sich entwickelnde Hafen=Anlage Hamburg nicht ungefährlich werden könnte. Hier am Reiherstieg, im Amte Wilhelmsburg hatten schon seit geraumer Zeit die oberelbischen Holzflößer ihr Holz niedergelegt. Vom 1. Mai 1694 bis 1. Mai 1704 haben hier insgesamt 1210 Schiffe verkehrt.[1]) Die Hafenverhältnisse ließen hier aber manches zu wünschen übrig; auch scheint die Unsicherheit ziemlich bedenklich gewesen zu sein. Hierin Wandel zu schaffen und bessere Einrichtungen zu veranstalten, war namentlich Franz Norden, ein Hamburger Bürger, eifrig tätig. Er wohnte am Reiherstieg und war Faktor der Holzhändler. Ohne Frage hat er durch seine Tätigkeit Hamburg viel Abbruch getan; hamburgische Schriftstücke jener Zeit sind voll von Klagen darüber. Er wurde deshalb von den Hamburgern nach Möglichkeit chikaniert; wiederholt, so klagte er, hätten sie „aus großer Misgunst, daß ich mich in hiesige Lande habe niedergelassen, mich nicht allein auf freyer Heerstraßen mordlich überfallen, sondern auch all das Meinige spolieret und weggenommen". Beschwerden, die von Harburg aus deshalb an den Hamburger Rat ergingen, blieben ohne Erfolg. Man entließ selbst Norden nicht seines Bürgereides und belegte seine Habe mit Beschlag.

---

[1]) Vergl. Spilcker im Vaterländ. Archiv IV. 124.

So begreiflich die Eiferſucht der Hamburger auf die Reiherſtieg=Anlage war, ſo erkannte man auf der celliſchen Seite wohl, daß hier eine Gelegenheit ſei, am Elbverkehr mehr Anteil, als bisher, zu gewinnen. Man vermehrte die Pfähle zum Anlegen der Schiffe und nahm auch ſonſt allerlei Verbeſſerungen vor; man hatte Hoffnung, außer dem Holz= auch den Kornhandel heranzuziehen; durch die Einrichtung eines im Gegenſatz zu Hamburg, wo der Gäſtehandel verboten war, ganz freien Handelsverkehrs hoffte man fremde Kaufleute anlocken zu können.¹) Norden, der dieſe Pläne eifrig unterſtützte, wünſchte eine dreimalige freie Fahrt im Jahre zu den kurfürſtlichen Zollämtern elbaufwärts bis Schnackenburg, um die oberländiſchen Kaufleute zu bewegen, den Reiherſtieg aufzuſuchen. Doch erreichte er weder dies noch Anderes, was er erſtrebte. Eine Ausdehnung der Verbindung mit Holland kam nicht zuſtande; vergeblich bemühte ſich Norden, ein Hafen=Reglement zu erlangen, das in den Schiffs=Betrieb Ordnung bringen ſollte; noch 1723 legte er einen neuen Entwurf vor. Hinderlich war ihm namentlich der Mangel an Verſtändnis, den er bei den Beamten, namentlich dem Wilhelmsburger Amtmann, fand. Dieſer forderte den kleinen oberländiſchen Schiffern, die mit Bier und Korn nach dem Reiherſtieg kamen, ein Niederlagsgeld ab und trieb ſie dadurch nach Hamburg. Norden klagte: „was ſolche harte Proceduren, ſo an den Schiffer ſind verubet, woll in Hamburg auf der Boerſe für recommendation giebet"; ohne Zweifel werde ſolches Verfahren von den Hamburgern nach Zerbſt und Magdeburg berichtet werden.²)

Nur für den Holzhandel und den Schiffbau³) hat der Reiherſtieg lange noch eine gewiſſe Bedeutung gehabt. Ein Handlungs=Ort hat ſich hier aber nicht entwickeln können.

Das Haupt=Intereſſe konzentrierte ſich doch auf Harburg. Im Jahre 1708 erließ der Kurfürſt eine „Declaration", durch die der Stadt zahlreiche Vergünſtigungen verliehen wurden, Handel und Gewerbe ermuntert werden ſollten.⁴) Kauf= und Handelsleute ſollten 15 Jahre ſich des Kaufhauſes zur Niederlage der Waren unentgeltlich bedienen; auf alle Kaufmannsgüter, die zu Waſſer ankamen und wieder abgingen, wurde der zehnte Teil des erlegten Zolls rückvergütet uſw. In demſelben Jahre bildete ſich eine engliſche Handelskompagnie in Harburg; ſie erhielt

---

[1] Bericht der Harb. Beamten 7. Mai 1705. [2] Bericht Nordens 28. März 1713. [3] Vergl. hierüber Baaſch, Beiträge zur Geſchichte des deutſchen Seeſchiffbaues und der Schiffbaupolitik (Hamb. 1899) S. 89, 92 ff. [4] Vergl. Ludewig, Geſchichte der Stadt und des Schloſſes Harburg S. 192 f.

ein kurfürstliches Privileg. Doch hört man sehr wenig über ihre Wirksamkeit; sie war, wie es in einem Bericht von 1773 heißt, „gleichsam in der Geburt erstickt".

In dem Interesse für Harburg trat auch keine Wandlung ein, als durch den Heimfall des Herzogtums Bremen-Verden an Hannover im Jahre 1715 dieses in den Besitz von Stade kam. Stade, der einzige Platz des Herzogtums, der an der Unterelbe von einiger Bedeutung war, hatte in früheren Zeiten und noch im 17. Jahrhundert eine gewisse Rolle gespielt. Die Stadt hatte ihre Prozesse gegen Hamburg zwar gewonnen, praktisch dadurch aber wenig erreicht und sich finanziell schwer geschädigt. Ihr Handel, ihre Schiffahrt war gesunken, die Schwinge, die es mit der Elbe verband, versandet; zahlreiche Versuche, Stade zu heben, hier eine größere Schiffahrt zu begründen, sind erfolglos geblieben; für Hamburg wäre jedenfalls der Anfall des Herzogtums an Dänemark, der eine zeitlang drohte,[1] weit gefährlicher gewesen. So blieb Harburg nach wie vor der einzige Platz am linken hannoverschen Elbufer, der sowohl durch die für die Flußschiffahrt günstige Lage, wie infolge der Nähe Hamburgs imstande schien, mit diesem in eine Art von Wettbewerb zu treten.

An Projekten, Harburg zu heben, hat es denn auch weiterhin nicht gefehlt. So ist ein Projekt von 1728 zu nennen, das durch Verlegung des Stroms Harburg zum Haupthafen der Elbe machen und die Industrie dort entwickeln wollte.[2] Ein anderes Projekt von 1732, von Rudolf Georg Focht in Hamburg ausgehend, plante die Errichtung einer Herings-Kompagnie.[3] Wie dies Projekt von Hamburgern gestützt war, so auch ein anderes, das im Jahre 1736 auftauchte und bezweckte, in Harburg ein „See-Commercium" im Anschluß an die Englisch-Ostindische Kompagnie zu errichten.[4]

Alle diese Projekte blieben auf dem Papier. Die Schiffahrt Harburgs beschränkte sich außer dem Flußverkehr auf den Verkehr mit Holland; und in Handel und Industrie war die Entwickelung doch immer nur bescheiden.

Zu den Handels- und Industriezweigen, in denen Harburg im 18. Jahrhundert wirklich etwas leistete, gehörte der Holzhandel. Der Krummholzhandel in Harburg war recht bedeutend; selbst Hamburg bezog viel Krummholz von dort; dieser Handel war an einen Unter-

---

[1] Vergl. Havemann III. 394. [2] Aktenstück XII. [3] Aktenstück XIII.
[4] Ich werde hierüber an anderer Stelle berichten.

nehmer verpachtet. Ferner ist zu nennen eine Zuckersiederei, eine Amidomsfabrik, Seidenbandfabriken, eine Wachsbleiche, Tabakfabriken usw. Auf die Dauer erfreute sich aber keiner dieser Erwerbszweige rechter Blüte.¹) Die Stadt nahm wohl zu; aber, wie das Harburger Amt im Juli 1773 darlegte, „die seßhafte Bevölkerung ist nicht stärker als vor 80 und 100 Jahren; die Stadt hat sich zwar bevölkert, allein ihre Miethlinge sind größtenteils Leute von ungewissem Gewerbe, heimliche Lumpensamler, Invaliden und Verabschiedete, die sich anderer Orten nicht zu ernähren wissen, dänische Beurlaubte, loses Gesindel, Bettler und Holzdiebe".

Insbesondere der Entwickelung des Handels standen eine Reihe von Hindernissen entgegen. Neben der erdrückenden Nähe Hamburgs war hinderlich namentlich die Konkurrenz von Lüneburg, wenn andererseits auch nicht zu leugnen ist, daß Lüneburg ebenso durch Harburg geschädigt wurde. Aber der Verkehr Hamburgs mit Lüneburg war günstiger gestellt als der mit Harburg, da ihn der Wiezendorfer Zoll²) nicht belastete. Die über Harburg gehende Spedition litt unter diesem Nachteil; verschiedentlich wurde gemahnt, ihn abzustellen. Auch über zu hohe Lizent- und Accisekosten klagte man in Harburg; dadurch wurde ein über das hamburgische Moorburg gehender starker Schleichhandel großgezogen. Schädlich für Harburg war dann, daß die dort verkehrenden Schiffe dem Stader Zoll unterworfen waren, während die Schiffe der Hamburger von ihm befreit waren; im Jahre 1765 wandte sich der Harburger Rat an den König und bat um Ermäßigung des Stader Zolls für die direkt nach Harburg gehenden englischen Waren, hatte damit aber keinen Erfolg. Eine eigene, in Harburg beheimatete Seeschiffahrt zu entwickeln, wurde erstrebt, aber nicht erreicht.

Was man besonders zu heben suchte, war die Spedition. Die Anfänge, die man mit ihr zu Beginn des 18. Jahrhunderts gemacht, waren vielversprechend; es gingen damals holländische, französische und englische Speditionsgüter über Harburg. Die Lagerhauseinrichtungen, der Hafen waren nicht schlecht; die rücksichtslose Durchführung der Privilegien der Harburger Everführer, die den Verkehr zwischen Harburg und Hamburg vermittelten, kamen der Harburger Spedition ebenso wohl zugute wie die Zollschwierigkeiten, mit denen man in Hamburg die Spedition belästigte. Doch war die Entwickelung des Harburger

---

¹) Vergl. die Aktenstücke XIV., XV. ²) Er wurde mit der Heerstraße später nach Soltau verlegt (Manecke, Topogr. histor. Beschreib. der Städte usw. im Fürstentum Lüneburg II. 360).

Speditionsgeschäftes sehr schwankend und unregelmäßig. Wiederholt wird von einsichtigen Leuten auf das Beispiel Altonas hingewiesen, das sich zu einem für Hamburg nicht ungefährlichen Konkurrenten emporgearbeitet hatte; und ohne Frage hatte Harburg vor Altona zahlreiche Vorteile voraus, sowohl durch seinen Hafen, wie die günstigere Lage seines Hinterlandes. Namentlich am Ende des 18. Jahrhunderts tat die Konkurrenz der Harburger Spediteure den Hamburgern erheblichen Abbruch; in Hamburg wurden bittere Klagen laut.[1])

Überschätzen darf man aber diesen Teil des Verkehrs nicht; gewiß bringt die Spedition, der Gütertransport vielen Leuten Nahrung; einen selbständigen Handel allein kann sie nicht schaffen, und hat sie auch in Harburg nicht geschaffen. Von einem Kommissions- und Eigenhandel war dort noch wenig zu sehen.

Alles in Allem konnte von einer wirklichen Konkurrenz, die Harburg Hamburg machte, kaum die Rede sein. Im Gegenteil stand Harburg wirtschaftlich in starker Abhängigkeit von Hamburg. Bei aller Bedeutung, die der Holzhandel in Harburg gewann, richteten sich die Holzpreise doch nach den hamburgischen Preisen;[2]) mit anderen Waren ging es ähnlich. Ein starker Verkehr Harburger Handlungstreibender fand in Hamburg statt; mehrere hatten sich selbst Bankfolien in der dortigen Bank verschafft, natürlich unter dem Namen Hamburger Bürger. Wirklichen Großhandel hatte Harburg nicht. Im Jahre 1752 heißt es in einer Denkschrift des M. Luther: „Bestehet dieser Stadt Nahrung hauptsächlich in der Passage und Schiffarth nach und von Hamburg und Altona, auch sonsten hin und wieder auf der Elbe, mit Getreyde". Und H. Hansing senior sprach sich im Jahre 1788 folgendermaßen aus: „Gar weit sind wir noch vom Kaufmann entfernet, der allein bemühet ist, Künste und Handwerke empor zu bringen, Waaren aus Landesproducten verfertigen zu lassen, durch neue Erfindungen die Waaren ins Commercium bringen zu lassen und dem Nachbar angenehm zu machen". In der Handlung seien die Harburger „noch nicht weiter als zum Krämer gekommen, welcher, um die Landes-Producte, um Manufactur- und Fabriquen unbekümmert, aus wahrer Furcht der Bekanntmachung der Preise seiner Waaren sich nur bemühet, neue Waaren, neue Moden pp. aus der Fremde kommen zu lassen, um Herr der Preise zu bleiben, wie die tägliche Erfahrung lehret".

Dagegen wird wiederholt im 18. Jahrhundert die Frage berührt, ob nicht durch Veränderungen im Strom eine Verschiebung des ob-

---

[1]) Vergl. Aktenstück XVII.   [2]) Bericht des Amtes Harburg an die Regierung 14. Juli 1782.

waltenden wirtschaftlichen Verhältnisses zwischen beiden Städten herbei=
geführt werden könne. Es mutet das an, wie eine Reaktion gegen die
früheren hamburgischen erfolgreichen Bestrebungen. Wie Hamburg es im
15. und noch im 16. Jahrhundert gelang, durch eine Reihe von Fahr=
wasser=Korrektionen, Durchstichen usw. den Hauptstrom nach der Norder=
Elbe zu lenken, so konnte Hannover jetzt versuchen, dies rückgängig zu
machen.

So schlug das bereits erwähnte Projekt von 1728 die Herstellung
eines Kanals vor, der die Süder=Elbe wieder zum Hauptstrom machen
und das Wasser „von der Hamburger und Altonaer Rhede wegziehen"
sollte. Der Autor dieses Plans meinte mit dem Kanal wohl den Arm
des Elbstromes, der zwischen Moorburg und dem Altenlande links und
Alten= und Finkenwärder rechts floß, d. h. die alte Süder=Elbe. Diese
war aber stark versandet. Der Regierung in Hannover kam der Plan
selbst abenteuerlich vor; man sähe „gleich zum voraus, daß sich nicht
thun lassen wolle, daß man alle Arme in der Elbe verstopfe, die Farth
nacher Hamburg sperre und den Fluß zwinge, hin und wieder einzureißen
und ohnsäglichen Schaden zu verursachen".[1]) In Harburg beurteilte man
das Projekt sehr ungünstig; es sei 1. unnötig, da die Schiffe, die mit
voller Ladung elbaufwärts bis Neumühlen gingen, auch in den Köhlbrand
einlaufen könnten. Der Mangel des Handels in Harburg rühre nicht
vom Fahrwasser her, sondern von Mangel an Kapital und andern Ursachen.
2. vergeblich, weil die verschiedenen Hauptströme, Köhlbrand, Köhlfleet
und Reiherstieg sich mit jenem Wasserfluß nicht in einen Strom ver=
einigen ließen; Durchstiche und Sperren würden keinen Erfolg haben.
3. gefährlich, weil solche Durchstiche leicht Überschwemmungen herbeiführen
könnten.[2])

Die Frage, ob es überhaupt tunlich und im Interesse des Landes
Hannover sei, durch solche Stromveränderungen den Hamburger Hafen
zu schädigen, wird hier nicht berührt; es scheint, als ob man damals
noch nicht abgeneigt gewesen wäre, gegebenenfalls und wenn es sich ohne
große politische Schwierigkeiten hätte machen lassen, den Hamburger Hafen
in seiner Existenz schwer zu schädigen. Den Hamburgern hatten die
Harburger Beamten noch wenige Jahre vorher, als jene beim Bunten
Hause ein Stackwerk errichteten, vorgeworfen, daß Hamburg damit be=
zwecke, „den Süder=Elbstrom zu schwächen und demselben das zur Schiffart

---

[1]) Regierung in Hannover an Harb. Landdrost und Beamte 23. März 1728.
[2]) Bericht der Harb. Beamten 1. Mai 1728.

ohnentbehrliche Wasser entziehen" zu wollen. Hamburg bestritt dies zwar, und es hat darüber eine lange Korrespondenz stattgefunden, auch kleinere Gewalttätigkeiten blieben nicht aus. Man sieht daraus, daß man vielleicht beiderseits, gewiß aber auf der Harburger Seite, den Elbstrom noch als ein Objekt ansah, das man sich gegenseitig streitig machen konnte.

Anders dachte man einige Jahrzente später. Als Anfang der 1760er Jahre sich von Neuem ein Zwist über einen Wärder erhob, der sich beim Bunten Hause gebildet hatte, — ein Zwist, der schon einmal in den 1720er Jahren bestanden hatte —, wies der Harburger Landdrost Graf Friedrich von der Schulenburg eindringlich auf die Torheit hin,[1]) in solchen Fällen mit Gewalttätigkeiten gegen Hamburg zu verfahren. "Es ist", so äußerte er sich, "dem wahren Landes Besten höchlich daran gelegen, daß die Schiffart der Norder-Elbe offen bleibe, weil die Schiffart für große Schiffe durch den Reiherstieg und den Kölbrand beschwerliger und langweiliger, auch gefährlicher. Man müßte also Hamburg verstatten, mehr Strom dahin zu ziehen, oder doch solches nicht hindern. — —. Je mehr Wasser nach der Norder-Elbe fliesset, je weniger kommt nach der Süder-Elbe, folglich je sicherer die Deiche des Lüneburgischen Gestades".[2]) Diese Anschauung drang in Hannover durch. Und noch in einem Reskript der Regierung an den Harburger Amtmann Harding vom 25. Oktober 1768 wurde mit Bezug auf die Strom-Arbeiten, die Hamburg am Bunten Hause vornahm, bemerkt, man könnte Hamburg dies umsomehr gestatten, "weil die conservation der Norder-Elbfahrt, welche dabey intendiret wird, denen nach Hamburg handelnden Königl. Unterthanen von der Ober-Elbe her zum Vortheil mit gereichen würde".

Dabei wurde aber das Interesse für die Süder-Elbe nie vollständig preisgegeben. Das erwähnte Projekt von 1728 hatte zur Folge, daß die Regierung eine bessere Betonnung der Süder-Elbe zwischen Neumühlen und Harburg anordnete, damit "die Schiffarth dahin denen Frembden besser bekand" werde. Und in dem angezogenen Bericht Schulenburgs heißt es weiter: es sei "die Erhaltung einer guten Fahrt in der Süder-Elbe von und nach Harburg zu von einer desto größeren Wichtigkeit, als die Handlung der diesseitigen Unterthanen nach denen Landes-Väterlichen Absichten Seiner Königl. Majestät sich über kurz oder lang weiter ausbreiten und sodann an der Bequemlichkeit der Schiffahrt auf der Süder-Elbe ungemein vieles gelegen seyn kann". Aber größer

---

[1]) Bericht vom 5. Juni 1762. [2]) Über den Sand am Bunten Hause und die Arbeiten daselbst hat man noch Anfang des 19. Jahrhunderts verhandelt.

erschien das Interesse am Hamburger Hafen. Bei den Verhandlungen über Stackwerke, die Hamburg am kleinen Grasbrook vornahm und in Harburg Anlaß zu der Befürchtung gaben, daß dadurch das sogenannte Schresenhofer, besser Grevenhofer Loch verstopft werden möchte, wurde seitens der Regierung in Hannover betont, daß, wenn sich in der Folge ergäbe, daß der Strom in jenem Wasserlauf „sich bennoch nicht zwingen ließe, so wäre dieses ein unglückliches evenement, aber doch nicht von der Wichtigkeit, als wenn der Hamburgische Hafen zusandete, welcher so vielen tausend königlichen Unterthanen zu Treibung ihres Gewerbes dienen muß"; in diesem Falle müsse man von zwei Übeln das geringere wählen. So die Regierung. Von einer Seite war ihr freilich, wie der Deichinspektor Beckmann berichtete, förmlich der Vorschlag gemacht, „die ganze Norder=Elbe bey ihrer Mündung auf diesseitigem eigenen Grund und Boden den Hamburgern ein für allemal abzuschneiden und trocken zu machen".[1]) Das ließ sich allerdings leichter aussprechen als ausführen. Übrigens einigte man sich mit Hamburg über das Grevenhofer Loch im Jahre 1773 durch einen Vergleich.[2])

Selbst das Amt Harburg, das nicht immer sehr wohlwollend über Hamburg urteilt, sprach sich um jene Zeit sehr entschieden dafür aus, daß die völlige Versandung der Norder=Elbe verhindert werden müsse, und zwar nicht nur aus wassertechnischen Gründen, sondern auch aus kommerziellen, da Harburg absolut nicht im Stande sei, Hamburg zu ersetzen, und selbst wenn nur die Süder=Elbe schiffbar sei, habe Hamburg nicht „zu besorgen, daß Harburg die Handlungen an sich ziehen werde".[3])

Zu dem kommerziellen und technischen Motiv, das für Hannover in der Beurteilung seiner Stellung zu Hamburg maßgebend war, kam dann noch ein politisches. Schon früher, so sahen wir, war die mächtige Stellung, die Dänemark an der Unter=Elbe einnahm, für das Haus Braunschweig=Lüneburg ein Grund zu andern, Hamburg nicht zu sehr zu bedrängen. Im 18. Jahrhundert ist es nicht anders gewesen. So trat im Jahre 1728, als Hamburg durch die Münzwirren mit Dänemark in Konflikt geraten war, Kurhannover entschieden für die Aufhebung des dänischen Verbots betr. des Handels mit Hamburg ein. Die Geheimen

---

[1]) Ministerial=Promemoria 17. Dezbr. 1772; Gutachten Beckmanns vom 17. Novbr. 1773. Die Verhandlungen über das Grevenhofer Loch begannen schon im Sommer 1767. [2]) Vergl. Aktenstück XVI. Doch wurde 1779 wieder über die Versenkung des Grevenhofer Lochs geklagt, für die man Hamburg verantwortlich zu machen suchte; Hamburg bestritt dies und hielt die Austiefung der Fahrrinne für ziemlich überflüssig, ließ aber doch dort baggern. [3]) Bericht des Harburger Amts 8. Juli 1773.

Räte erklärten in ihrem Gutachten[1]): sie seien stets der Meinung gewesen, daß zwar Hamburg, „in unbilligen und zu der benachbarten, insonderheit aber Ew. Königl. Majestät hiesiger Lande und Unterthanen Nachteil und Schaden gereichenden Unternehmungen keinesweges nachzusehen, sondern dagegen hinlänglicher Einhalt zu thun; sonsten aber Ew. Königl. Majestät große Ursache haben, für die Conservation beregter Stadt zu besorgen und in billigen Dingen sich derselben mit Nachdruck anzunehmen". Dementsprechend war man in Kopenhagen für Hamburg tätig. Und der Graf v. d. Schulenburg wies in seinem mehrfach erwähnten Berichte von 1762 u. a. auch darauf hin, durch Gewaltmaßregeln gegen Hamburg könnte „der König zu Dänemark als Herzog zu Holstein-Stormarn durch diesseitige Exempel bewogen werden, gleichfalls eine Herrschaft auf der Elbe ausüben zu wollen, wodurch Hamburg und ganz Nieder-Sachsen Schaden leiden würde".

Noch deutlicher ergibt sich das Motiv des Eintretens für Hamburg im Jahre 1781. Damals hatte Hamburg die Unterstützung Hannovers gegen die dänische Regierung bezw. Altona erbeten, da dieses seinen Hafen in den Strom hinein erweitert hatte, wodurch Hamburg eine Verschlechterung des Stromes befürchtete. Das Ministerium in Hannover trat beim König von England für Hamburg ein, nicht nur, weil solche Neuerungen den Fluß leicht zum Schaden des eigenen Territoriums ablenken könnten, sondern auch mit dem Hinweis auf den schon von den Königen Georg I. und Georg II. Hamburg gegenüber eingenommenen Standpunkt, „weil man ein starkes Interesse hat, sich die Freiheit der Elbe und der Schiffahrt auf selbiger überhaupt sowohl als des Hamburgischen Elb-Commercii insonderheit gegen die von Dänemark bezielte Beeinträchtigungen anzunehmen". Die königliche Resolution billigte dies, „und werden Wir den principiis, welche dieserhalb von Unsern Vorfahren an der Regierung adoptirt worden sind, gleichfalls nachgehen".[2])

Wir brechen hier ab. Der Kampf zwischen Hamburg und seinem linkselbischen Nachbarn geht allmählich über in die Erkenntnis von der Notwendigkeit und Unentbehrlichkeit der alten Handelsmetropole für Hannover und in die Überzeugung, daß Harburg wohl Hamburg auf diesem oder jenem Wirtschaftsgebiet bekämpfen und erfolgreich Konkurrenz machen, daß aber von einer Verdrängung Hamburgs durch Harburg nicht die Rede sein konnte. Sein Stapelrecht, um welches es so er-

---

[1]) 3. August 1728. [2]) Hamb. Rat an Ministerium in Hannover 11. August; Ministerium an König von England 28. August; Königl. Resolution 10. Septbr. 1781.

bittert mit dem Hause Braunschweig-Lüneburg gekämpft hatte, hatte Hamburg im 17. und 18. Jahrhundert allmählich fahren lassen müssen; seine Prozesse hatte es verloren; aber es hatte inzwischen seine Stellung in Handel und Schiffahrt auf der Elbe stark befestigt, seine alten Gegner Lüneburg, Stade, Buxtehude weit hinter sich gelassen; es hatte, wenn auch nicht die alleinige Hoheit, so doch die wirtschaftliche Herrschaft auf dem Strom erstritten; und insofern war Hamburg siegreich geblieben, auch wenn es rechtlich seine Ansprüche aufgeben mußte. Nur langsam und zögernd gestaltete es dann im 18. Jahrhundert seine inneren Handels-Einrichtungen etwas freier; der Druck der Konkurrenz der Nachbarn und zwar nicht nur Altonas, wie man wohl behauptet hat, sondern auch Harburgs ist hierbei für Hamburg stark maßgebend gewesen.

Im 19. Jahrhundert hat das wirtschaftliche Verhältnis Hamburgs zu dem linkselbischen Nachbarn, durch dessen Gebiet der Weg ins „Reich" ging, unter ganz neuen Wirtschaftsformen und neuen Verkehrs-einrichtungen sich auch entsprechend anders gestaltet. Auch dann noch hat ein „Kampf" bestanden; ihn in seinen Einzelheiten zu schildern, möge einer andern Gelegenheit vorbehalten bleiben.[1]

---

[1] Vergl. vorläufig Baasch, Hamb. Handel und Verkehr im 19. Jahrhundert (Hamb. 1901), namentlich S. 26 ff., 45 f.

Aktenstücke.

I.
Aufzeichnung der Abgesandten des Herzogs Otto, Johan Furster und Johan Haselhorst, über ihre Verhandlung mit dem Hamburger Rat in Hamburg. August 1542.

Erstlich haben sie die gnedige erpietung dienstlich und zu danck angenamen und sich herwidder wie gewonlich erpotten. Betreffen das angehalten schiff mit dem korn auf der Sueder Elbe, auch die zwey schiff mit salz, als sie gedrungen zu Hamburg anzufaren, und warumb dasselbige fürstlicher Ober=, Gerechtigkeit und privilegien zu entgegen und was deshalb inhalts der Instruction ist begert.

Darauf haben sie in antwort angezeigt, das inen das furnhemen Hertzogen Otten, als S. F. G. uff der Sueder Elbe attemptirte und vorhette, zu großer beschwerunge gereichete, und were inen unleiderlich, das widder ihre privilegia und hergebrachte gewonheit Korn und andere whar vor irer stadt solte ubergeschifft werden, hetten hirumb bei S. F. G. vilfaltige gutliche ansuchung gethan und gebeten, des sich zu enthalten, in zuversicht, S. F. G. wurde sich darane gemeßigt haben und under=lassen, ungewonliche neuwe Zoll under namen gleit gelts anzurichten; weil aber ire ansuchen unfruchtbar und je lenger und meher von Herzog Otten iren privilegien und hergebrachten gerechtigkeit zuwidder gehandelt wurde, were ihnen solchs keineswegs zu leiden.

Weren aber zu erhaltung guter nachbarschaft wol geneigt und ge=williget; aber dergestalt sich uff der Sueder Elbe und sonst beschweren zu lassen, were inen nicht thunlich, hirumb auch unleiderlich.

Und were das genomene schiff und korn uff dem iren angehalten, zu dem hette der man, dem schiff und korn gehort, nicht zu klagen, dan ehr zu zweien malen, als im schiff und gut auch genhomen und widder gefolgt und nachgegeben, bei ehren, treuwen und glauben und teuwern gelobben zugesagt und bei verlust leibs und guts versprochen, des orts nicht meher zu schiffen.

Weren auch nicht gestendig, das der strom des orths imants anders als ihnen zugehorete; hirumb sie auch sich des und irer anher gehabter und ersessenen gerechtigkeit nicht begeben oder darvon abstehen konten, sie wurden dann zu rechte darvon erkant und geschieden, wolten hirumb gebeten haben, sie daruber und an dem iren nicht zu verhindern oder beschweren.

Anlangen aber die beiden schiff mit dem saltz, darvon hetten sie kein sonderlichs wissen dieser zeit; es mochte aber von den Schaumbergischen und den iren geschehen sein.

Darauf hinwidder das wir anstatt unsers gnedigen Hern solche antwort uns nicht versehen, dann je hiebevor dieser angezogener und vermeinter irer unergrunten gerechticheit mehr als zu einem mall auch gehandelt, und wiewoll sie in solcher handlung sich auch auf vermeinte ihre privilegien und angemaste gerechtigkeit hetten ergrunden, und die anziehen wollen, hette man doch darjegen inen zu rechte meher ergrunte bestendigere und solche gerechtigkeite vorgehalten und angezeigt, daraus sie gnugsam bericht empfangen, das sie ires anzogs unbefugt und zu rechte unergrund, hett sich hirumb zu inen nicht versehen, das sie daruber solche turbation und drangsal solten widder unsern gnedigen Hern vorgenhomen und geubt haben.

Und weil solche ire vornhemen und turbation unrechtmessig und unserm gnedigen Hern zu nachteil und abbruch furstlicher Ober- und Gerechtigkeit, auch widder erhaltene privilegia und hergebrachte gewonheit were, stunde und wurde es S. F. G. keinesswegs zu verdulden oder zu leiden sein. Weil wir aber vermercken, das sie sich dannoch angemast, irer gerechtigkeit und unbillichen vorhaben durch recht wolten underweisen und berichten lassen, wolten wir ihnen nicht verhalten, das unser gnediger Her in alle wege zu erhaltung guter nachberschaft gneigt, und wolten S. F. G. ires theils nicht gerne, das die dinge zu weiterung gereichen solten; aber doch konten S. F. G. sich auch von dem iren dergestalt, wie von ihnen angefangen und gemeint wurde, nicht bringen und beschweren lassen, und hirumb konten S. F. G. auch woll erleiden, wolten uns auch anstadt und von wegen S. F. G. des erpotten haben, das die sachen vor unparteischen in schleunigen austreglichen rechten mochten ausgetragen und zu rechtlicher erkantnuß gestelt werden, dann S. F. G. inen dergestalt zur antwort zu stehen erputtig und geneigt were.

Der Zuversicht, das solch sein erpieten von ihnen billich anzunhemen und daruber S. F. G. und den iren keine weitere beschwerung oder ver= hindernisse mochten noch solten zugefugt werden, dar aber dar uber was weiter und wie anher mit der that geschehen von inen solte vorgenomen werden, wurde nicht zugedulden sein, sondern wurde vill meher zur jegen= weher und erhaltung der privilegien und erlangnus in geliebter peen zu wachten sein, dann S. F. G. keinswegs zu erleiden, das dergestalt wie vorgenhomen S. F. G. und die iren solten beschwert und verhindert werden.

Wolten hirumb von wegen S. F. G. gesucht und begert haben, das genhomene schiff und korn dem armen man widder zu geben, dan ob ehr woll wider Recht bedrungen, angezogene zusage zu thunde, wiewoll uns unbewußt, ob ehr die gethan, so were doch die zusage durch drangsal erzwungen und unverbintlich, auch unschetlich furstlicher Ober= und gerechtigkeit und privilegien.

Wes sie nun des zu thunde und ob sie auch angebotene rechtfertigung gedulden und verfolgen wolten, des entlich antwort zu fordern, hetten wir sonderlichen ausgedructen befel, hirumb wir auch zum fleißigsten umb entliche zuverlessige antwortung wollen angehalten und die von wegen unsers gnedigen Hern gesucht und begert haben. Des saltzes halber hetten wir woll meldung gethan, aber nit darumb, das unser gnediger Her das von inen zu furdern gemeint wurde, sondern allein darumb, das man villeicht durch solche und dergleichen vorhaben mochte gemeint sein, S. F. G. an ihrer gerechtigkeit zu nachteil zu handelen.

Sie hirwidder: sie hetten unsern gnedigem Hern oder niemants turbiret, dan sie von langen Jaren und lenger als LX Jar den Sueder Elbe strom als vor ihre vertedinget und erhalten; hette man privilegia der zeit gehapt oder were berechtiget gewesen, man wurde sich dero ane zweifel gehalten und zu gebrauchen gewust, were aber nicht geschehen, auch zu keiner Zeit als itzt bei Herzogen Otten Zeiten sich der Sueder Elbe stroms angezogen. Und wiewoll die von Lunenburg vill lange Jar Harburg vor sich inne gehat, auch furhen unsers G. H. Her und Vater loblicher gedechtnuß, auch itziger unser gnediger Her Hertzog Ernst oder etliche vom adel von S. F. G. wegen, so hette man sich doch das, wie itz Herzog Otto vermeinet, nicht angemasset.

Aber wie dem allen, konden sie woll erleiden, das die sachen zu ferner und freuntlicher verhor genhomen wurden, dar aber die gute und freuntschaft entstunde, wolten sie auch der Rechten kein scheuwe haben.

Der man, dem das korn angehalten, pflege vill korns und weitzen zu verschiffen, zu verterbe und schaden gemeiner wolfart, erwegkete und verursachte teurung und were doch Herzog Otten ein klein furteil, ihnen aber und der gemeinen stadt groß beschwerlich, hette noch viel korns und weitzens liegen, so ehr auch verschiffen wolte uber sothane seine zusage; hirumb es nicht thunlich ime was meher widder zu geben.

Dargegen wir: weren nicht gestendig, das sie zu recht oder mit rechten solche zeit, wie sie vermeinlich angezeiget, solten des Sueder Elbestroms gebraucht oder vor das ire verbretten haben, dann es dieses theils anders hergebracht, und man zu allen zeiten als vor das seine sich des stromes gebraucht und gehalten und noch; ob aber wider recht von inen de facto attemptiret und die von Lunenburg vergeslich an fürstlicher Ober= und Gerechtigkeit, auch in unmundigen jaren des Hern und Vaters gehandelt, das konte unsern gnebigen Fürsten und Hern nicht zu nachteil angezogen werden.

Wir segen aber vor gubt an demnach unsere wechselworte, weil einer dem andern seins anzogs nicht gestendig, kein frucht haben wurde, das die sachen zu freuntlicher verhoer, wie sie sich benn erpotten, gesordert oder, dar die freuntschaft entstehen würde, zu rechtlicher erkantnusse, in= massen wie obberurt, gestelt werden.

Und das dieser zeit dem man das seine widdergegeben, damit unser gnebiger Her nicht gepfendet und als de facto von seiner gerechticheit gedrungen zu handelung komen solte, dann S. F. G. das zu thunde nicht bedacht und auch nicht thun wurde.

Sie hirwidder: zu freuntlicher handelung und, dar die freuntschaft entstunde, wolten sie zum rechten willig sein; dar wir nun besel hetten anzuzeigen, welcher gestalt die freuntschaft oder, dar die freuntschaft ent= stunde, das recht solte vorgenhomen werden und durch was personen, wolten sie gebeten haben, inen das anzuzeigen. Weil aber der man zu zweier malen seiner zusage nibberfellig und glaublos worden, noch sovil korns und weitzen liegen und zu schiffen in willen hette, konte sie ime beshalb dieser zeit nicht wider geben, die rogge soll aber nicht confiscirt werden, sondern bis uff handelung liegen bleiben oder, dar ehr nicht wehren wolte, verkauft und das gelt hinderlegt werden. Und wollen gebeten haben, das ehr und andere sich der Sueder Elbe bis zur handelung enthalten mochten, damit sie mit erhaltung der schiffe, so darauf und jegen die So schieffen wollen, sollen gebraucht werden, nicht in unkosten gefurt werden.

Wir weren nicht von hoeffe von unserm gnedigen Hern an sie abgefertigt, sondern uns were Instruction und Credentz zugeschickt, die Werbung zu thun, wie inen allenthalber angezeigt und vorgetragen, hirumb uns unbewust, durch was personen die sachen zu gute und rechte am besten und unverdechtig beizulegen. Weil aber ein Rath in statlicher anzall bei einander, wollen wir gebeten haben, uns zu vermelden, welcher gestalt sie vermeinten und durch was personen die sachen fürzunhemen, so wolten unserm gnedigen Fürsten und Hern wir solchs vermelden und mit bestem fleisse verfurbern, das zu dem schleunigsten sie wibberumb, was S. F. G. zu thunde, auch solten verstendigt werden.

Sovil aber belangen thete, das sie dem man das seine nicht wolten folgen lassen, ime und auch andern nicht vergonnen des Sueder Elbe stroms zu gebrauchen, das musten wir an unsern gnedigen Hern gelangen; dar es auch die wege je haben solte, das sie mit gewald handelen, und unserm gnedigen Hern und die seinen dergestalt verhindern wolten, würden sie auch erfaren, das unser gnediger Her zur jegenweher verursacht gedencken wurde, und mochte hirumb ergehen, wie Got wolte; dann es je unbillich, ungleich und unrechtmessig, das unser gnediger Fürst und Her von S. F. G. anererbeten, wol ergrunten gerechtigkeit und privilegien mit gewald solle gedrungen oder sich selbs iren gesinnen nach daraus setzen und zur handelung gepfendet und entsetzt komen solte. Hetten uns solcher geserlicher anmutung nit versehen, musten es aber Got befelen und an unsern G. F. und Hern gelangen.

Sie hetten also vor der Handt zu richten nicht woll gedencken konnen, wollen aber gebeten haben, bei unserm gnedigen Hern im besten zu verfordern, das S. F. G. inen zu dem furderlichsten anzeigen moge, welcher gestalt und durch was personen die sache zur gute oder, dar die entstunde, zu rechte fur zu nehmen, so wollen sie sich darauf aller gebur und gleicheit finden lassen, dan sie je zum hochsten guter nachberschaft gewilliget.

Wiewoll wir darmit uffgestanden, unsern abschiebe zu nehmen und also stehende mit dem Burgermeister gesselliger weise in rede begeben, so haben sie gebeten, unverdrossen zu seinde, noch eins zu entweichen, dem wir also gethan. Und haben darnechst angezeigt, das sie unbegeben ihrer gerechtigkeit unserm gnedigen Hern zu ehren, auch umb unser person willen das korn umb seinen werbt verkaufen, dem man das gelt und sein schiff wibber geben wollen, doch also das ehr und andere sich bis zur handelung schiffens wibber ihr recht und privilegia enthalten mogen.

Darauf weil der man bei der warheit zusage allereibe gethan hette, nicht zu schiffen, und ehr darwibber gehandelt, so ime dan noch eins ubersehen und wibbergegeben werden, werde unser gnebiger Her unsers erachtens woll verschaffen, das ehr bis zur handelung still stehe, doch an furstlicher ober- und gerechtigkeit und sonst nicht daran begeben.

Aber das andere auch sichs enthalten und unser gnebiger Furst und Her sich von dem seinen solte abbringen lassen, das zu verwilligen, wolte uns nicht geburen. Es wurde und konte auch unser gnebiger Her nicht nachgeben; das man aber eins ibern gerechtigkeit unschetlich laesiren und schleisen lasse, wie lange zeit geschehen, segen wir vor das beste an, bis zu verhoer und handelung.

Staatsarch. Hannover. Celle Br. Arch. Des. 71 Abt. 39 Nr. 1.

II.

Verhandlung zwischen den Hamburgern und Herzog Otto in Winsen an der Luhe, „Dinstags post Reminiscere Anno 1545". 1545. März 3.

Erstlich hat mein g. F. und Her eroffnung dieses tags thuen lassen. Darnach haben die Gesandten des Er. Rats zu Hamburg angezeigt: Das sich ein Erbar Rat dieser angesagten tagsatzung ganz dinstlichen theten bedancken, mit erpietung solches umb m. g. Hern zu verdienen, sie, es auch S. F. G. und derselbigen Bruder woll ginge, horten sie gern; und hette nun S. F. G. ein christlich gut werck in diser sache gethan, dan sie nicht liebers wolten, dan mit beiden Jhren F. G. in guter nachperschaft sitzen; verhofften auch, diese Jrrungen würden zu vertrege gereichen, damit weiterung verhut mogte werden.

Nhun habe sich mein g. Her Herzog Otto underftanden, etliche schiff mit Korn wider ihre hergeprachte privilegia und gerechtigkeiten zu begleiten, und sei ingefaren mit ihren dienern und haben in kurz verschiener zeit etliche schiffe mit Korn, die an das land gelegt, uff dem Elbstrom denen von Hamburg zustendig genomen und gehen Harburg gefurt; und wiewol die von Hamburg darjegen woll hetten gebencken mogen, so hetten sie es doch umb fribes willen und weiterung zu verhuten underlassen.

Nhun sei hiebevor derwegen handlung gepflogen, das geclaget worden, das sich S. F. G. underftunde, schiffe mit Korn wider ihre habende Privilegia, die sie von Keiser und Koningen erlanget, und also hergeprachet hetten, voruber zu gestatten; weil aber die Statt Hamburg sonderlich uff das brauwerck gegrundet, das sie Korn haben muesten, darumb sie auch solche privilegia erlanget hetten, so hetten sie solche schiffe, wan sie angekommen, je und von alters angehalten. Weil auch die Suder Elbe vor etlichen Jaren durchgeprochen, das sie den lauf nicht mehr hat, dar sie von alters her gegangen, so habe man vermoge ihrer privilegien doselbs je und alwege die schiffe angehalten.

Zudeme habe mein g. F. und Her Herzog Otto ein new Zolhaus uber Harburg gelegt, das gleite genant werde; nhun sei solches beschwerlich und von alters nicht gewesen, auch bei dero von Lunenburg zeiten, als sie das Haus Harburg ingehapt, doselbs kein Zolstett gewesen. Dan mein g. Her Zoll hie im land habe zu Hitzacker und Blekede. Darnach haben die von Lubeck ihren zollen zum Zollspeicher, so hetten die Grafen zu Schowenburg und die von Hamburg furten den Zollen bis in die Sehe. Dieweil aber newe Zoll uffzurichten den Rechten ungemeß, so wolten sie dinstlich gepeten haben, bey m. g. Hern Herzog Otten anzuhalten, das S. F. G. von Ihrem furnemen der schiffart abstehen, auch die newen Zolstett abthun moge, domit die von Hamburg bey ihren althergeprachten privilegien und freiheiten gelassen werden mogten.

Zum andern hab sich mein g. Her Herzog Otto der guter uff der Drabenow undernommen, welche den vicarien S. Petri zu Hamburg mit aller gerechtigkeit zustendig seyn, und derselbigen bis anher in raulicher posses gewesen sein.

Nhun habe es sich zugetragen, das die vicarien sich jegen den Hauptman der zeit zu Harburg beclagt haben, das die Harburger leute ihnen die erden abgestochen und reth gestolen haben, und sei ein Recht geheget, doselbs erkant worden, das sie diejenigen, so solches gethan, solten namhaftich machen. Und wiewol sie dieselbigen theter woll gewenst mit namen anzuzeigen, so hetten sie doch ihrer in deme verschonet; aber gleichwoll sein sie vor ein jder man in sechzig marck broke erkant worden, welches sich die vicarien beschwert und angezeigt haben, das die that bekant und offenbare were, und wolten sich versehen, man wurde sie domit nicht beschweren. Als aber dieselbigen bröke nicht ausgegeben, sei weiter gefragt worden, wes man sich in disem falle halten solle, haben die leute erkant, das mein g. Her Herzog Otto, so lang das dieselbig brocke entrichtet wurden, die lenderey einnemen mochte.

Dieweil nun solche gueter der Kirchen S. Petri zukommen, und darvon die Kirchendiener underhalten werden muessen, so bitten sie dinstlichen, das mein g. Her bei Herzog Otten verschaffen wolle, solche gueter der Kirchen folgen zu lassen, mit erstattung der uffgehabten nutzung.

Zum dritten beclagte sich das Capittel zu Hamburg, das sie vier schiffe hetten, welche sie den leuten umb zinsse zur vischerey intheten, aber Herzog Otto hab ihren leuten die vischerey verboten und, wiewol sie dieselbigen vom Bischof zu Bremen gekauft, wie des gute prieff und sigel verhanden, und sie den leuten solche vier schiff mit der vischerey ingethan, so hab doch S. F. G. ihnen lassen sagen, das sie S. F. G. die hur geben solten. Nhun wolten sie geclagt haben an benen orteren, bo es ihnen bequem gewesen, aber die von Hamburg hetten es ihnen nicht gestatten wollen.

Zum vierden, so underneme sich S. F. G. der jagt uff dem More, darvon doch S. F. G. keinen großen Nutz haben konde, darzu hab S. F. G. ein vorwerck lassen bawen, und wiewol es uff S. F. G. gerechtigkeit sei, so thue doch der hoffmeister oder vogt uff demselbigen vorwerck ihren armen leuten im vorjar, wan sie das viehe lassen ausgehen, großen schaben, und halten es darvor, S. F. G. werden des kein wissen tragen, wen es auch Sein F. G. selbs sehen wurde, sie es abschaffen.

Zum funften pflegen die Harburger leute, wan sie torf zu ihrer notturft stechen, dem Haus Morburg jerlichs ein jder der torf stechen will, zwei torfhoner zu geben. Solches hat mein G. Her Herzog Otto ihnen verboten. Nhun lassen sie woll geschehen, das bie leute an andern ortern, bo es ihnen bequemer, torf stechen, aber etliche honer sein nach=stenbig. Derwegen wollen sie gepeten haben, die leute anzuhalten, die=selbigen zu bezalen.

Zum sechsten sey ein burger zu Hamburg, der beclagte sich, das ime hindernus an einem gute bie Katwig genant geschehe. Nhun habe das=selbige meins G. Hern voreltern Wilhelm von der Burg und seinen erben verschrieben, welches sie auch bis anher besessen haben, sein auch Herzog Otten copey solcher verschreibung zugestalt, aber S. F. G. habe dem man, der baruff wonet, verboten, bas ehr sich nach Ihrem burger nicht richten solle. Weil nun derselbige burger arm, bitten sie ihnen bomit geweren zu lassen.

Und nachbem sie nicht anders geneigt, ban mit m. g. Hern und S. F. G. bruder in guter nachperschaft zu sitzen, und ungern sehen wolte, das bise sache zur weiterung gereichen solte, so wolten sie gepeten haben, S. F. G. zu underrichten, das sie bey dem Ihren mogen gelassen werden; solches erpieten sich ein Er. Rath zu verdienen.

Mein g. Her Herzog Otto:

Nach freuntlicher bandsagung ꝛc.: Sovil den ersten artikel belanget, das S. F. G. etliche schiff uff der Hamburger Strom solte genomen und gehen Harburg gefurt haben, wie bie von Hamburg angezeigt hetten ꝛc., sagt S. F. G., das solches mit unfuegen von denen von Hamburg werde angezogen; ban berselbige Strom dem Haus Harburg one alle mittel zustenbig, wie ehr dan auch S. F. G. zuerkant werde, vom Schwanebusch an bis an den Votsand vor die Este forbe; wan auch S. F. G. das wehr vor der Morburg geschlagen, so muessen sich die leute der vischerey enthalten, so lang das wehr stehet.

Dergleichen werdet unerfindlich bargethan, das sich S. F. G. zu denen von Hamburg genotiget haben solte; dan S. F. G. als das schiff mit korn uff dem Elbstrom gestanden und sie es gehen Hamburg haben pringen wollen, sie beschicket, das sie sich des enthalten mochten; aber S. F. G. ansinnen habe keine statt genomen, derhalben S. F. G. verursachet zu erhaltung Ihrer ober- und gerechtigkeit dasselbige schiff zu holen.

Uff den andern artikel die new Zolstett belangende will sich S. F. G. versehen, die von Hamburg haben S. F. G. in deme keine maß zu setzen; so werde auch nymants gedrungen, etwas zu geben; was sie aber, geben sie freiwillig, so sei es keine newerung; dan bo die von Lunenburg das Haus Harburg ingehapt, sei solches genomen worden, von idem wispel vier witte, wie mit Registern zu beweisen.

So befindet sich auch, das das korn, so zu Hamburg voruber gehet, ihr eigen korn ist, domit sie handtieren; so sie nun einiche privilegia hetten, wie doch nicht gestanden, so hetten sie doch dieselbigen barburch verbrochen.

Uff den britten artickel, wes die Drabenow belanget, zeigt S. F. G. an, das die Oldenwerder biebstals halber sein beschuldiget worden, welches sich die leute beclagt haben. Sei den Vicarien angezeigt worden, das man ein gerichte bestellen wolte, und weil die Oldenwerder ihr ausgehende recht zu Hitfelde hetten, sein sie daselbs, dergleichen die pfaffen citirt worden. Als sie aber ungehorsamlich aussen plieben, sei ihres ungehorsams halber erkant worden, das sie vor einem iden man, den sie also biebstals halber bezichtiget, sechzig marck geben solten, und weil sie solche broke nicht gegeben, sein dieselbigen guter angehalten worden, und sei der von Hamburg clage in disem fall unerheblich; so haben auch die pfaffen allein die zinsse, aber die schatzung und oberkeit gehore zum Haus Harburg.

Uff den vierden artickel, die vier schiffe und vischerey belangende, so den Vicarien sollen zustenbig sein, mag sein, das solches den leuten verboten, sey aber aus dem geschehen, das S. F. G. ihnen anzeigen lassen, das sie ihre gerechtigkeit beweisen solten; weil es aber nicht geschehen, achtet S. F. G. nicht schuldig zu sein, ihnen die Vische hur folgen zu lassen, zu bem wisje man sich zu erinnern, was des Reichs abschibe

derwegen vermag, und weil es andern und sonderlichen den Evangelischen
Stenden zugelassen wirdet, verhoffet S. F. G., es auch zu geniessen.

Uff den funften artickel, wes der jagt halber uff dem More ist an=
gezogen worden, zeigt S. F. G. an, das in deme keine newerung fur=
genomen wirdet; dan die jagt an dem ort dem Haus Harburg gehorig;
so werde auch die drifft nicht anders dan von alters geprauchet, vom
Landgraben bis vor Vortehude, derhalben konnen sich die von Hamburg
desselbigen nicht beschweren.

Uff den sechsten artickel belangende die Torshoner segen S. F. G.,
das dasselbige Mor zum Haus Harburg gehore, wie es auch S. F. G.
zuerkent sei worden. Es haben sich auch etliche felle zugetragen, die zu
Harburg gerichtet sein, und gestehet S. F. G. denen von Hamburg
darane nichts.

Uff den siebenden artikel, den Katwig betreffende, zweiveln S. F. G.
nicht, man hab aus den übergeben copeien vernommen, das solch gut
lehen und nicht erb ist; weil nun keine manleibs erben vorhanden, dan
allein weibspersonen, so achtet S. F. G. es davor, das Ihr solch gut
heimgefallen und verledigt seie.

Und zeigen S. F. G. zur jegen clage an:

Das je und alwege der Elbstrom uff der Suder Elbe vor Harburg
dem Haus Harburg gehore, auch key. privilegia verhanden sein. Nhun
understehen sich die von Hamburg, die leute, so sich des stroms geprauchen,
zu verhindern, welches ihnen nicht gepuret; und will sich S. F. G. ver=
sehen, m. g. her werde die von Hamburg von Ihren furnemen ab=
weisen.

Zum andern haben die leute im ampt Harburg korn unverzolt aus
Hamburg pflegen zu holen, aber itz werden sie damit beschwert, haben
vor jenen zwei pfening gegeben, itz muessen sie zehen pfenning von zwei
himpten Roggen geben, bitten die von Hamburg zu wissen, das seine
leute bey alter freiheit mogen gelassen werden.

Zum britten, wiewol in nechster handlung der Drabenow halber ein
stilstand sei bewilliget worden, so haben doch solches unangesehen die
von Hamburg die zinsse uffgenomen, den leuten die schatzung verboten.

Zum vierden, clagen die Oldenwerder, das ihnen verboten werde,
erben zu graben.

Zum funften, sei einer im Oldenwerder, der beclagte sich, das Her
Johan Rodenburg ime einen endepfull nemen wolle.

Zum sechsten werde dero von Hamburg leuten verboten, zum Elb recht
zu komen, darzu sie doch alwege erfordert und erschienen sein, auch die

findung haben helfen thun; aber die von Hamburg vermeinen darburch den Elbstrom zu bekreftigen.

Zum siebenden, so haben die von Hamburg den Man, der uff dem Katwig wohnet, gehen Hamburg sensslich gefurt und eingezogen. Nhun hore derselbige man gehen Harburg; weil nun solche gewalt geschehen, achtet es sein F. G. darvor, ob es gleich ein lehen solte sein, das darburch die verschreibung verbrochen seye.

Die gesandten der von Hamburg haben vermerckt meins G. F. und Hern erpietung in dieser sache, wollen solches ihren eltisten anzeigen. Und sagen replicando: das mein G. Her Herzog Otto pretendire, das der Elbstrom der Suder Elbe von dem Schwanebusch bis uff den Votsandt soll gehen und S. F. G. zukomen, so mag sich S. F. G. solche meynung furgenomen haben; aber die von Hamburg wissen, das die Suder Elbe an dem orte nicht ihren gangk gehapt, und mag die Elbe solchen strom nach jaren eingeprochen haben; das man aber solte wissen, wur der Schwanebusch, ob er an dem oder andern ortern gelegen sey, wisse man nicht; er muchte sonst under wasser sein, dan er nicht in rerum natura. Das auch S. F. G. furgewandt, das S. F. G. des orts ein stack geschlagen und so lange es dar gewesen, die leute sich des vischens enthalten muesten, so wissen sie sich zu erinnern, das solch stack vor dem Morwerder geschlagen sei; aber der Morwerder sei one allen mittel denen von Hamburg zustenbig und erstreckte sich bis an den Stelhorn; so muesten auch Herzog Otten leute darvon geben, wie mit des Rats Registern zu beweisen.

Zu dem, so sei der Strom ein sonderliche Elbe und gehe nicht durch das land zu Lunenburg, sondern aus der Elbe bis in die Elbe und behalte den namen Elbe bis in die Sehe, und habe das Haus Harburg allein etliche vorde baruff, die dem haus zustenbig sein. Dieweil aber der Strom denen von Hamburg zukome, und sie den gepruch mit der abfur in statlichen privilegien hergepracht haben, so wolten sie gepeten haben, man wolle sie darbey unverhindert lassen.

Wes aber den newen Zoll belangen thete, wolten sie sich ungern understehen, S. F. G. in Jhrer Oberheit masse zu setzen, aber dieser Zoll sei ein newerung und gepure sich nicht, newe Zoll uffzurichten one bewilligung der Keyen. Mat.

Wan nun die schiffe bergestalt, wie furgenomen wirdet, solten begleitet werden, wurde nicht allein denen von Hamburg zu verderb, sonder auch bisem furstenthumb zu mercklichen schaden gereichen; dan das korn in andere lande gefurt wurde, welches große theurunge machet.

Das angezogen wirbet, das die von Lunenburg doselbs zoll genomen haben, solches weiß sich ein rath zu Hamburg nicht zu erinnern, und ob solches denen von Hamburg zu nachteil geschehen were, wollen sie sich verhoffen, das es sie nicht prejudiciren moge.

Daß auch etliche sonderpare personen geschiffet, sei ihnen unbewust, und so sie diejenigen wissen, die es gethan hetten, solten sie ungestraffet nicht geplieben sein, wollen sich hirumb versehen, sie hatten sich darburch ihrer privilegien nicht verlustig gemacht. Und wolten demnach noch gar dinstlich gepeten haben, das S. F. G. die vorbeyfur abstellen mochte.

So vil die Drabenow belanget, das die geistlichen geclagt haben, das ihnen erbe abgestochen und vor das hochste gerichte citiret sein sollen, so mag sein, wie sie berichtet werden, das bei Greußwitzen zeiten die vicarien geclagt, das ihnen erbe abgestochen und rett genomen sein solle, habe Grausewitz ihnen angezeigt, das zu Hitfelde ein gerichte solte gehalten werden, doselbs musten sie komen und ihre clage furpringen. Nhun sein die vicarien nicht schuldig gewesen, doselbs inne pariren und zu rechte zu stehen; dan sie an dem orte nicht dingpflichtig, aber gleichwoll sei in ihrem abwesen procediret und erkant worden, das sie vor jden man, den sie beschuldiget hetten, sechzig marck geben solten. Weil sie nun solches nicht geben wolten, sei weiter erkant, das S. F. G. solche guter so lange anhalten mochte, wie dan auch die leute die zinsse gehen Harburg haben geben muessen. Nhun sein solche guter nicht von dem Furstenthumb Lunenburg, sonder von andern und Schowenburgischen gekauft worden. So haben auch die leute ny schatz oder anders gehen Harburg gegeben, dan sie mit aller gerechtigkeit den vicarien zustehen. Darumb wollen sie sich versehen, man werde solche guter der kirchen folgen und sie bei ihrer freiheit lassen.

Wes die vier schiffe und vischerey betrifft, wissen sie sich nicht zu erinnern, das S. F. G. den beweiß gefordert habe; wan es aber notig und in rechte erkant wurde, wissen sie es mit prieff und sigeln, so sie vom Bischof zu Bremen hetten, dar zu thun. Bitten, sie bei ihrem hergeprachten besitz pleiben zu lassen.

Die Jagt uff dem More belangende und das dasselbige Mor dem Haus Harburg zustehen solle, wie solches mit den sellen man beweisen wolle, solches sein die von Hamburg nicht gestendig. Dan es zu beweisen stehet, das sich in vergangen Jaren zugetragen, das ein Jung torf gegraben, und als er seine arbeit nicht gethan, wie er thun solte, sei sein Her zugefaren und hab ihnen mit der zwicken an den Kopf

geschlagen, darvon er gestorben. Darzu sein nicht allein dero von
Hamburg leute, sonder auch aus dem Ampt Harburg erfordert, die
semptlich dasselbige Mor dem Haus Morburg zugefunden.

So hab auch Dieterich vom Berg mit Thomas Groten vor etlichen
jaren eine scheidung gangen, darinne es dem Haus Morburg zugefallen.

Was aber die drifft belanget, were an demselbigen so groß nicht
gelegen, aber es thu den armen leuten großen schaden; dan der Vogt
zum Heimvelde jagte das vihe im vorjar uff der leute acker und, wan
es S. F. G. selbs sege, zweiveln sie nicht, S. F. G. werde es abschaffen.

Zum letzsten sovil den Katwich belanget, hetten sie mit dem Man,
so itz hie were, derwegen underredung gehapt, und wurden von ime
berichtet, das er Copias der verschreibung übergeben, die lauten uff
erbe und nachkomen. Nhun habe Wilhelm von der Burg nicht allein
menliche erben, sonder auch Weibs Personen nach sich gelassen, die aus-
gesteuret sein, und mit funfhundert marck abgefunden.

Wes aber die oberkeit belanget, moge sein, das dieselbige gehen
Harburg gehore. Nhun hab der man, so uff der Katwig wonet, seine
pachte nicht ausgegeben. Darumb ihr burger ihnen vor den Ampten zu
Harburg verclagt. Weil er aber seine Zinsse von ime nicht bekomen,
und der man gehen Hamburg gekomen, hab er ihnen mit rechte be-
schlagen, und als er nicht zu bezalen gehapt, so erkant worden, das er
burgen setzen oder selbs burge sein solte, wie dan solches in ihrer Statt
bisher hergepracht sei worden. Weil er aber keine burgen habe bekomen
konnen, sei er nach ihrem Statt rechte angehalten; wan er auch bezalt
hette, were solches one not gewesen, und wiewol die verschreibung ver-
mogte, das Wilhelm von der Burg und seine Erben solche guter mit
aller gerechtigkeit, richt und recht an hals und hand habe, so hab doch
ihr burger benselbigen man von der Katwig nicht holen lassen, sonder
sei selbs, wie gemeldet, gehen Hamburg komen. Und wolle demnach
dinstlich gepeten haben, das er bei seinem prief und sigeln muge
gelassen werden.

Uff die Reconvention clage

sagen die von Hamburg: Das weiter vermerckt werde, das furgewendet
werdet, als solte die Suder Elbe one mittel dem Haus Harburg zustehen. Solche werde nicht gestanden, dan man habe von alters von
der Suder Elbe nicht gewust, zudem sie itz dar nicht laufe, dar sie von
alters her laufen. Die vorde, die dem Haus Harburg zustehen, fechten
sie nicht an, aber das die vorbeyfur solte gestattet werden, sei denen
von Hamburg nicht leiderlich. So geben auch die leute im Ampt

Harburg denen von Hamburg hure, das S. F. G. den Strom nicht befreftigen konde. Wolten noch gepeten haben darvon abzustehen.

Uff den andern artickel, das den leuten im Ampt Harburg in ihrer Statt beschwerung ufferlegt werde, das nicht gewonlich, darvon wissen sie nicht. Sie wollen es an Jhre Hern pringen und, so es geschege und ein newerung were, wollen sie sich versehen, man werde es abschaffen und den leuten das jenige vergonnen, das von alters hergekomen.

Uff den britten artickel, belangende den stilstand der Drabenow halber segen die von Hamburg, das sie nicht anders vermerckt, dan das die Vicarien ihn ihrem besitz solten pleiben; als aber ein vihe oder pflug schatz von denselbigen leuten sei gefordert worden, sei einer derselbigen leute zu ihnen gekomen und hab angezeigt, das etliche zinsse uffgeschlagen sein. Nhun hette er ein weinig gelts zusamen gepracht und wolte von einem jar aus geben und hab solch gelt freiwillig dargelegt.

Wes belanget der Oldenwerder clage des erdgrabens, wissen sie von keiner verhinderung, so ihnen an dem orte, dar sie des berechtiget sein, geschehen solle; so sie aber von dem lande, das dem Haus Morburg gehoret, stechen wolten, solches sei ihnen verboten.

Von dem endtepful haben die leute vier andvogel dem Haus Morburg gegeben. Es sei einer von des Bischofs wegen im Olden= werder, der den pful gern haben wolte, aber Johan Rodenburg wolle ime denselbigen nicht einthun.

Zum letzsten das Elffgericht belangende, das ihren leuten verboten dar zu kommen, sein sie berichtet, das es kein Elbgericht seye, sonder das diejenigen, so die vorde haben, zu zeiten mit schiffen zusamen komen sein uff den vorden und haben sich ihrer geprechen verglichen, aber es sei am meisten bier sache gewesen.

Nhun hab S. F. G. ein sonderlich Elbgericht gelegt und darzu des Rats leute erfordert, welches sie ihnen verboten haben. Es sein auch ihre leute darauf nicht erschienen, sonder haben darvon protestirt; do hab S. F. G. finden lassen, das die Elbe vom Schwanenbusch an bis an den Votsandt gehe und dem haus Harburg zustehe, aber die von Hamburg haben darvon bedinget.

Mein g. Her Herzog Otto
saget triplicando: Das die von Hamburg furgeben, das der strom S. F. G. nicht solte zustehen, sonder ein newer gangk seye, item das man von der findung nicht wuste: das derselbige strom gehe wie von alters und kome widerumb an der Morburg zusamen, aber laufe so starck nicht. So sei auch das lachswehr je und alwege dar gewesen,

S. F. G. hab es bar gehapt und vile lechse gefangen, S. F. G. hat auch macht, dieweil das wehr stehet, die vischerey zu verbieten.

Das auch angezogen, das der Schwanebusch nicht soll in rerum natura sein, wirdet unersintlich angezeigt, den darzuthun ist, dar der busch gestanden, wie er auch itz noch der Schwanefort genant werde.

Als auch weiter von newerung der Zoll angezogen, habe mein g. Her gehort, welcher gestalt S. F. G. es nennen, das es nicht als Zoll, sonder Weg gelt genomen werde. So sei auch ein taffel zu Harburg, daraus zu befinden, das bei dero von Lunenburg zeiten vier witte vom wispel gegeben sein worden.

Das die Vorbeifur dieses landes schade solte sein, gestehen S. F. G. nicht; dan die von Hamburg solch korn in ihre Statt pringen und die teurung machen.

Das aber die von Hamburg nicht wissen wollen, das die Jhren geschiffet hetten, lasset S. F. G. in seinem werde beruhen, aber S. F. G. wisse diejenigen, die es sich selbs zum besten gethan, woll anzuzeigen.

So vil die Drabenow belanget, zeigt S. F. G. zu warhaftigen bericht an, das sich die Oldenwerder beclagt, das die pfaffen sie biebstals halber beschuldiget. Nhun sie es den pfaffen angezeigt, hetten auch bewilliget, das sie ihr recht im land zu Lunenburg gewarten wollen, darumb achtet man es darvor, sie haben sich mit solcher bewilligung dem gerichtszwang underworfen; weil sie aber ungehorsam außenplieben, sei in contumaciam procedirt worden.

Die Oberfeit an denselbigen gutern betreffende, gestehe S. F. G. dieselbige den vicarien nicht.

Was der vier schiffe halber furgepracht, daruff sagt S. F. G., das sie als die Oberfeit ihnen anzeigen lassen, das sie ihre gerechtigkeit furlegen solten. So hab auch S. F. G. den Reichs Abschide anziehen lassen und was andere Hern theten; darumb werde S. F. G. dieselbigen zinse aus seinen handen nicht kommen lassen, es werde dan anders erkant.

Die Jagt uff dem More habe S. F. G. uber zehen, zweinzig, dreissig Jaren hergepracht, und doselbs gejagt; es sein auch schweine und reher bis in die Elbe gejagt, die die leute S. F. G. gehen Harburg gepracht.

Was des todtschlages halber angezogen, moge sein, das ihnen der fall zugefunden seye, er hab sich aber an dem ort, der denen von Hamburg zustehet, zugetragen. So hab S. F. G. heute etliche selle und die landscheidung angezeigt, wie weit sich die und eines jden gerechtigkeit erstrecke.

Das aber die von Hamburg von landscheibungen angezogen, hab es die gestalt, das hiebevor mit Thomas Groten handlung eins holtzes halber gewesen; sei aber der oberkeit unnachteilig.

Die drifft werde wie von alters gehalten, und hette sich S. F. G. versehen, dero von Hamburg leute wurden mit seinen leuten mitleiben haben; dan wan das wasser groß ist, so treiben die leute uber und thun großen schaden.

Den Cathwich belangende befindet S. F. G. aus der verschreibung, das die uff menliche erben und nicht weibspersonen lauten.

Das darneben von funf hundert marck angezogen, mag sein, das etliche zinsse uffgeschlagen, derwegen sich die freunde verglichen, und konne solches S. F. G. nicht prejudiciren. Das aber die von Hamburg anziehen, das der man von der Drabenow zu Hamburg eingekomen und doselbs angehalten sei worden, derhalb das er die zinsse nicht bezalt, item das derwegen zu Harburg sei angesucht worden, des wisse sich S. F. G. nicht zu erinnern; es sei dennoch S. F. G. gut, und hette ihnen nicht gepuret, denselbigen man also einzuziehen.

Das sie den artickel hals und hand anziehen, mag aus der verschreibung nicht verstanden werden.

Die findung der Suder Elbe sei von alters geschehen, und wisse S. F. G. von ihrer gerechtigkeit nicht abzustehen.

Das die leute zu Hamburg beschwert werden, sei wahr; es habe Johan Regel seliger gethan, so habe Mathias Reder am vergangen Sonnabent das gelt von den leuten genomen.

Den stilstand der zinsse uff der Drabenow belangende zeige S. F. G. an, das einer der vicarien die menne uff der Drabenow erfordert, das sie ime die betagten zinsse entrichten solte, und haben mein g. Her zu erachten, ob sie den stilstand nicht gesprochen, item ob ihnen gepuret, dieselbigen uffzunemen und die schatzung zu verbieten.

Die Oldenwerder und Endtepful belangende sein die leute itz verbanden, die anzeigen, das ihnen an dem erbstechen verhinderung geschee, so lige der Endtepful uff dem Alterwerder, denselbigen habe S. F. G. vogts vater ingehapt.

Das dem Elb recht ein ander name gegeben werde, zeigt S. F. G. an, das es wahr und zu beweisen ist, das die Hamburger leute von alters zu dem gericht erfordert, darauff erschienen sein und die findung haben helfen thun, wie uff die leute gep... (unleserlich).

S. F. G. zeigen auch an, wiewol die Drabenow S. F. G. zustenbig, so unberstehen sich doch die von Hamburg der Oberkeit des orts und haben die leute itz hieher geforbert.

Und bitten demnach S. F. G., das die von Hamburg von ihrem furnemen abgewisen werden; das sie sich zu recht erpieten, lassen S. F. G. in dem beruhen, aber S. F. G. werde auch pillich bei dem Jhren gelassen und, wan solches geschicht, wolle sich S. F. G. aller gepur vernemen lassen.

St.-Arch. Hannover. Celle Br. Arch. Def. 60 Nr. 36, vergl. oben S. 20. Die hamburgischen Unterhändler waren die Bürgermeister Johann Rodenburg und Peter von Sprekelsen, der Ratsherr Joachim Moller und der Sekretär Alerander Spies (Koppmann, Kämmereirechnungen VI. 181).

III.
Vertrag zwischen Herzog Otto von Braunschweig-Lüneburg dem Älteren und der Stadt Hamburg, unter Vermittelung des Herzogs Ernst über die Schiffahrt auf der Elbe und andere Differenzen. 1545. März 6.

Zu wissen, nachdem sich zwischen dem Durchleuchtigen Hochgebornen Fürsten und Herrn, Herrn Otten, Herzogen zu Braunschweig und Luneburgk, meinem gnebigen Herrn an einem und den Erbarn und wolweisen Burgemeistern und Rhat der Stadt Hamburgk andertheils etliche irrungen und zweispalt, darvon in beschehen, furtragen und nachfolgenden articeln meldung geschieht, zugetragen, derwegen beide partien dem Durchleuchtigen, Hochgebornen Fürsten und Herrn, Herrn Ernsten Herzogen zu Braunschweig und Luneburgk zc., meinem gnedigen Fursten und Herrn, auf seiner furstlichen gnaden freuntliche und gnedige gesinnen guetliche handlung gestattet haben, das demnach sein F. G. solche irrigen geprechen, deweil nach wichticheit der sachen dieser zeit darinne entlichs zuverhandlen nicht muglich gewesen, zu erhaltung friedens und guter nachperschaft, zu einem friedlichen anstandt auf nachfolgende mittel gepracht und verhandelt hat.

Erstlich, so viel die irrungen der schiffart auf dem Elbestroem und das angelegte gleite oder zollgelt, wie es genant magk werden, thut belangen, ist auf freuntlich bitten und gnedigs gesinnen hochgedachten meins gnedigen Fürsten und Herrn Herzogen Ernsten von beiden parteien zugelassen und bewilligt, das die angezogen neuwerung des geforderten zols oder gleibe gelts bis zu nechster und ferner vorhandlung, wie nachfolgend darvon meldung geschieht, soll abgestelt, nachgelassen und nicht genohmen werden, das auch hochgedacht mein gnediger Herr Herzog Otto mitler weil solcher handlung auf seiner F. G. angemaster und angezogener ober- und gerechtigkeit keine schiff geleiden oder benen von Hamburgk zu vorfang vorschieben oder furderen soll noch will.

Dergleichen soll und will auch ein Erbar Rhat zu Hamburgk solche zeit uber niemants auf dem selbigen strom und an denen enden, dar mein gnediger Herr Herzog Otto gerechticheit zu betrefftigen verhofft, und man van der wegen itz streitig und noch in handlung stehet, hindern oder anhalten lassen. Dar sie aber jemants mit korn schiffen zu verhinderen und anzuhalten befugt zu sein und das mit guten fugen und rechten zu geschehen vermeinen wurden, solchs zu thuen auf irer gerechticheiten und stromen, so in dieser handlung als vor streitig nicht angezogen sein, soll ihnen auch von meinem gnedigen Herrn Herzog Otten und den seinen ungehindert zugelassen und unbenhomen sein. Es soll aber mit dieser abstellung, nachlassung und bewilligung, weil die alleine von beiden theilen darumb beschehen und in massen, wie beruert, bewilligt, das man zu ferner erkundigung, besichtigung, handlung und entlicher abhelfung der sachen so viel besser kommen moge, niemants an angemaster und angezogener seiner gerechticheit hiemit was gegeben, benommen, und auch zu keinem behelf kunftig gezogen und gemeint werden, darvon mein gnediger Herr Herzog Otto, auch die gesandten Eines Erbaren Rathes zu beiden theilen sich bedingt und protestirt haben.

Und damit ein mal diesen irrungen in der gute oder zu rechte entlichen moge abgehulfen werden, so will mein gnediger Furst und Herr Herzog Ernst zwischen hie und Jacobi nechst kunftig tag ansetzen und ernennen, also das man die gebrechen allenthalber besichtigen, erkunden und sich ferners austrags in gute oder zu rechte zu vereinigen und zu bekomen haben moge, welche tagesatzung auch beide parteien erwarten wollen.

So viel aber die Drabenow und die angelegte schatzung, dergleichen das aufgenommen gelt daselbst, auch die vier schiffe, wie in handlung und in actis darvon meldung beschehen ist, betreffende ꝛc., hat man mit gleicher bedingung auf freuntlich bitte und gnedigs ansuchen meins gnedigen Herrn Herzogen Ernsten den artickel darhin auch bis zu ferner handlung kommen und richten lassen, so das mein gnediger Her Herzog Otto mitler weil der bestimpten zeit und handlung die itzige angesatzte schatzung in ruhe und stilstand ungefordert bleiben zu lassen bewilligt, und das das aufgenommen gelt zu unparteischer getreuwer handt bis zu solcher handlung solle zum furderlichsten gelegt und in verwarung gehalten werden; das auch, so mitler zeit bebagt und gefallen mochte, bei den mennen zu eins jedern gerechticheit gelassen und nicht eingemanet werde, und das die vier schiff bei den vischereien auch so lange mogen gelassen und die hure und zinse bei sich die zeit uber und auf bescheit, wie in kunftiger handlung darauf wirdet gegeben, behalten werden moge, und sollen die vier schiff, als das Capittel vermeinet zu besprechen, zu diesen Osteren den mennen, so sie vormals gehabt, wieder in hure, doch auf masse, wie vorberurt, gethan werden.

Die jacht belangende, dieweil dieselbige vom Haus Harburgk je und alle wege geprauchet, so achtet man es davor, das mein gnediger Her Herzog Otto pillich darbei ungehindert gelassen, und darinne keine neuwerunge furgenommen werden moge. So sich aber jemands des beschweren wurde, so solle einen jederen theil zu nechster handlung seine beschwerung und alle notturft furzubringen unbenommen, sonder vorbehalten sein.

Das auch die drifft, wie von alters her, geprauchet werden moge; ob aber zu der zeit der handlung, als zwischen dies und Jacobi soll furgenommen werden, imants darinne beschwerung hette, solchs soll alsban gehort und darinne weiter besichtigung und handlung furgenommen werden.

Anlangende aber das torff stecken und die hönere, so von der wegen geforbert, auch im olden Werder das erdstechen zu notturft der dicke und den endtepfsull zc., weil mein gnediger Herr Herzog Otto seinen leuten verbotten, den torf zu stecken, so achtet man es davor, das sie sich des torf steckens auf dero von Hamburgk gerechtickeit enthalten, jedoch soll hieburch dero von Hamburgk leuten unbenommen sein, torf an den orten zu stecken, dar sie es berechtiget sein. Wollen aber die Oldenwerder erben zu dicken stechen, so mogen sie es zwischen dies und Jacobi auf dem iren und nicht auf dero von Hamburgk gerechtickeit thun, es were ban, das wassers noeth sie uberfallen und in eil zu dicken darburch bebrenget wurden, in solchem fall soll dieser artickel dermassen zwischen dieser zeit und bestimpter handlung verstanden und gehalten werden, das dannoch nicht dickens halber kein großer schade zu besaren, und auch benen von Hamburgk mit nicht zu nachteil gereichen mogen, und sollen diese artickel, auch der artickel den endtepful belangende zu nechster handlung in besichtigung und augenschein genommen werden.

Dergleichen soll der artickel den Katwig belangende bis auf Jacobi und zu nechster handlung auch beruhen und mitler zeit die jerlichen zinse zu getreuwer handt hindergelegt werden, jedoch soll meinem gnebigen Herrn Herzogen Otten die vier margk, so man jerlichs dem Haus Harburgk von der Katwig gibt, folgen und sein F. G. an irer ober= und gerechtickeit mitler weil nichts entzogen werden.

Und auf die jegenklage, als mein gnediger Her Herzog Otto hat furtragen lassen, ist der artickel den Elbestrom belangende zu dem klagartickel der von Hamburgk auch den selbigen strom betreffende, inmassen, wie obgemeldet, zu ferner verhandlung gestalt.

Dergleichen auch ist der artickel die Drabenow in der jegenklage angezogen betreffende bis zu derselbigen zeit in ruhe gestalt. Soviel aber den artickel belanget, das die von Hamburgk die von Harburgk und vorwanten des ampts Harburgk mit neuwer aufsatze und zollgelde widder alt herkommen beschweren sollen, wan sie korn oder anders zu Hamburgk gekauft und aufsuren wollen, so will sich mein gnediger Herr Herzog Ernst versehen, die gesandten Eines Erbaren Rhats werden irem erpieten nach bei iren eltesten anhalten und verfugen, das solche neuwerung abgestelt und die leute damit nicht beschwert werden.

Demnach dan in handlung und antragen unter andren vormerkt, das man nicht in abreden, das von altersher ein Elberecht gehalten sei, so wirdet von meinem gnedigen Herrn Herzog Ernsten vor guet und pillich angesehen, das dasselbige Elberecht nochmals, wie es von alters hergebracht und erwiesen magk werden, gehalten und das in kunftiger verhandlung, davon obgemeldet, eins jeden notturft ferner gehort, auch die dinge, soviel notig, in augenschein und besichtigung genommen und zu entlichem entscheide gepracht und verhandelt werden mogen.

Soviel aber den man auf der Katwigk belanget und zu Hamburgk eingezogen gewesen, beruhet derselbige artickel bis zu nechster handlung; so dan befunden wurde, das er mit unpillicheit beschwert were, so soll alsdan weiter gehandelt werden, das demselbigen man vor seinen schaden gepurliche erstatung widerfaren moge.

So aber die angesatzte besichtigung und handlung auf bestimpte zeit, wie gemeldet, iren furgangk nicht gewinnen oder aber, das dieselbige, wie berurt, furgenommen und one frucht und entlicher entscheidung und vergleichung in gute oder zu rechte zergehen wurde, so soll hiemit und durch diesen bewilligten anstandt einem jeden teil an seiner hergebrachten freiheit, privilegien, gerechticheiten und besitz nichts genommen, sonder dieselbige, wie hie bevor, zugebrauchen vorbehalten sein.

Und beweil die gesanten des Erbarn Raths zu Hamburgk berurte mittel nicht weiter angenommen haben, dan auf hinder sich bringen an ire eltisten, so will mein gnediger Herr Herzog Ernst an sie gnedichlich gesonnen haben, bei iren eltisten mit bestem fleis zu verfurderen, das sie diesen anstandt belieben, annehmen und verfolgen, auch solchs Seiner F. G. zwischen diß und Mitfasten widerumb zu schreiben mogen. Dan was Seine F. G. zu hinleggung dieser gebrechen in kunftiger handlung thuen und furberen konnen, wolle sich sein F. G. an irem fleis nichts erwinden lassen.

Zur Urkund sein dieser abschiede zween gleichslauts under Hochgedachtes Fursten Herzog Ernsten ⁊c. handtzeichen und Cantzlei pitschir aufgericht und jedem theil einer zugestelt worden.

Actum zu Winsen auf der Luhe, Freitags nach Reminiscere Anno funfundvierzig.

Ernst, Herzog, manu propria.

Orig. Hannov. Staatsarchiv. Celle Br. Archiv Des. 74 Nr. 104; notariell beglaubigte Abschrift Des. 71 Akt. 39 Nr. 1. Der Vertrag ist vom Hamburger Rat nicht bestätigt (vergl. S. 20 f).

IV.

Schiffspaß des Hamburger Rats für die Auslieger auf der Unterelbe. 1566. Februar 15.

Wy Burgermeistere und Rathmanne der Stadt Hamburgk dhon kundt hirmit und in crafft dusses briefes, dath wy jegenwardigen Hinrick Rutgers unsern burger mit synem thogeordenten folcke affgeferbigt hebben, baven und benedden unser Stadt, up unserem Elbstrom tho liggende und de affhur des korns upwarts und nedderwarts unser Stadt ohres besten vormugens und utersten flytes tho behinderen, und de schepe, so sej betredden werden, mit korne, weiten, garsten und sunst be= laden, nha oldem gebrucke, gewonheit und hebbender gerechticheit up unse Stadt tho wysen. Und schal he Hinrick Rutgers syn folck dartho helden, dath sej sick stedes dag vor dag up dem Eyver finden laten und sick ja ohrem befel getruwlick und flitich verholden. He schal ock sambt synem folcke ein sunderlich, flitig upsicht hebben, dat keine untruwe durch die jenigen, die mit ohren Schepen und Eyvern dat korn hindal brengen, geschehen noch furgenamen werden muge, und wes sie deß erfahren, sollen sie ahne einigen vertug truwlick vormelden; jedoch scholen se in solcher behinderung der abfuhr des korns und sonst sick aller bescheidenheit vor= holden und sick nicht understan, de geladene Schepe und Eivere in den frombden Haven, dar sie liggen, tho rechtferdigen, vel weiniger uth den= sulvigen haven mit gewalt edder sunst henweg tho nemende. Ock schal he sambt synem folcke sick aller gewaltsamen handlung und muthwilligen vornemens in den Haven, dar sie sick inne begeven werden, gentzlick entholden, also dath sie derwegen mit fugen nicht mugen beschuldigt werden. Urkundtlich mit unser Stadt signet vorsigelt den 15. dag des Mandtes Februarij Anno 1566.

Original, mit Papiersiegel. Von gleichem Tage und sonst ganz gleichlautend (nur statt „up dem Eyver": „up der Barssen" für „unsern burgern und Befelhebbern Berndt Koeninck" derselbe Schiffspaß. Die Päffe sind durch die oben S. 30 er= wähnte Wegnahme der hamburgischen Auslieger in den Besitz Herzog Ottos und nachher in das Staatsarchiv Hannover gekommen. Celle Br. Arch. Des. 71 Abt. 39 Nr. 1.

V.

Vergleich zwischen dem Herzog Wilhelm von Braunschweig-Lüneburg und den Städten Hamburg und Magdeburg über die Schiffahrt auf der Elbe. 1574. August—September.

Erstlich solle die Schiffart zwischen beiden Stetten Hamburg und Magdeburg den Elbstromb auf und ab mit allerley Wahren, nichts ausgenommen (doch des Boyer-Salzes halben zuverstehn, wie hernach in einem besondern Artikel begriffen), frey sein, und dann hinwiderumb vor und über der Alten Statt Magdeburg ebenermassen mit allerley Wahren, nichts ausgenomen, gegen irer geburlichen Niderlag und Staffelgerechtigkeit, unverhindert gestattet werden. Was aber die Furüberfuhr vor der Statt Hamburg anlangt, nachdem diese sach zwischen Herzog Wilhelmen zu Braunschweig und Lunenburg und bemelter Statt Hamburg am kais. Cammergericht anhengig, auch albereit darin ad conclusionem causae verfaren, solle dieser Punct bey ermelts Cammergerichts erörterung gelassen, und sonst durch das, was von einem oder dem andern Theil unter dieser Vertrags-Handlung bey solchem ersten Artikel furgebracht worden, keinem Theil ein mehrers, als er zuvor gehabt, eingeraumbt, noch an eines oder des andern Rechten ichts praejudiciert, sonder dasselb jedem Theil austrucklich reserviert und vorbehalten sein, auch mitlerweil und bis zu volnfierung des angeregten rechtlichen Proceß zu beiden Theilen nichts thätlichs fürgenomen werden.

Zum andern die von den fürstlichen Lunenburgischen Gesandten begerte Vergleichung der beiden Zölle zu Bleckede und Schnakenburg mit dem Zoll zu Hitzacker betreffend, ist solcher Artikel von den Theilen an sein gehöriges ort, nemblich zu der Kay. Mt., unsers allergnedigsten Herrn, und des Heiligen Reichs sechs Churfürsten verwilligung gestellt worden.

Nachdem aber ferner von Herzog Wilhelms wegen begert worden, daß die Stette Hamburg und Magdeburg Sr. F. G. zu etwas ergetzung des abganges, so durch die freye Schiffart Sr. F. G. an dero jährlichen Einkommen und gefellen ervolgen wurde, ein ansehenliche Summa gelts, semel pro semper, oder ein zimbliche jährliche und erbliche Penſion geben wolten, haben gleichwol beide Stette ſich neben dem, daß ſy auch Sr. F. G. einichen abgang nit beſtehn wollen, ſeytemal was an den Land Zöllen abgehn möchte, an den Waſſer Zöllen reichlich wieder zuginge, ſy auch, da gleich einicher abgang darbei ſein ſolte, denſelben zu erſtatten nit ſchuldig weren, auf ſolch begern, aus etlichen furgebrachten Urſachen, ſonderlich auch Jres angezognen unvermögens halben, nit einlaſſen wollen, jedoch die Magdeburgiſche Geſandten, damit zu ſpüren, daß ſy ires theils, ſoviel immer möglich, zu thuen geneigt, ſich nit allein erpotten, berürte Zolls Erhöhung und Vergleichung nit zu hindern, ſondern auch auf vorgehende Jrer Kay. Mt. und der Churfürſten verwilligung den erhöhten Zoll one alle widerred zu entrichten, für ſich und die iren bewilligt, welches erpieten die f. Lunenburgiſche Räthe alſo angenomen und hergegen vorberurts begern von wegen einer Summen gelts oder jährlichen Penſion gegen Magdeburg, wie auch, auf vorgehende ebenmeſſige verwilligung, gegen Hamburg fallen laſſen. Dieweil aber der Hamburgiſche Gewalttrager hierzu keinen bevel, hat er ſich dieſes Puncten halben anderſt nit dann auf hinder ſich bringen einlaſſen wollen, jedoch ſich erpotten, bey ſeinen Herrn und Oberen beſte befurderung zu thuen, damit ſy ires theils hierin auch nichts erwinden laſſen.

Und ob wol im Namen Herzog Wilhelms begert worden, daß Sr. F. G. und dero Erben frey ſein möchte, allerley wahren, deren ſy ungefährlich zu irer Hofhaltung bedörfen möchten, an den Lunenburgiſchen zollſtetten auf dem Elbſtrom gegen geburlicher bezalung, nemblich was dieſelben zur ſtette und die fracht koſtet, abladen zu laſſen und die zu irer notturft zu gebrauchen, mit dem vermelden, daß bey den Herzogen von Lunenburg, auch andern Fürſten, ſolches von Alters alſo herkommen und gebrauchig geweſen, ſo haben doch die Stette in dieſen Artikel, ſowol auch auf das fernere begern, die Lunenburgiſche Schiff zu Hamburg und Magdeburg vor andern mit fracht zu befurdern, ſich, als bey denen ſolche beide Artikel nit, ſondern bey dem Kaufman ſtünden, nit verpinden wollen, jedoch des erſten Puncten halben dahin vernemen laſſen, daß der Kaufman ſich zur Hofhaltung nach billichen bingen wol wurde zu erzeigen und zu halten, in dem andern Artikel aber ſich dahin erpotten, daran zu ſein, daß hierin kein gefahr getriben, ſondern die Lunenburgiſche sowol als andere Schiffe gebraucht und befurdert wurden. Mit welcher Erklerung und Erpieten die F. Lunenburgische Räthe auch zufriden gewesen.

Und bieweil des Salzes halben die F. Lunenburgische Räthe auf das getrungen, daß kein Salz die Elbe auf oder ab vor Sr. F. G. Zölle one dero vorwissen und zulassung geführt werden solte und dasselb aus etlichen furgewandten, sonderlich aber neben der Statt Lunenburg, auch vieler Geistlichen darauf stehenden verderben, der ursachen, daß S. F. G. von wegen eines mit Joachimen Grieben des Boyer Salzes halben getroffenen Contracts die Schiffung solches Boyer=Salzes niemand anderm one verletzung irer fürstlichen Ehren gestatten könte: so haben die Magdeburgischen Gesandten diesen Artikel auch nit streiten wollen, der Hamburgisch Gewalttrager aber darauf getrungen, daß die Schiffung des Boyer=Salz so wol als andere Wahren frey gelassen werden solte. Darauf entlich dieses Mittel fürgeschlagen worden, daß berürts mit dem Grieben aufgerichten Contracts halben von Jrer Kay. Mt. Commissarien zur güte und dem Rechten verordnet, mitlerweil aber die in solchem Contract bedingte Peen aus kaiserlicher Volmacht suspendirt und eingestellt, und die Schiffart sowol dieses Boyer als anders Salzes und Wahren halben frey sein solte. Welches mittel die F. Lunenburgische Räthe, so wol auch die Hamburgische Abgesandten anderst nit dann auf hinder sich bringen und ferner zu schreiben, so innerhalb den nechsten dreyen Monaten beschehen solle, annemen wollen; darbey es die Herren Kais. Commissarien (doch salvis interim mandatis) bleiben lassen.

Letzlich haben die Magdeburgische Gesandten begert, dieweil sy in allen Puncten mit den Luneburgischen einig und verglichen, daß, obgleich die Statt Hamburg die zuruck gebrachte Artikel nit eingehn, sonder abschreiben wurde, daß doch Magdeburg dessen nit entgelten, sonder solche Vergleichung irenthalben kreftig bleiben solte.

Staatsarch. Hannover Celle Br. Arch. Des. 70 Nr. 11 (vergl. oben S. 13).

VI.

Interims-Vergleich zwischen Herzog Wilhelm von Braunschweig-Lüneburg und dem Hamburger Rat über die Schiffahrt auf der Elbe usw. 1611. Okt. 5.

Zu wissen, als sich lange geraume Zeit hero zwischen den Herzogen zu Braunschweig und Lüneburg ꝛc. Zellischen Theils et Consorten an einem und Einem Erbarn Rath dero Stadt Hamburg andern theils wegen der Vorbeyfuhr auf dem Elbstromb vielerley Spän und Irrungen begeben, auch deswegen unterschiedliche Proceß an beyden hochlöblichen keyserlichen Cammer= und Reichshofgerichten ausbracht und in der Haupt= sache nunmehr so weit verfahren, das allerseits zu urtheil darinnen beschlossen und des keyserlichen Cammergerichts entlicher Ausspruch er= wartet wird, daneben sich auch in Neuligkeit zugetragen, das der durch= leuchtiger Hochgeborner Fürst und Herr, Herr Wilhelm, Herzog zu Br. u. L. ꝛc., wieder erngedachten Raht dero Stadt Hamburg nicht allein wegen ihres Tonnen= und Bakengeldes an hochermeltem keyserlichen Hofgerichte ein Mandatum poenale, besondern auch wegen obgeregter Vorbeyfuhr ein Rescriptum ausgewirket, daß demnach it hochgedachts Herzogen Wilhelm F. G. mit erngemeltem Raht der Stadt Hamburg zu Stift= und vortpflanzung guten nachbarlichen Willens sich deswegen Interimsweise verglichen und vereinbaret hat also und bergestalt:

Daß zuforderst S. Herzog Wilhelms F. G. besagtes am keys. Hofe wegen des Tonnen= und Bakengeldes ausgebrachts Mandat sub dato Prag am 15. Decemb. Anno 1609, wie auch der Vorbeyfuhr halber impetrirtes Rescriptum, so geben Prag den 20. Octob. Anno 1609, genzlich schwinden, das Mandat aber suspendiren oder fallen lassen und sich desselben reproduction (jedoch soweit es hernach gesetzt) begeben.

Darentgegen S. Herzog Wilhelms F. G. und dero Natural und eingesessene Unterthanen, so viel dieselben mit ihren eigenen Geldern

handeln, des Tonnen= und Bakengeldes allerdings entfreyet sein und
pleiben sollen, und darzu S. F. G. Ein Erbar Rat zu Hamburg
3000 Reichsthaler alsobald nach vollnziehung dieses in einer unzertrenten
Summen binnen Hamburg bar erlegen wollen. So hat sich auch zwar
erngedachter Raht gegen S. F. G. und dero nachkommen an der
Regierung zu Harburg auf vorhergehende fleißige geübte verhandlung
bey denselben zuletzt nachbarlich erkleret, jährlich, so lange die Elbsache
am keys. Cammergerichte zu Speyr noch unerörtert schweben wird, eilf=
hundert Wispel allerhand getreide durch ihre Auslieger, Tonnenboyert
und Jagtschiffe, theils auf maße und weise dasselbe abgehandelt, frey
passiren, auch den gebührenden Zollen, so sie sonsten von solchem Getreide,
da es in Jhre Stadt gebracht, und theils wieder heraußer zur Sehewerts
gehen solte, davon zu nehmen pflegen, nachzulassen. Weil aber aus
solcher angehefften conditionen leichtsamb Jrrung und Mißvernehmen
sich begeben möchte, so ist dahin gehandelt (damit solchs, wie auch alles
ander Korn, nach Hamburg gebracht werden möge), daß S. Herzogs
Wilhelms F. G. ein Erbar Raht zu Hamburg wegen angezogenen
Getreides und Zolles allemall in der Wochen Michaelis fünfhundert
Reichsthaler in specie in Hamburg auszahlen zu lassen, und damit,
wan man schreiben wird tausend sechshundert und zwolf, den Anfang
zu machen, eingewilligt, auch nachgegeben, daß uberdem S. F. G. zu
Jhrer Hofhaltung auf schriftlich beschehenes Ansuchen zwanzig Wispel
Gersten zum högesten aus Jhrer Stadt jedes Jahrs zollfrey und un=
gehindert für S. F. G. gelt, jedoch solche 20 Wispel nicht auf einmal,
besondern zu unterschiedlichen Zeiten, gefolget werden sollen.

Darentgegen dan S. F. G. nachgegeben, wan in kunftig, so lange
diese Jnterims=Vergleichung wehret, entweder S. F. G. oder von dero
oder Jhren Unterthanen und Angehörigen beladene oder andere fremdde
Schiffe von oben herab oder von unten herauffer die Stadt Hamburg
vorbeyzuschiffen sich unternehmen würden, daß dan erngedachter Raht
solches durch Jhre Auslieger Schiffe (als sie best können) ihnen ver=
wehren und dieselbe nach Jhrer Stadt, daselbst gewöhnliche Zoll= und
Stapelgerechtigkeit zu halten, antreiben, auch zu dero behuff dieselbe ohn
unterschied ob sie unangefesselt, auf den streitigen oder unstreitigen Stromb,
oben oder unterwerts fahren oder für Ancker im Wasser oder bey Ebbe=
zeiten auf dem fürstlichen Lüneburgischen Lande liegen, oder auf den=
selben von den Schiffleuten getreibet werden, hinweg nehmen mügen,
und dawieder von S. F. G. oder ihren Unterthanen denselben durchaus
kein Vorschub beschehen, viel weniger aus dero befehlig durchgebracht,

verteydiget oder auf einige maße geschutzet werden sollen. Hergegen aber die Ausliegere auf fürstlich Lüneburgischem landt nicht theten, sondern, wan die Schiffer, nach fleißiger Erinnerung, die Ancker selbsten nicht erheben, die Sayle und Tackel daran, also auch die Treyelleinen an den Schiffen zu lösen oder abzuhauen bemechtigt sein, und also an den Anckern und Draggen auf dem Lande sich nicht vergreifen sollen.

Und da etwan den Ausliegern einig Schiff bey Tage und Nacht, starkem Winde oder sonst entgehen und die Elbe hinunter die Mohrwerder, die Elbe herauf, die Mohrburger Grentze vorbey kommen würde, sollen die Auslieger zwardt denselben zu folgen macht haben, jedoch zwischen den beyden Grenzörtern auf dem Suderstromb des Angriffs sich enthalten. Sobald sie aber im Auf- oder Abfahren bemelte Grenzorter vorbey gelaufen, den Angriff zu thun, oder, da sie ihnen ja gentzlich entkommen würden, in der Rugkreise ihrer wahrzunehmen, und alsdan, sie sein geladen oder ungeladen, nach der Stadt ihrer Verbrechung wegen zu bringen, bemechtigt sein. Und soll darunter nicht angesehen werden, ob die Schiffe den Suderstromb entlang, vor der Moorburg herauf und ab oder ob sie durch den Soekesrumdt fahren. Darmit aber die Auslieger so vil besser sich nach dieser Vergleichung richten können, so sollen drey große Veltsteine, einer bey der Mohrburg, der ander bey der Mohrwerder Grentze, und der britte auf die große Weyde beim Sandtsliete, kegen der Mohrburger Grentze über an die Erde gelegt werden. Würden auch die Schiffe im Auf- oder Abfahren sich in den Reigerstieg wenden, so sollen die Auslieger selbige, so bald sie in den Reigerstieg kommen, anzugreifen nichts weniger besuegt seyn.

Bey diesem aber ist S. F. G. von erngedachtem Raht gewilligt, Ihr zehend Korn aus dem Kerckwerder ohne Paß frey nacher Harburg zu führen; jedoch haben S. F. G. bey fürstlichen trewen und glauben hirunter keine gesehrligheit zu gebrauchen versprochen, und damitt die Pauren, so sollich Korn führen, ebenmessig unterschleuff zu veruben kein Anlaß erlangen, auch gnedig verstattet, daß erngedachts Rahts Auslieger solche Esser oder Schiffe besichtigen und, was sie eingeladen, sich erkundigen mögen. Imgleichen hat wolgedachter Raht nachgegeben, daß S. F. G. hochermelt, was Dieselbe an Viehe, Kalck, Saltz, Essig, Steine und Deelen zu S. F. G. eigener Hofhaltung und Notturst von Lüneburg abholen lassen, nacher Harburg vorbeyführen mügen, jedoch kegen Uberlieferung S. F. G. Paß und auf vorgehende Besichtigung, darmitt keine andere gueter darunter und mit durchgebracht werden.

Es haben sich aber S. F. G. ausdrücklich vorbehalten, imgleichen auch die Stadt Hamburg reserviret, daß diese Vergleichung den rechtlichen Cammergerichts Processen oder sonst einen Jeden an seinen Rechten und Possession vel quasi ohnnachteilig sein und zu Hemmung ermelter Cammergerichts Processe oder sonsten in andere wege in oder ausserhalb Rechtens zu einigem Vortheil und dem andern zum praejubitz nicht angezogen, viel weniger diese Vergleichung an Ihr Kays. Maj. Hof= oder Cammergerichte nicht produciret oder vorgezeiget, und also nicht perpetua sein, sondern nur Interimsweise, so lange bis die Urtheil am Cammergericht publiciret und ihre Kraft Rechtens erreichet wehren, und alsdan ferner nicht observirt und gehalten werden soll.

Und wan hiebey Ein Erbar Raht zu Hamburg, auch der hoch= würdigen, durchleuchtigen, Hochgebornen Fürsten und Herrn, Herrn Christian, Herrn Julii Ernsten und Herrn Augusti, Vettern und Ge= bruedern, respective erwehlten Bischof zu Minden und Herzoge zu Braunschweig und Lüneburg rc., so woll der Erbaren Stadt Lüneburg consens und einwilligung uber diese Vergleichung fast instendig urgiret, so hat S. Herzog Wilhelms F. G. für sich und Ihre Mitbeschriebene versprochen, daß zwar denselben so wenig als auch Jemand anders von S. F. G. hirwieder keine Anleitung, Raht und Vorschub geschehen solle; da aber gleichwoll inkünftig hochgedachte Ihre F. Gnaden vor oder auf sich selbsten Mandata am keyserl. Hofe oder Cammergericht in puncto des Tonnen= und Bakengeldes auswürcken oder vorbesagtes Mandatum wiederumb resuscitiren und dessen Rescriptum erlangen würden, die oben= gedachte 3000 Reichs Thaler erngemeltem Raht der Stadt Hamburg in Ihrer Stadt alsdan hinwieder auszuzahlen und zu erstatten, wie im= gleichen auch S. F. G. neben Mitbeschriebenen, da die Stadt Lüneburg uber kurz oder lang wegen reproducirung oder resuscitirung dieses ob= gemelten Mandati sich etwas unterfahren oder auch beswegen ein newes mandatum auswircken würde, und S. F. G. dessen abschaffung bey ermeltem Rahte nicht zu wege bringen kondten, alsdan gleichsfals die restitution solcher 3000 Reichsthaler an vorgedachtem ort zu thun auf sich genommen und craft dieses sich verpflichtet. Auf welche beyde felle aber alle andere Puncta in diesem Receß begriffen nichts desto weniger in kresten und Würden bleiben, auch S. Herzog Wilhelms F. G. und Miternandten unbenommen sein soll, das ihige suspendirte Mandatum alsdan zu reassumiren, oder aber, da es nötig, ganz neue Mandate aus= zubringen, welches S. F. G. also sich ausdrücklich vorbehalten haben. Im Fall auch hochgedachte Herzogen zu Br. u. L. Zellischen und

Dannenbergischen Theils oder deroselben Nachfolger, wie auch die Stadt Lüneburg mehr wolgemeltem Raht der Stadt Hamburg an eingewilligter Auftreibung der Schiffe oder Behinderunge der Vorbeyführe auf einige maße oder wege selbst durch die Ihrigen oder frembde beeintrechtigen, sie behindern, ihnen dieselbige wegen dieser Interims-Vergleichung zu wehren sich unterstehen und Herzog Wilhelms F. G. und deren Mitbenandte solche Behinderunge nicht abwenden würden oder konten: so soll S. F. G. itzerwehnter Raht die versprochen 500 Reichsthaler, so lange solches nicht abgewendet, zugeben nicht verpflichtet, sondern in dem Jahre, in welchem die turbation obgesagter maßen erfolgt, mit darreichung solcher Gelder einzuhalten befugt sein. Da aber solche Abtreibung abgewendet, soll es mit jährlicher Erlegung der 500 Reichsthaler, wie ermelt, gehalten werden. Und als sich bey solcher behinderunge leichtlich begeben konte, daß oftgedachtem Rahte oder deroselben Bürgern oder Einwohnern mit anhaltunge ihrer gueter oder sonsten beweislicher Schaden und Ungelegenheit zugefügt werden möchte, so hat Herzog Wilhelms F. G. gnedig versprochen und fürstlich zugesagt, auf erzehlten Fall solchen Schaden, wie derselbe durch unparteische Leute aestimirt, in gnaden wieder zu ersetzen; jedoch soll alsban S. F. G. wolgenandter Raht die 500 R. Thaler, welche in dem Jahr, darin erwehnter schade ihnen, ihren Bürgern oder Einwohnern zugezogen wird, vorfallen, nichts weniger, wan der erlittene Schade auf maße, wie gedacht, erstattet werden, folgen und reichen zu lassen schuldig sein.

Demnach auch der ertrunckenen Leute halber, so woll Stack- und Pfalung in dem Elbstromb allerhand Streit und Unwillen fürgefallen, so ist demselben auch eine gewisse maß gegeben, derogestalt: wan sich ein solcher fall zutregt, daß ein Mensche auf dem Strom, da S. F. G. an der einen und Ein Erbar Raht an der andern seiten Land haben, der für diesem streitig gewesen und noch, ersoffen were oder gefunden würde, daß dan an denselbigen benanten örtern ohn allen praejuditz und einiger kunftigen gesehrlichen Nachfolge beyderseits, sowoll Lüneburger als Hamburger Leut ohn Unterscheid darnach fischen und von welchem der Cörper funden, in dessen Hoch- und Botmeßigkeit begraben, aber vom Lande (so der Tote drauf getrieben) von niemand als dem, auf demselbigen die Hocheit zustehet, hinweg genommen werden soll. Wie imgleichen auch, da der Todten Cörper auf dem Strome, dessen beyderseits Ufer und anstoßende Lendereyen einem Theil zugehörig sein, angetroffen würde, alsban solcher Todten Cörper in dessen Hoch- und Bottmessigkeit, welchem auf denen an solchem Stromb liegende Länder die Hocheit zustendig ist, begraben werden solle.

Wan auch S. Herzog Wilhelms F. G. oder Ein Erbar Raht und dessen angehörige ein new stack oder Pfalung, da vormals kein gewesen, in dem Elbstrom an den örtern, da gleichsfals S. F. G. auf der einen und Ein Erbar Raht auf der andern seiten Land haben, zu Abwendung des Wassers Einbruchs zu schlagen vor nöthig erachten, so ist auch disfalls bewilligt, daß solches zwar ohn S. F. G. und ihrer Mitgesetzten, so woll auch Eines Erbarn Rahts Vorwissen nicht geschehen, sondern vorhero der ort von beyderseits besichtiget werden soll. Wan aber befunden, daß einem so woll als den andern solches ohn nachtheil und schaden sein könne, S. F. G. oder Ein Erbar Rhat dasselbe aus nachbarlichem Willen nachgeben und verstatten wollen. Wofern aber die Stack- und Pfälung an orten und enden beschicht, da die Lenderey auf beiden seiten einem theil zugehörig, so soll es darmit gehalten werden, wie es bey negst vorgehendem Punct wegen der todten Cörper verabschiedet, also daß auf solchen fall des andern theils Besichtigung und Consens hirzu zu fordern nicht von nöhten. Jedoch soll dieses alles, was also Interimsweise wegen itzerwehnter beyder Puncten der todten Cörper, auch Stack- und Pfälung halben verabschiedet, ebenermaßen wie hiroben bey dem Punct der Vorbeyfuhr gesetzet, keinem Theil an seinem verhofften Rechten und Gerechtigkeiten und deswegen am keyserl. Cammergericht noch unerörtert schwebenden Rechtfertigungen nachtheilig und praejubicirlich sein, auch allein bis zu rechtlicher Erörterung deroselben am kayserl. Cammergericht schwebender Rechtfertigung wehren und gehalten werden.

Alles dieses getrew-, fürst- und erbarlich woll zu halten, haben zu Urkund Wir von Gottes Gnaden Wilhelm Herzog zu Braunschweig und Lüneburg ꝛc. und neben uns die hochgeborne Fürsten, Herr Otto und Herr Johann, Herzoge zu Br. u. L., unsere freundliche liebe Brüdere, zu Bezeigung JJ LL Consens und ratification uber solche puncta und Articul hirinnen begriffen, auch Wir Bürgermeister und Raht der Stadt Hamburg für uns und allerseits Nachkommen, diese Recesse (deren zwey gleichs lauts auf Pergamen verfertiget) respective mit eigen Handen unterschrieben und Unser fürstlich Insiegel, Daum, Secreta und Stadt Insiegel dran hengen lassen.

Staatsarch. Hannover. Celle Br. Arch. Des. 70 Nr. 33.

VII.

Revers Herzog Wilhelms von Braunschweig-Lüneburg zur Sicherstellung Hamburgs gegen ihm aus dem „Interim" erwachsende etwaige Schäden. 1611. Oktober 5.

Von Gottes Gnaden Wir Wilhelm Herzog zu Braunschweig und Lüneburg bekennen hiemit für uns, unsere Erben, Nachkommen und Jedermenniglich. Als wir verruckter Zeit wieder Bürgermeister und Raht der Stadt Hamburg nicht alleine von wegen Ihres Tonnen- und Bakengeldes an dem keyserlichen Reichshofgerichte ein Mandatum poenale, besondern auch wegen der Vorbeyfuhr auf dem Elbstrom ein Rescriptum auswirket, worüber zwischen den Unsern und Ermelten Rahts-Deputirten nunmehr übers Jahr unterschiedliche Handlung gepflogen und nunmehr zu erhaltung friedsamer ruhe und gutem Vertrauens zwischen Uns und wolgemeltem Rahte, nach vielfeltiger fleißiger bemühung beyderseits Deputirten durch ein Interim auf gewisse maße verglichen, auch die Receß daruber zu Papier gebracht und alleine bis dahero die gentzliche Vollziehung derselbigen hiran erwunden, daß die fürstliche Zellische Lini in solche zu consentiren ihr sonderliches bedencken gehabt, dahero sich mehr wolgemelter Raht und Bürgerschaft besorget, daß von der Zellischen Regierung auf Ihrer Unterthanen Clage und Anrufen wegen angehaltenen Schiff und gueter sie auf den Zollen droben an der Elbe molestiret, gehemmet und angefochten werden möchten, daß dem allen nach und auf solchen Fall, wan von den Hamburgischen Tonnen-Boyert, Ausligern und Jagtschiffen, es sey oben oder unten auf der Elbe, ein Schiff, so einen Lüneburgischen Bürger oder Unterthan, der fürstlichen Zellischen Lini angehörig, Zoll und Stapelgerechtigkeit in der Stadt Hamburg zu leisten aufgetrieben und dadurch also schaden litte und beschwert würde, daß der Schiffer genötigt, an die Zellische Regierung zu clagen, und dieselbe solch Schiff und güter anderer gestalt nicht können los machen, oder daß dem Schiffer sein Schade erstattet würde, als die repressalien oben an den Zollen, es sey zu Blekede, Hitzacker oder Schnakenburg gegen Eines Rahts zu Hamburg oder deren Bürger Schiff und Güter vor und an die handt zu nehmen, auch Herzogs Wilhelm F. G. oder Ein Raht zu Hamburg nach angewantem müglichem Fleiß solchen Arrest nicht konten noch möchten relaxiren, bis den Lüneburgischen Schiffern solcher Schade erstattet, alsdan nach fleißiger Erkundigung derselb Schade durch unparteischen Leuten aestimirt, auch von den Schiffern und den sonsten solches gebühret, glaubhaftig und gnugsam liquidiret und an den versprochenen jehrlichen 500 Thalern befalciret und abgezogen werden soll, wobey aber auch Ein Raht gewilligt, zugesagt und versprochen, alle nachbarliche trew und fleiß zu erweisen, darmit erstlich die Schiffe auf den Lüneburgischen Zollen ohn entgelt relaxirt, wo aber nicht, daß den vors ander der Schade nicht höher, dan er an ihm selber ist, von den Schiffer zu seinem vortel angeschlagen, und dadurch Herzog Wilhelms F. G. über die gebühr verkurzet werden möcht; da aber in einem Jahr mehr dan ein Schiff der F. Lüneburgischen Unterthanen aufgetrieben und an den Zöllen droben hergegen so viel Hamburger Schiff angehalten würden, daß der Schade sich über 500 Reichsthaler erstrecken solte, welches woll nicht glaublich und geschehen wirt, so soll gleichwoll Herzog Wilhelms F. G. weiter nicht hirzu zu antworten, als daßelbe eine Jahr dieselben 500 R. Thaler zu caviren schuldig und verpflichtet sein. Sonsten soll in andern Puncten dem Interimsvertrage seinem buchstablichen Inhalt nach gebürlich nachgesetzet werden.

Alles getreulich und sonder geseerde bey unsern wahren worten und fürstlichem guten Glauben wol zu halten, und zu mehrem Urkunde haben wir benebenst den Hochgebornen Fürsten Herrn Otto und Herrn Johan, Herzoge zu B. u. L., unsere freundliche liebe Brüdere, diesen Revers mit eigenen handen unterschrieben und unserm fürstl. Daum Secret versiegelt. Geschehen auf Unserm Haus Harburg den 5. Octob. der weniger Zall nach Christi geburt, sechszehenhundert und eilften.

Staatsarch. Hannover. Celle Br. Arch. Def. 70. Nr. 33.

VIII.

„Bedenken" des Albrecht Friedrich von Syborg über die Harburger Niederlage, dem cellischen Kanzler Langenbeck überreicht. 1661. November 13.

Es ist bekand, daß die Hamburger lange Jahr hero hochbemüht gewesen, die Magdeburger dahin zu nöthigen, daß sie denen Harburgern, Buxtehudern, allen Altländern und anderen von unten herauf nacher Magdeburg fahrenden Schiffern nicht möchten verstatten, ihr eigen da erkauftes Getreydig in ihre Schiffe zu laden und an ihre eigen orte zu verschiffen, sondern daß diese Schiffart und Handelung blos und allein vor die Hamburger und Magdeburger Kaufleute und Schiffer seyn möchte. Ja, sie haben die Magdeburger Schiffer und theils Kaufleute sehr auf ihre seite gebracht; dann zu Magdeburg die meisten Kaufleute von denen vermögenden Hamburgern bishero dependiret und mit ihren Geldern gehandelt, dann sie treffliche große Summen Geldes, umb Provision zu kaufen, zu Wasser und Lande schicken, und von denen drey Leipziger und der einen Nauenburger Messe mit großen nutzen dahin ordiniren. Vor etzlichen Jahren schickten sie dero Syndicum, Herrn D. Broderum Pauli derowegen nacher Magdeburg und auch nacher Berlin. Es ward aber von E. E. Hochw. Raht hirin gar nicht gewilliget, sondern vielmehr vorgestellet, daß mit großem unfug und beschwerde vieler Lande sie zu Hamburg die freyen Commercien mit denen überaus großen Zöllen, so sie auf alles die Elbe hinuntergehende Getreydig, Bier, nehmlich 4 Thaler vor ein Faß, und andere dahin gehende Kaufmanns-Güter und Wahren geleget, hemmeten und beschwereten und, ehe und bevor dieserwegen nicht remedirung geschehen, könte man sich nicht resolviren, absonderlich weiln man eine große reflexion auf Schweden, Braunschweig und Lüneburg wegen Buxtehude und Harburg haben müßte und diese mächtige und vornehme Potentaten nicht zu offenbaren gedachte. Damit ist er aus Berlin fortgereiset, und haben sich nachero zu unterschiedenen mahlen, absonderlich wann das Getreydig nicht im alzu hohen Preis und die Schiffart nicht so gar stark gangen, durch Veranlassung der Hamburger die Magdeburger Schiffer und theils Kaufleute bey E. E. Hochw. Raht sich bemühet und instenbig angehalten, die vorgedachte Schiffart abzuschaffen, mit dem einwenden, daß diese Leute alle Handlung verdürben, derowegen keine Handlung were, und wann sie von der Elbe abgeschaffet, daß dann die Handlung viel besser von statten gehen, mehr Handel und Wandel seyn würde; dann die Hamburger bedencken trügen, dergestalt Gelder anhero zu remittiren oder die Handlung, wie vor diesem geschehen, eiferig und beständig fortzusetzen, so sie aber dann thun würden, wann diese abgeschaffet. Es bekamen diese Leute unterschiedene auf ihre Seite, und ward diese Sache vor den ganzen Raht und alle beide Stände des Ausschosses gebracht und überleget und befunden, daß es nur ein eigennütziges interesse der Hamburger, darunter die Magdeburger Schiffer und theils Kaufleute mit begriffen, hergegen denen meisten in der Stadt schädlich und dem bono publico zuwieder, dahero es noch bis dato dabey geblieben. Weiln nun ein jeder Kauf- und Handelsmann, wann er seine Güter und Wahren verführen und verkaufen will, vor allen Dingen sich erkundiget und vergewissert, wo er auf der Reise den besten und bequemsten Weg geschwinde und nicht lange aufgehalten zu werden, erlangen, und dann wo er seine Wahren am besten und mit dem geringsten Unkosten wohl unterbringen und dann in gutem Preise mit bestem nutzen verlosen oder verkaufen kan; wann man nun Hamburg und Harburg gegen einander setze und consideriret, zu welchem ort von beyden am bequemsten zu kommen und an welchen orte man am besten und mit wenigern Unkosten accommodiret und mit gutem nutzen das seine verlosen, verhandeln und verkaufen kan: so befindet sich, daß diejenigen, so nacher Harburg vor denen, die nacher Hamburg schiffen, einen mercklichen Vorzug und Nutzen haben können, und dieses aus nachfolgenden Ursachen:

1. Es haben J. fürstl. Durchl. Herzog Christian Ludwig an der Elbe drey vornehme Zölle, als Schnackenburg, Hitzacker und Blekede. Bey einen jeden von diesen dreyen müssen sich alle Schiffer und Flößer, von der Havel und Elbe kommend, stellen und visitiren lassen; was nun vor Zeit mit dieser Stellung und Visitation weggehet und was es vor Versäumung verursachet, und was es vor eine Beschwerde, das ist gnugsam bekannt. Hirin können nun J. F. Durchl. ohne allen schaden und,

wann man es recht consideriret, mit mehren nutzen, dispensiren, daß alle
diejenigen Schiffer und Flößer, so sich resolviren, nacher Harburg zu
schiffen, nur in Person mit einem kleinen Kahn voran auf die Zollstädten
kommen, sich mit ihren Zollzetteln anmelden, den Zoll richtig machen,
umb Erlassung der Anleg=, Visitir= und Stellung anhalten und einen
zulänglichen Revers vor sich geben, daß es zu keiner consequenz oder
einigem Praejudiz gereichen solle, sondern hinfüro allemal, wann es
begehret wird, willig und gern mit ihren Schiffen und Flößen anlegen
und stellen, auch unterwegens nichts ausladen oder nach Hamburg ab=
gehen lassen, sondern alles nach Harburg liefern wollen, wie man dann
zu Harburg Achtung geben lassen kan, ob sie auch alles auf vorgedachten
Zöllen richtig angeben und verzollet, und derogestalt kan es mit denen
Schiffen, so in Harburg befrachtet und wieder hinauflegen, gehalten
werden, welches gewis einem Schiffer auf der Hin= und Her=Reise eine
gute Zeit=Gewinnung und guter nutz ist.

2. Haben die nacher Harburg schiffende auch zu genießen, daß sie
in Lawenburg nur den halben Zoll geben dürfen.

3. Wird in Harburg von der Last gar ein lieberliches und geringes
an Zolle genommen, daher gegen, obgleich in Hamburg der überaus
hohe Zoll von Korn erlassen, doch noch von der Last an Zoll 1½ Rthlr.
und dann ein großes an Priem=, Winde=, Kran= und dergleichen Gelde
gehoben wird, so sich hoch beläufet, und mit andern Kaufmans=Wahren
ist alles noch nach wie vor in hohen Zolle und Beschwerung, davon
man aber in Harburg nichts weis, und die dahin fahrende Schiffer vor
denen, so nacher Hamburg legen, zum gewinn und voraus haben.

4. Kan in Harburg das Getreydig und andere Kaufmans=Wahren
stracks aus einem Schiff in das andere geliefert oder umb gar billigen
Werth Boden und Schüttung erlanget, und mit gar wenigen Unkosten
dann die Spiecker stracks an Wasser, auf den Boden und mit Rönnen
oder Leitern wieder heruntergebracht und eingeschiffet, auch die andere
Kaufmanns=Wahren in ein besonderes Kaufhaus nahe an Wasser wohl
bewahret, und die Floes=Materialien an guten, bequemen ort, da es
vor Wasser sicher, ausgeladen und gleicher gestalt, wie in Hamburg,
darauf, wann es begehret wird, eine Post Geldes gehoben werden.

Die nacher Hamburg fahrende Schiffer und Flößer aber müssen
hergegen 1. an vorgedachten dreyen Ohrten, nehmlich Schnackenburg,
Hitzacker und Blekede, mit ihren Schiffen und Flößen anlegen, stellen
und sich genau visitiren lassen und derowegen keiner geringen Gefahr
untergeben, und weiln der Zöllner nicht alle mahl bey der Hand oder

sonst öfters in anderen fürstl. Expeditionen occupat, müssen sie solange stille liegen, warten und die Knechte auf der Kost halten, und manchesmal guten Wind, Wasser und gelegenes Wetter versäumen, da hergegen die nacher Harburg fahrende öfters schon in loco und ausladen, wann die, so nacher Hamburg wollen, noch zu Bleckede wegen geschehener visitation in ängsten leben. 2. In Lawenburg müssen die, so nach Hamburg fahren, den neuen hohen Zoll zu Lawenburg abstatten, da hergegen die nach Harburg fahrende nur mit der Helfte davon kommen. 3. Wann sie nach Hamburg kommen, müssen sie von der Last dem Raht 1½ Thlr. und dann das Priem-, Winde-, Kran-Geld und dergleichen schwere Unkosten abstatten, so mit dem Lawenburger hohen Zolle auf die Last bey 3 Thlr. sich beläuft, welches die nacher Harburg fahrende alsbald zum gewinn voraus haben können. 4. Ist bekant, daß, wann das Getreydig in Hamburg zu Boden getragen wird, daselbst an Boden-Miethe und andern gleichen vielen Dingen so schwere Unkosten angerechnet werden, daß diejenigen, so es einmal versuchet, es nicht leicht wieder thun, sondern lieber etliche Thaler wohlfeiler die Last losschlagen, welches alles, wie auch die bequeme Gelegenheit vor die Flöße, wie vorgemeldet, man zu Harburg mit besserer accommoditet umb geringeres Geld haben kan.

Erhellet also aus vorhero angeführten, daß man geschwinder und mit wenigern Unkosten nacher Harburg mit Schiffen und Flößen kommen, daselbst mit besseren proviet verkaufen, handelen und wandelen, auch sonst umb geringers Geld, wo nicht besser, doch gleiche gut accommobiret werden kan.

Dieses alles nun muß ausführlich denen Holländern vorgestellet und ihnen daneben beygebracht werden, daß, wann sie nacher Harburg ihre Güter bringen, als Hering, Stock-, Rund- und Flachsfisch, Tran, Schollen, Kese, item spanische Wahren, nehmlich Weine, Öhle, Gewürze und dergleichen, und alles was sie sonst zu verhandeln pflegen, ihnen frey seyn soll, solches daselbst niederzulegen, zu verhandeln und zu verkaufen, oder mit denen Schiffen die Elbe, Havel und Oder aufwärts nach der Marck Brandenburg zu verschiffen, daselbst durch ihre Factoren die Güter ferner nacher Breslau, Leipzig, Dresden, Böhmen und in das Reich zu versenden, und so gut müglich zu verlosen, an denen ohrten die ihnen dienliche Wahren wieder zu erhandeln und in Magdeburg Parteien Getreydig von denen Kaufleuten oder durch gewisse Factoren zu erkaufen, einschiffen und wieder nacher Harburg fortschaffen zu lassen.

Hierbey were am diensamsten, daß man etliche vermögende, wolerfahrende und verständige Holländer bewegete, daß sie sich zu Harburg niederließen, ihnen auf gewisse Zeit gute Freyheit verspreche und allerhand guten Vorschub thete; etliche aber, so sich selber daselbst nicht niederlassen solten wollen, müsten beredet werden, gute Dienere oder Factoren daselbst zu halten, wie dann in Hamburg und Altenau vielleicht sich Holländer finden dürften, die sich dahin zu begeben belieben lassen möchten, wann ihnen dieses alles erstlich recht bekannt gemachet.

2. Churf. Durchl. zu Brandenburg mus man sich wegen der Havel und Oder vor allen Dingen versichern und vorangeführte bequemere und nutzbarere Handelung und Schiffart und Flößung nacher Harburg als Hamburg ausführlich vortragen.

3. Ferner ist nötig, E. E. Hochw. Raht, denen Kaufleuten und Schiffern in Magdeburg dieses alles zu eröffnen und dabey zu versichern, daß man keines weges gesinnet, ihnen an ihren wohl hergebrachten Stapel, Niederlage, Handel und Wandel, Nahrung und Gewerb und allen anderen Gerechtsamkeiten einigen Eingriff, Schaden und Behindernus zu thun, sondern vielmehr die freyen Commercien, Handel und Wandel zu befordern und in alten stand zu bringen, wie dann auch, wann sie hierbey ihres eigenen interesse halber etwas zu erinnern oder sonst etwas an die Hand zu geben, so diese Handelung befordern könte, man solches gern vernehmen und der Billigkeit nach beobachten wolte.

Zu Beforderung dieser Handlung ist auch hochnötig, daß aus der Harburger Cassa Mittel nacher Magdeburg geordnet und daselbst, wie die Hamburger thun, starcke Partheyen Getreydig umb Provision zu rechter Zeit eingekaufet und dero Behuef zu rechter Zeit gute Magdeburger und Hamburger Schiffe bedungen werden, damit mit dem ehesten und bey gutem Wasser das Getreydig fortzuschaffen. Ist also diensam, daß zu Magdeburg ein Factor bestellet werde, so wöchentlich nacher Harburg und an alle andere orte mit allen anderen, so sich dieser Handlung nacher Harburg gebrauchen, fleißig correspondiret und von einem und den anderen gewisse Nachricht erstattet und, was an ihn gebracht wird, treulich daselbst beobachtet und allen daselbst ankommenden Harburgern, denen Harburger Holländern, dero Dienere und allen, so sich derselben Handelung gebrauchen wollen, gute assistenz leistet.

4. Fürst Johann von Zerbst hat mit E. E. Hochw. Raht zu Magdeburg sich auf etliche Jahre verglichen, daß S. F. G. zugelassen worden, etliche Meilen oberwärts an der Elbe zu Tucheim etliche hundert Wispel Getreydig und Bier aljährlich zu schiffen und gegen Abstattung

eines billigen Zolles durch die Brücke vorbey zu fahren. Wann S. F. G. dieses auch solte recht vorgetragen werden, würde nicht zu zweifeln seyn, daß sie dieses lieber nacher Harburg als Hamburg senden würden.

5. Churfürstl. Durchl. zu Sachsen hiervon auch zu benachrichtigen und benen Dresdenschen Kaufleuten und Schiffern dieses nachrichtlich zu hinterbringen und zu veranlassen, daß sie mit ihren Schiffen und Flößen nacher Harburg kommen und sich der daselbst gemachten guten Accommobität gebrauchen, ist gleichergestalt diensam.

6. Vor allen Dingen ist dieser Handlung nutzbar, daß man alles dieses an die Böhmische Cammer und absonderlich an den Herrn Cammer-Raht Freyherrn von Goltz bringe; dann er die Kornhandlung nacher Hamburg von Böhmen aus zu befordern selber vor etlicher Zeit die ganze Elbe hinunter gereiset und sich aller Zölle erkundiget. Weiln er aber der Dinge nicht recht kundig werden könte, und eben zu der Zeit das Getreydig sehr wohlfeil war, ist es bis dato ins stecken gerathen. Nachdem aber die Böhmische Cammer nicht recht weiß, wie sie wegen der Vorbey- und Ausschiffung halber mit Magdeburg daran, und ich in der Meinung, wann es recht angefangen, und der gewöhnliche Zoll sambt einen Revers, daß es zu keiner Consequenz oder Praejudiz gereichen soll, abgestattet und ausgefertigt wird, ihnen die Vorbeyschiffung wohl zugelassen werden dürfte: als hielte ich davor, daß befordersam, wann man an die Böhmische Cammer schriebe, alles dieses wegen Harburg vorhero gemeldete entdeckete und daneben anführete, wann sie sich wolten herauslassen, alle ihr Korn und Floßwerck, so sie aus Böhmen bringen und nicht unterwegs oder zu Magdeburg verkaufen oder ausladen, nacher Harburg zu liefern, man dann bey der Stadt Magdeburg sich interponiren und wohl dahin befordern helfen wolte, daß gegen Erlegung gewöhnlichen Zolles und Abstattung billiger Reversalen sie mit allen Böhmischen Korn ohne Ausladung vorbeyschiffen solten.

7. In Leipzig muß man sich in- und ausserhalb benen Messen bey den Breslauern, Schlesiern, Oberländern und anderen bemühen, daß die Stückgüter und Garnsatz, so von dar auf Magdeburg und ferner in Holland gehen, auf Harburg geschiffet und an die daselbst vorhandene Holländer oder ihre Factoren gesand werden, und weilen gegen und in benen Messen mit benen Wexeln guter nutzen zu stiften und, wenn in Harburg eine gewisse Cassa von bar und in Leipzig in benen Messen öfters mit 2 oder 3 und 4 ProCent Lage auf 2 oder 3 Monat Wexel auszugeben und starcke Geldposten hinwieder zu erlangen, solche in

Magdeburg an Getreydig zu legen, selbiges hinunter zu schiffen und also dieselbe mit ihren eigenen mitteln und Vortheil zu bezahlen.

8. Aus dem Harze wird ein zimliches an Eisen, Stahl, Gläthe, Bley und dergleichen daselbst fallenden Dingen die Elbe hinunter auf Hamburg durch die Harz-Factoren gesand. Weiln nun dieses alles aus Fürstl. Braunschw. und Lüneburgischen Landen kommet, kan leicht dergleichen Anstalt gemacht werden, daß hinführo alle dergleichen Materialien, so aus denen Bergwerken kommen und bishero nacher Hamburg gangen, hinfüro in Magdeburg den Braunschw. und Lüneb. Factoren in Empfang geliefert und von dar nacher Harburg verschiffet werden. So müssen denn die Hamburger sich wohl daselbst einstellen und von dar ihre Notturft holen, denn sie doch ohne dergleichen nicht seyn können, und das übrige kan nach Holland gehen.

9. Nach Glückstadt, Holstein und in Dennemarck mus man auch berichten, daß in Harburg vor allerley Handlung gute Accommobitet angerichtet und alle dahin kommende wohl accommodiret werden sollen; und weiln selten zwischen Königl. Maytt. in Dennemarck, denen Herzogen von Holstein und denen Hamburgern ein gutes Vertrauen, were auch nicht undienlich, daß man J. Königl. Maytt. und die Herzoge von Holstein ersuchete, aus dero Königreich und Herzogthümern denen Harburgern die Nahrung zu gönnen.

Über alles dieses ist hochnöthig, daß man ein oder mehr qualificirte Leute in Harburg hat, die in Hispanien, Franckreich, Engeland, Holland, ins Reich und an andere Orte, da was zu verdienen, gute und gewisse, fleißige Correspondenz halten, damit man von allen, was in Handlung hin und wieder passiret und in diesem und jenen vorgehet, geschwinde und gewisse Nachricht erlanget; und weiln in Hamburg unterschiedene gute gewisse Posten, so wird man mit theils Hamburger Postmeistern gute geheime und vertrauliche Correspondenz halten und dahin bedacht seyn müssen, wie man außer dem sonst etliche gute Leute, auch ein paar der besten Meckeler in aller höchsten Vertrauen zu Diensten habe, und dieselben müsten von allen, was in Handlung veränderlich passiret, bey Zeiten geschwinde und gute Nachricht mittheilen. In Harburg weren auch ein oder zwey gute und verschlagene Meckeler nöthig.

Die Hamburger und andre Schiffer, so nicht nacher Harburg, sondern nacher Hamburg fahren wollen, können auf denen drey Lüneburger Zollen alles vorigen informiret, hernach, ehe man sie visitiret, etwas aufgehalten und hernach so scharf als immer müglich visitiret, und keine mündliche Ansage und nichts anders, als was auf denen Zoll-Zetteln befindlich, angenommen, dem befinden nach umbgemessen und das übrige weggenommen werden. Hierbey ist zu beobachten: diejenigen Schiffer, darauf man ein Absehen, in denen ersten beyden Zöllen gar freundlich zu tractiren, nicht einmal zu visitiren, sondern, was sie ansagen, nur anzunehmen, und were besser, daß der Zöllner dann solange sich über seit machete und dem Schreiber nur Commission gebe, sie bald abzufertigen, und dieses aus denen Ursachen, damit sie an denen beyden Orten desto geringer angeben und hernach zu Blekede desto besser ihres ungerechten Verzollens halber können angesehen werden. Welches nun, weiln es sich auf ein hohes und gewisses belaufen wird und nur etliche solches ausstehen können, als kan man mit denen, so sonst zu Grunde gehen würden, es so machen, daß sie vor dasjenige, was sonst verfallen, sich verpflichteten, so viel Getreydig frey bey negster Reise nacher Harburg zu fahren, und da könte man ihnen dann hinwieder so viel Schiffes Ladung zugeben, daß sie bleiben könten; aber bey derselben Reise würden sie nichts gewinnen. E. g.: Wann ein Schiffer seines Verbrechens halber 50 Wispel Getreydig frey nacher Harburg solte liefern müssen, könte man ihn auf 200 Wispel bedingen, und zahlte man ihm dann vor 150 Wispel sein Lohn, und 50 Wispel gingen dann wegen vorgedachtes auf Abrechnung ab. Auf diese Weise kan man mit guter Manier und allen Recht die widrigen Schiffer dahin bringen, daß sie die Harburger Handlung auch beforderen. Ob aber dieses theils Herren in denen Geleiten gern sehen, stelle ich dahin, und mus ihnen scharf eingebunden werden, hierbey also dann reinen Mund zu halten, dann an theils Orten, theils Herren Geleitsleute und theils Schiffere in guten Vertrauen stehen, und einer dem andern sehr obligat."

St. Arch. Hannover. Celle Br. A. Des. 70. Niederlage zu Harburg vol. II.

IX.
Receß zwischen dem Kurfürsten Friedrich Wilhelm von Brandenburg und dem Herzog Christian Ludwig von Braunschweig-Lüneburg über die Niederlage zu Harburg usw. 1661. November 26.

Wir Friederich Wilhelm, von Gottes Gnaden ꝛc., Churfürst usw. thun kund und bekennen hiemit gegen Jedermänniglich, bevorab benen hier an gelegen und solches zu wissen nötig, daß bey zunehmenden und von der Stadt Hamburg nicht remedirten Beschwerungen in den commerciis zwischen Uns und dem Durchlauchtigen usw. Herrn Christian Ludwigen, Herzogen zu Braunschweig und Lüneburg, vermittelst einiger von beederseits hierzu Deputirten und Gevollmächtigten Räthen ein beständiger Vergleich und Receß zu Conservirung der Freyheit im Handel und Wandel getroffen und geschlossen worden, wie folget.

Zu wissen: als der Durchleuchtigste Fürst und Herr, Herr Friederich Wilhelm usw. Churfürst — aus verschiedenen Seiner Churf. Durchlaucht von Dero Märkischen Unterthanen eingelangten Klagten wahrgenommen, auch in angestalter Nachfrage befunden, was gestalt von Bürgermeister und Raht der Stadt Hamburg, benen dahin, sonderlich mit Holz und Getreydig negociirenden Kaufleuten viele ohnleidliche Beschwerungen zugezogen, auch alles auf gefährlichen monopolischen Zwang, wieder die Freyheit der Commercien, gewidmet und gerichtet werden wolte; und dahero mit dem Durchleuchtigsten Fürsten und Herrn, Herrn Christian Ludwigen, Herzogen zu Braunschweig und Lüneburg usw. vertraulich untersuchen lassen, auf was masse die aus Höchstgedachter Sr. Churf. Durchl. Churfürstenthum und Landen den Elbstrom herunter gehende Wahren durch die Süder-Elbe, Hamburg vorbey, in die See am gefüglichsten zu verschiffen sein möchten; und dann solche veranlassete Handlung, in reiflicher Erwegung aller dabey concurrirenden Umbstände, nicht allein practicirlich, sondern auch bem gemeinen Commercio und

Beederseits Chur- und Fürstl. Unterthanen in viele wege fürträglich erachtet worden; daß demnach Höchstgedachte Ihre Chur. und Fürstl. Durchl. durch beyderseits verordnete Commissarien anfangs in dem jüngst verschienen Monat Septembri zur Harburg, nachmals zu Cöln an der Spree vertrauliche Communication pflegen lassen und durch Gottes gnädigste Vermittelung Sich zu würcklicher Fortsetz- und Effectuirung solcher sehr nutzbaren Negociation und Handlung nachfolgendermaßen freundvetterlich vereinbaret und verglichen:

1. Erstlich seind Seine Churf. Durchl. des erbietens, die in dero Churfürstentum Brandenburg und der Marck, wie auch dem Fürstenthum Halberstadt und anderswo gesessene Kaufleute und Unterthanen, jedoch ohne einigen Zwang, durch Vorstellung der zu Harburg befindlichen Commobitäten und Nutzbarkeiten dahin anzuweisen, daß sie ihre den Elbstrom herunter führende Wahren, insonderheit aber Holz und Getreydig, durch die Süder-Elbe nacher Harburg bringen und von dannen weiter in die See verschiffen sollen, sich auch daneben nachdrücklich zu bemühen, daß dergleichen mit denen Breslawischen und andern durch die Marck Brandenburg über die Elbe gehenden Wahren erfolgen und zu Werck gerichtet werden möge.

2. Dahingegen erkleren sich, fürs ander, Herren Herzogen Christian Ludwigs Fürstl. Durchl., daß Sie vorerwehnten Churfürstlichen nacher dero Städlein Harburg handlenden Unterthanen freye Ab- und Zufahrt in und aus dero daselbst bequem genug befundenen Haven verstatten, dieselbige auch in gutem stande erhalten und zur benötigten Niederlage des Holzes gewisse Lägerstäte auf der Bürger Weide, die Koppel genandt (jedoch daß deswegen besagten Bürgeren der abgehenden Weyde halber von den Holzhändlern billigmäßige Ersetzung geschehe) durch dero Harburgische Oberhauptmann und Räthe anweisen und, da der Abgang der Weyde von Bürgermeister und Raht zu Harburg zu hoch angeschlagen würde, gebühr- und würcklich moderiren lassen, die Flössen auch bey einfallenden Winter- und Sturmwetter auf begehren, soweit es der Vestung nicht schädlich, durch die Schleusen in Sicherheit zu bringen verstatten wollen.

3. Weiln aber drittens durch die einlangende Holzflössern die Haven und Canal kundbarer maßen merklich verschlammet und verderbet, zu dessen Wiederaufbring- und Reinigung aber große Kosten erfodert werden, so ist verabredet, daß die Märckische Holzhändler von jedweder einlaufenden großen Flöße zwey Reichsthaler und von jedweder kleinen Flöße ein Reichs-Thaler Schlamgeld, und also nurten die Halbscheid

deſſen, was zu Hamburg desfals entrichtet werden müſſen, in die Harburgiſche Amts-Regiſter abſtatten ſollen.

4. Viertens wollen S. Fürſtl. Durchl. denen Märkiſchen Kornhändlern benöthigte Kornſpieker auf ihren Koſten zu bauen vergönnen, ihnen auch zu dem ende behuefige Plätze gegen jährliche, und zwarten nach befindender Größe des bebauenden Ortes, zu fünf, ſechs, ſieben, acht Reichsthaler erlegender Grundheuer, auch Abfindung deren dadurch an ihrer Weyde Abgang leidender Privatorum an beeden Seiten des neu ausgebrachten von der Brügken ab bis an den Carnap fließenden Grabens oder Canals gebürlich aus- und anweiſen laſſen.

5. Demnach fünftens zu vermuthen, daß das nacher Harburg ſchiffendes Holz und Getreydig nicht allemal ſchleunig zu verkaufen und in die See zu vertreiben, ſondern bis zu gelegentlicher Vereußerung daſelbſt abgelegt und aufgeſoldet werden; immittelſt aber ſowol die Holz- als Korn-Händler bis zu Losſchlagung der Wahren eines Vorſchuſſes oder Anleihens bedürftig ſein möchten: ſo wird man auf ſolche Real-Mittel bedacht ſein, daß es daran nicht ermangele, ſondern dem Kaufmann mit bedürfendem Vorſchus gegen gebürende Verzinſung zu ſechs ProCentum und einreumender würklicher Poſſeſſion der Wahren an Hand gangen, ſolcher Vorſchuß aber aus denen verkaufenden Wahren alsbald hinwieder genommen und gut gethan, auch zu deſſen mehrer und richtiger Beförderung ein gewiſſer Factor verordnet und beſtellet werden ſoll; geſtalt man dann über dieſes ſowoll aus Holland als zur Harburg denen des Orts commercirenden Churfürſtl. Unterthanen, ſoviel immer müglich, zur Rückfracht zu verhelfen eußerſt bemühet ſein wird.

6. Ob dann woll zum ſechſten an Seiten mehr höchſt ernanter S. Churf. Durchl. zu Brandenburg feſt darauf beſtanden, daß ſonderlich denen Märkiſchen Unterthanen, als die zu dieſer Negociation den Anfang macheten, eine geraume Anzahl Frey-Jahren von allen und jeden Zöllen, Impoſten und Auflagen vergönnet und eingereumet werden möchten: ſo hat ſich doch, in erwegung aller dabey unterlaufenden Umbſtänden und an Seiten Herrn Herzogen Chriſtian Ludwigs Fürſtl. Durchl. dawieder angeführten erheblichen Motiven, ſolches allerdings und durchgehends nicht fügen noch practiciren laſſen wollen, ſondern iſt dieſer Punct endlich dahin verabredet worden, daß von denen die Elbe herunter nacher Harburg einlaufenden Schiffen und Wahren kein Ein-Zoll genommen, ſondern ſolches allerdings frey hinein paſſiret werden ſolle. Gleiche Bewandnuß hat es auch mit denen Holz, Getreydig oder andern Kaufmanns-Gütern, ſo oben oder unterwerts Harburg auf dem Strom

verkauft, auch sofort von dem einen Schiff in das andere gebracht und nacher Holland fortgeschiffet werden, daß selbige, ohne Reichung einiges Zolles, frey vorbey gehen mögen.

7. Anreichend aber zum siebenden dasjenige Getreydig oder andere Wahren, wie die Namen haben mögen (ausgenommen was wegen des Holzes im negstfolgenden Articul absonderlich disponiret), so einmal durch den Baum vor oder in das Städtlein Harburg gebracht und von dannen die Süder=Elbe entweder hinunter oder herauf hinwieder aus= geführet werden, soll von denselbigen die Halbscheid dessen, was von jedweder Sorte allerhand Wahren, wie die Nahmen haben mögen, Fässer= oder Packenweise, jederzeit in der Stadt Hamburg gegeben wird, ohn einig Ein= und Wiederreden, die Zoll und Imposten gerne gereichet und abgestattet werden.

8. Demnach es aber zum achten mit den Holzflößen eine etwas andere Consideration und Beschaffenheit hat, so ist deswegen verabredet, daß von beregten Flößen und darauf mitführendem Holze, außerhalb des Articulo tertio ernandten Schlamgeldes, die negste 5 Jahr über von bevorstehendem ersten Tag Januarii Anno Eintausendsechshundert zwey und sechzig anzurechnen, an Zoll und Imposten nichts erstattet, sondern die Märckische Holzhändler dessen allen solche fünf Jahr über gänzlich befreyet, nach Ablauf derselbigen auch von deme wieder aus und die Süder=Elbe hinunter schiffendem Holtze ein mehres nicht dann ebenmäßig die Halbscheidt dessen, was sie in der Stadt Hamburg davor geben, als jetziger Zeit vor 1000 Pipenstäsen 1 oder 16 β, von 3 Tolles Plancken, á Stück 8 gg, von Gravels Dielen und Posten á Stück 2 β, von Wrackgut die Helfte, von jedwedem Eichbaum oder Balcken, gleich den Hamburger Zimmern ohnfehlbar verzollen und entrichten sollen.

9. Solten dann fürs neundte ersterwehnte Churfürstl. Branden= burgische mit Holtz und Getreydig anhero trafiquirende Unterthanen in der itzigen alten oder anzulegen vorhabenden newen Stadt zur Harburg ein eigenthümliches Haus erbawen und sich daselbst bürgerlich nieder= lassen wollen, der oder dieselben sollen auf zehen Jahr lang von allen und jeden bürgerlichen oneribus exempt und befreyet sein, auch gleich andern Bürgern daselbst zu Ehren=Ämbtern gezogen und erhoben werden, jedoch deme, was wegen Verzollung deren von ihnen verhandlenden und ausgehenden Wahren droben disponiret, allerdings ohnabbrüchig. Es soll aber kein Bürger zur Harburg aus Ihrer Churf. Durchl. Churfürsten= thumb und Landen angenommen werden, er habe dann einen richtigen Abschied aufzuweisen.

10. Gleichwie aber zum zehenden vorbeschriebene Temporal Zoll-Befreyunge und bürgerliche Exemptiones alleinlich auf Höchstgedacht S. Churf. Durchlaucht nacher Harburg obvermeldetermaßen negociirende Unterthanen gerichtet und gewidmet, also stehet Höchstgeb. Herrn Herzogen Christian Ludwigs Fürstl. Durchl. mit denen unter anderen Herrschaften gesessenen und nacher Harburg trafiquirenden Kauf- und Handelsleuten auf gleichmäßige oder andere maße tractiren und schliessen zu lassen billig allerdings frey und bevor.

11. Damit auch zum eilften der allerseits vorgestalter und in mehrer Heranziehung der Commercien auf dem Süder-Elbstrom beruhender Haubtzweck keinen Anstos oder Hindernuß erleiben möge, so sollen und wollen mehr ermelte Handels-Leute die verkaufende Wahren jedesmahl umb einen billigen Preis vereußern und durch ersteigernden übermäßigen Gewinn den holländischen und andern Käufern gedachten Süderstrom zu meiden und sich nacher Hamburg hinwieder zu wenden keine befugte Ursach geben.

12. Zum zwölften bleiben die in dem Ambt und Städtlein Harburg, wie auch auf dem Süder-Elbstrom zutragende Criminalfälle über die Märckische und alle andere dahin handlende Kaufleute, Schiffer und was denen anhängig, Herrn Herzogen Christian Ludwigs Fürstl. Durchl. als Landesfürsten in Kraft zustehenden juris territorialis und omnimodae jurisdictionis zu cognosciren, zu entscheiden und zu bestrafen, billig allerdings frey und ohnbeschränket bevor. Es wollen aber jedoch Dieselbige die Bestrafung der Märckischen Unterthanen nach befindenden Umbständen dergestalt gnädigst moderiren, daß sich darüber niemand mit Fug zu beschweren haben solle.

Wann in Civil- und Schuldsachen einige Churfürstl. Märkische und andere Unterthanen und Kaufmanns-Güter, die in Ihr. Fürstl. Durchl. Territorio angetroffen werden, mit Klage und Recht belanget, soll in keinen andern Fällen als diesen das Gericht eröffnet werden, wann nemblich die Kaufmanns-Güter entweder in genere oder specie verpfändet oder ex contractu, so alba geschlossen, oder da die Zahlung daselbst zugesagt, einer besprochen wird.

Schließlich ist wollbedächtlich und beständig verabredet, dafern die Stadt Hamburg dieser auf der natürlichen Freyheit der Schiffahrt und Commercien, auch erlangten Urthel und Recht fest begründeten Vergleich und darin enthaltenen Articuln und Verordnungen in einige Weise und Wege sich wiedersetzen und dagegen per directum oder indirectum in- oder ausserhalb Ihrer Stadt und Gebieten, auf der Ober- oder

Unter=Elbe ichtwas veranlaſſen, thun oder vornehmen oder von Jemand, ſo nach Harburg handelt, einigen Zoll oder Ohngeld erzwingen ſolten, daß alsdann mehrhöchſtermelte J. J. Chur= und Fürſtl. Durchlauchten ſolches alles geſambter Hand kräftiglich abwenden und verwehren und desfals mit Rath und That für einen Mann ſtehen und ſich nicht von einander ſepariren laſſen wollen. Deme zufolge dann dieſelbige beyder=ſeits, ſowoll bey der Römiſchen Kayſerl. Matt. als Chur=, Fürſten und Ständen, wie auch der Königl. Maytt. zu Dennemarck und den Staten General der Vereinigten Niederlande, auch anderer dienſamer Örter, wann und ſo oft es nötig, nachdrückliche remonſtrationes und unter=bauunge fürwenden, nicht weniger auch auf vorgehende der Stadt Hamburg Wiederſetzlichkeit und würcklich unternehmende actus turbativos die Hamburgiſche die Elbe auf= und niederfahrende Schiffe an den Chur= und Fürſtl. Gebieten und Geleiten bekümmern und anhalten, auch nicht ehender erlaſſen, es ſei dann Ihrer Chur= und Fürſtl. Durchlauchten und deren Unterthanen von denen darin befindlichen Hamburger Perſonen oder Gütern gehöriger Abtrag, Satisfaction und Erſetzung wiederfahren. Abſonderlich aber haben Herrn Herzogs Chriſtian Ludwigs Fürſtl. Durchl. übernommen, diesſeits der Elbe unter Bullenhauſen und alſo auf Ihrem Territorio behuefige Wercke anlegen und dadurch denen die Süder=Elbe auf= und niederfahrenden Schiffen ſampt denen darin ent=haltenen Wahren kräftigen Schutz halten zu laſſen. Worunter dann die Churf. Durchl. zu Brandenburg Sr. Fürſtl. Durchl. auf beſchehende freundvetterliche requiſition behuefige Aſſiſtenz leiſten werden und wollen.

Urkundlich und zu feſter Haltung deſſen, was obſtehet, haben untenbenante zuletzt zu dieſer Handlung deputirte und bevollmächtigte Churfürſtl. Brandenburgiſche, auch fürſtl. Braunſchweig=Lüneburgiſche Geheimbte Cammer=Räthe und Miniſtri gegenwärtigen Receß Kraft habenden Befehls ad ratificandum eigenhändig unterſchrieben und be=ſiegelt, mit gethanem Verſprechen, darüber Ihrer reſpective gnädigſten Churfürſten, Fürſten und Herren Ratificationes ohnverlengt zu beſordern und einzubringen. So geſchehen Cöln an der Spree, den ſechs und zwanzigſten Novembris Anno Eintauſend ſechshundertein und ſechszig.

Claus Ernſt von Platen.   Otto von Groten.   Friderich von Jena.

Bodo von Gladebeck.   Heinrich Beſſel.

Ratificiren und beſtetigen demnach obinſerirten Vergleich und Receß in allen Punkten und Clauſulen kraft dies mit dem Verſprechen, darüber steif und fest zu halten, daß demselben von unserer seiten überall ein völliges genügen geleistet werden solle. Zur Urkund dessen haben Wir diese Ratification eigenhändig unterschrieben und Unser Churf. Insiegel darunter drücken lassen. Gegeben auf Unserm Schlosse zu Cölln an der Spree, den 30. Novembris des Eintausend sechshundert Ein und sechszigsten Jahrs.

    (L. S.)   Friederich Wilhelm, Churfürst.

    Original. Celle Br. Arch. Dej. 8. Schrank I. 32. II; vergl. oben S. 97 Anm. 2.

X.
Des Oberfactor Johan Duve in Hannover „Unvorgreifliches Bedenken wegen Stabilirung der Kornhandlung auf Harborg; auf Wunsch der Regierung in Celle vorgelegt". 1662. Jan. 20.

1. Wann Ihr Durchl. einen ehrlichen Kaufmann hetten, deme Sie eine große Summa Geldes anvertrawen dürfen, der auch selbst für sich Mittele und Credit hette und seine Correspondens wehre auf Holland, Engeland, Franckreich, Italien und Spanyen, derselbe müste im Stift Magdeburg und Halberstadt, dar die besten Korn Örtere, alles Korn soviel müglich aus der ersten Hand durch seine Leute lassen einkaufen, dasselbe nacher Magdeburg bringen, von dar dan recta auf Harburg schiffen und loßten.

2. Müste zur Blecke oder an was Orte der Elbe es sich wolte thuen lassen, von denen Magdeburgern oder Schiffern, welche ihr Korn sonsten nach Hamburg bringen, allens was noch unverkauft, wan es umb billigen Wehrt zue haben, aufgekauft und auch auf Harburg gebracht werden.

3. Müsten in Harburg etzliche Kornhäuser am Wasser gebawet und also angeleget werden, daß aus den Schiffen die Frucht mit geringen Kosten man könte darauf bringen, weil ofters von Magdeburg das Korn sehr übel conditionirt, daß man es woll 3—4 Mont muß sollern, harpen und umbstechen, ehe solches wieder schiffbar gemacht wird.

4. Müsten zwey oder drey hollansche Boyers, jede von 50 in 60 Last, gekauft werden, so in Ihre Durchleuchtigkeit Namen und deren Flachgen mit Korn beladen fahren, wohin solches nötig, es sey auf Holland, Engeland, Franckreich und andere Örter, das Korn wiederumb zu verhandeln. Dan solte man von Hamburg wollen Schiff dingen, müste man 2 in 3 Rthlr. von jede Last mehr geben. Solte man auch

die Hamb. das Korn vor Harburg anbieten zu verkaufen, würde man ohne mercklichen Schaden nicht davon kommen können; ja, die Hamburger sollen, wann sie erfahren, wohin von Harburg Korn geschifft, das ihre umb liederlichen Preis loß schlagen; darumb muß zuerst behuetsam und vorsichtig mit dieser Handelung umgangen werden.

5. Wan dan solche Schiffe, mit Früchten beladen, ausgangen, müste Vorrath wiederumb herbeygeschafft, damit eines nach dem andern, gleich sie zue Hause kommen, wiederumb beladen würden, und nicht lange stille liegen; sonst würden Schiffer und Knechte viel verzehren.

6. Stünde es dahin zu bringen, wan durch große Mittel die Magdeburger Kornhandelung auf Harburg transportirt würde und man aus Noth, umb Geld zue haben, den Hamburgern nichts presentirte oder bröchte, daß sie sich zuweilen selbsten zue Harburg woll müsten anfinden, Weitzen, Rocken und Gersten zue holen, so könte auch viel Rocken gemahlen und das Mehl, welches jederzeit angenehm, den Hamburgern verkauft werden.

7. Würde nötig sein, daß zue erst diese Handlung ohne einzige Last, Zoll noch andere Beschwerungen frey und ungehindert gelassen werde, bis dieselbe erstlich recht zum Stande kömbt, weil zu besorgen, daß ohne das der sie treibt von die Hamburger überall Nachstellung und große Beschwerde, auch woll zueweilen Schaden finden wird. Dan da die Hamburger vor diesen 6 Rthlr. Zoll von 1 Last Korn genommen, wird anitzo nur 1 Rthlr. geben, welchen sie auch werden abschaffen, sobalt in Harburg die Kornhandlung recht angefangen wird.

8. Würde nötig sein, weil im Stift Magdeburg und Halberstadt noch Korn genug vorhanden, daß ungeseumbt an denen Örtern allens aufgekauft würde, weilln nun die rechte Zeit, da in Korn-Handlung was zu thun ist, auch woll biß und folgendes Jahr continuirn müchte.

9. Müste in dieser Handlung in den ersten dreyen Jahren auf keinen gewin gesehen werden, sondern nur eyfrich dahin getrachtet, die Kornhandlung auf Harburg zu bringen, obschon solches mit etwas Schad geschehen muste, weil zu besorgen, die Hamburger viel dausenden bran setzen, umb dieser Handlung soviel müglich allenthalben Einpaß zu thuen.

10. Nach Jahren aber würde sich schicken, wan die Hamburger sehen werden, daß in Harburg die Korn-Handlung zu gutem Stande gebracht, daß sie sich almehlich zur Ruhe begeben, weil der Statt Harburg ebenso frey wird sein zu handlen als andern Städten und sich des Elbstromes gebrauchen.

11. Würde Harburg und Jhre Durchl. Unterthanen seer bey dieser Handlung gedeyn und zunehmen, in allerhand Handlungen, auch könten Jhr. Durchl. Leute im ganzen Fürstenthum bey theuren Zeiten mit Korn umb billigen Werth ganz reichlich versorget werden, da man bey solcher Zeit, wie ichs selbst erfahren, und auf gnedigen Befehl Jhr. Durchl. vor zehn Jahren bey der Statt Hamburg umb 100 Last Rocken für dero Unterthanen umb bahre Bezahlung gesucht, aber nicht eine Last erhalten können. Und wolte ich wünschen, daß die Korn-Handlung in Hamburg bereits angangen, auch die Boyers vorhanden, weil ich in Hannover mehr dan 200 Fuder an Weitzen, Rocken und Gersten liegen, wolt ich solche alle mit Wagens nacher Harburg senden, worbey die Unterthanen fast zwey dausent Rthlr. an Fuhrlohn verdienen könten, weil ich sonst diß Korn mit schweren Kosten erstlich bis Bremen und, wan es daraus an andere Örter haben will, jede Last mit 6 in 7 Thlr. Unkosten geschehen muß, zweiffele nicht, mir andere Kaufleute mehr folgen solten.

12. Und obwoll, wie ich bereits angeführt, solche Handlung in etzlichen Jahren wenig Nutzen bringen möchte, so vermeine dennoch, wan Gott darzu seinen Segen geben wolte, daß sie ohne pericel und Schaden könne geführet werden. Wan dan diese Kornhandlung nebenst allen andern Handlungen sich auf Harburg gezogen, so konnen Jhr. Durchl. durch billige Zolle und Wechgeld nach Jahren auch viel dausenden ge= niessen; dan es wird sich Gelegenheit genug finden, den Bremern ein großes von der Kornhandlung zuezuziehen und auf Harburg zue führen.

13. Solte aber diese Kornhandlung zue Anfangs und etzliche Jahre fort nicht mit der Forse und Macht können angegriffen werden, also daß zum wenichsten einhundert dausent Reichsthaler darin zu legen und, wan es nöthig, auch zue halten, und daß man eigene Schiffe an der Hand, mit benen das Korn fortzubringen ist, barburch man überall diese Handlung und Harburg in Ansehen, Flor und Ruf müchte bringen, sondern nur entzlen bey 5 in 10 dausent Thlr. nun und dan anlegen, welches doch allezeit müsse mit Schaden wiederumb verkauft werden, barzu die Hamburger Raht genug zu finden, so würde auf Harburg die Kornhandlung nicht lange bestehen können, sondern balt von ihme· selber wiederumb fallen und ein Ende nehmen. Solches alles der Feder zu befehlen, würde zu viel Schreibens geben. Darumb schliesse hiemit.

Hannover den 20. Januarij 1662.   Johan Duve.

Orig. Hannov. Arch. Celle Br. Arch. Des. 70. Niederlage z. Harburg vol. II., vergl. oben S. 99.

XI.
Entwurf eines Privilegs mit Kostenanschlag für eine bei Harburg neu zu erbauende Stadt. 1681.

———

1. Die new anzulegende Stadt soll, sobald 100 Häuser verfertiget, ihren eigenen Magistrat und die Untergerichte haben, und Niemand als Ihr. Durchl. und Dero Regierung untergeben seyn.

2. Die Einwohner dieser Stadt sollen von aller Contribution, Schatz und andern Auf= und Anlagen, wie solche auch Nahmen haben mögen, in perpetuum exemt seyn. Weiln aber zu Erhaltunge des Magistrats und Stadtwesens etwas vonnöthen seyn will, so werden die Einwohnere wegen einer darzu erforderten Beysteur sich selbst zu vergleichen haben, jedoch soll auch hiezu innerhalb etwan brey Jahre von dem angefangenen Bau anzurechen Niemand etwas abgefordert werden.

3. Sollen die Einwohner von dem hergebrachten Elb=Zoll zur Harburg auf 10 Jahr befreyet seyn.

4. Wegen der Bau=Materialien soll denen anbawenden in hiesigen Landen aller möglicher Vorschub geschehen, auch wann jemand denen von Ihr. Durchl. darzu verordnenden Inspectoren darthun wird, was er zu seinem vorhabenden Bau an Materialien vonnöthen, und woher er solche bringen lassen will, sollen selbige auf gedachten Inspectoris darauf zu ertheilendes Attestatum bey allen Ihro Durchl. Zöllen frey passirt werden.

5. Es soll denen, so anbawen wollen, der Platz zum Hause und zwar dergestalt erhöhet und ausgefüllet, daß man darauf bequem bauen kan, umbsonst angewiesen werden.

6. Allen, so von christlicher Religion, wie auch denen Juden soll die Freyheit ihrer Conscience und Privat=Gottesdienst gegönnet werden.

7. Diejenige, so ohne ihr Verschulden in Unglück gerathen, sollen aller Sicherheit und Schutzes geniessen.

8. Ein jeder soll ohne reflection auf Gilden und Ambter seine Nahrung treiben mögen.

9. Allen Manufacturieurs, so sich an diesen ort setzen werden, soll in Vertrieb ihrer Waaren vor andern Vorschub geleistet, und in demjenigen, was sie desfals an Hand geben können, soviel immer müglich favorisiret werden.

Die Unkosten, so zu Harburg auf die anzulegende newe Stadt anzuwenden, werden bestehen in folgenden:

1. In Anschaffung der Instrumenten, Schubkarren und dergleichen, auch verschiedener Leuten zur Überfahrt.

2. Muß der Platz weinigst auf 4 Fueß erhöhet werden, wozu die Erde aus den Canalen, auch etwas aus den Stadtgraben genommen werden kan. Was dan noch fehlet, muß vom Berge geholet werden. Es wird aber nicht nöthig seyn, diese Erhöhunge auf einmal anzugreifen, sondern ist genug vors erste, 2 Plätze, jeder von etwa 150 Häuser, und zwar einen vor die großen, den andern vor kleinere Häuser zu praepariren.

3. Müssen die Canale verfertiget und entweder aufgemauret oder mit Holtz besetzet werden, worunter aber auch nur nach und nach, und nachdem es sich mit dem Anbau anschicken wird, zu verfahren.

4. Werden etwa 50 Häuser von benen, so dem Schloß und jetziger Vestung am nechsten gelegen, abzubrechen und auf den newen Platz zu transferiren seyn. Darunter mögen etwa 20, 30 unvermögende seyn, so ohne eine Beyhülfe von 150 oder 200 Rthlr. nicht wol werden fortkommen können.

Eine andere Schlüse anzulegen, wie auch die Fortification, können noch Anstand haben, und wird vors erste gnug seyn, wen die Vestung (umb beym Bau sich besto besser darnach zu richten) abgestochen und etwa eine Brustwehr herumb aufgeworfen wird.

Es wird bannenhero nun das erste seyn müssen, daß man einen accuraten Abriß und Model verfertige, wornach sowol die Fortification als alle Gassen, Plätze, Canale, Kirchen, Rath=, Zeughäuser und andere aedificia publica, auch etwa newe Schlüsen anzulegen; item muß reguliret werden, wie lang und breit jedes großes und kleines Haus seyn, und was es vor Platz haben soll. Häuser von einem Stockwerk müssen nicht gelitten werden.

1. Die zu diesem Werck erforderte Geld=Summen können von einem Privato (deme desfals gnugsame Sicherheit zu geben) aufgenommen

werden, oder da solche Herrn Herzogen Georg Wilhelms Durchl. vor=
schiessen wolten, wehre Ihro besfals eine Hypothec zu constituiren. Die
Zinsen werden Herrn Herzogen Georg Wilhelms Durchl., solange das
Capital die Summe von 20,000 Rthlr. nicht excediret, Zeit ihres Lebens
alleine tragen; wan es aber über solche Summe kommen wird, wollen
Herrn Herzogen Ernst Augusti Durchl. die Helfte der Zinsen übernehmen.

2. Sobald dieser Baw angefangen wird, wollen Herrn Herzogen
Ernst Augusti Durchl. denen, so die Rechnungen führen werden, einen
Controlleur beyfügen; was solcher ban der aufgewandten Kosten halber
(so zu Ende jeden Monats einzusenden seyn werden) attestiren wird,
soll, als wan Herrn Herzogen Ernst Augusti Durchl. selbst darüber
quitiret, geachtet und Herrn Herzogen Georg Wilhelms Durchl. oder
Dero Allodial Erben als eine richtige bekante Schuld passiret werden.

St.=Arch. Hannover. Celle Br. Arch. Des. 60. Nr. 15a, vergl. oben S. 99.

XII.

„Project, wie in wenig Jahren Harburg zu einer florisanten Handels=Stadt zu machen."
1728.

———

1. Ihro Höchstseelig verstorbene Maytt. von Groß=Britannien haben bereits vor 6 Jahren her den Hafen bey Harburg schiffbar machen und den Stapel der Englischen Wahren dahin verlegen wollen und solches durch den Canal Koelbrand zu bewerkstelligen gesuchet. Indem dieses aber nur ein kleiner schmaler Nebenarm, welcher sein Wasser nur durch die Fluth von denen herumliegenden Inseln nimmet und quer durch von der Süder=Elbe nach der Norder=Elbe zwischen lauter Wischen und Sand=Bänken fliesset und von keinem Strom secundiret wird, folglich keine rechte schiffbare Tiefe dieses Canals zu hoffen gewesen, hat dieses nutzbare Werk liegen bleiben müssen.

2. Eine gewisse Person aber hat einen Canal gleich unter dem großen Haupt=Strom der Süder=Elbe entdecket, der von Jahren zu Jahren, ja fast monatlich allein durch die Gewalt seines eigenen Stroms die Wischen und Sand=Bänke weggespület und sich eine solche Tiefe gemachet, die da, wan ihr durch Kunst äußerlich zu Hülfe gekommen und die Hindernisse aus dem Wege geräumet werden, zu dem größten schiffbaren Hafen und Canal von Harburg an durch die Süder=Elbe recta bis nach Blankenese in wenig Jahren gelangen kann, wodurch das Wasser von selbsten sich von der Hamburger und Altonaer Rhede wegziehen und in diesen neuen Canal zu schießen muß.

3. Welcher Hafen umb so vielmehr vor Ihro Großbritannische Maytt. nützlich wäre, je mehr hernachmals die Fahrt bey Blankenese, welche ohnedem nur etwa 10 Fuß tief und kaum 60 Fuß breit ist, je länger, je mehr zugehen, und aller Nationen Schiffe, auch selbst derer Hamburger, die Altonaer Rhede verlassen und diesen neuen Canal nach Harburg zu,

auch wieder ihren Willen, fahren und ihre Waren daselbst debarquiren und durch kleine Fahrzeuge hernachmals erst nach Hamburg fahren lassen müßten.

4. Dieser Canal, gleichwie er mehr durch den Trieb der Natur und des Stroms in kurzer Zeit zu einem schiffbaren Wasser zu machen, also gehören auch nicht ebenso gar viele Kosten, diesen Hafen in Stand zu setzen, sondern nur diejenigen Abern zuzustopfen, welche dem Herzen des Haupt=Stroms das Wasser und folglich die Gewalt mitziehen, seinen intendirten Weg fortzusetzen.

5. Und da dieses eine ganz practicable Sache ist, welche in kurzer Zeit zu bewerkstelligen stehet, und solchergestalt von selbsten der Stapel und Niederlage aller Wahren in Harburg werden würde, hingegen dieser Ort ein dermaßen wüster Platz ist, woselbst sich fast niemand niederlassen und weder Essen noch Trinken noch Logis haben kann, am allerwenigstens aber Packhäuser daselbsten zu finden, so müßten zugleich nebst etablirung dieses neuen Hafens nach einem zu formirenden Plan Canäle durch Jhro Königl. Maytt. Trouppen an der Elbseite gegraben und an derselben Pack= und Wohnhäuser gebauet werden, damit frembde Kaufleute und die Rheders derer Schiffe ihr Wahren=Lager daselbst sicher anlegen könten. Und damit der Ort sofort populeuser würde und ein besseres Ansehen bekomme, könten Jhro Maytt. allen denen befehlen, die in Dero teutschen Provinzien Pensiones bekommen, daß sie sich in Harburg nieder= lassen solten, ja, nach Befinden der Sache, wohl gar die Zellische Re= gierung dahin verlegen, damit andere wackere Leute animiret würden, sich gleichfals dahin zu begeben.

6. Da auch durch öffentliche Mandata in Hamburg aller Holz= Handel und Schiffbauerey weg gewiesen worden und anitzo der Holz= Stapel von Schiff= und Bauholz im Reigerstieg als einer Harburgischen Jnsul ist und die Hamburger Holz-Händler selbst ihr Holz daselbst liegen haben und vermöge obgedachten Verbots ihr Holz in Altona sägen und verzimmern lassen: so müßten dergleichen Kaufleute vor sothane permission obligiret werden, an der Harburger Rhede Holz-Sägereyen und Zimmer= Werfen anzulegen und daselbst ihr Holz zu verbauen, damit Arbeits= Leute dahin gezogen und Nahrung verschaffet würde.

7. Da auch nichts mehr einen Ort florisanter machet, als Manu= factur=Arbeiten und Fabriquen und Hamburg mit denen Schottischen und Lüneburger rohen Strümpfen einen solchen kostbaren Handel treybet, daß Hanker daselbst, welcher etwa 30 Jahr damit gehandelt, allein 18 Millionen Mark damit erworben und in natura nachgelassen, müßte

diese Strumpf-Färberey sofort in Harburg auch angeleget werden, welcher man dann aus der Chymie zur Verbesserung der Farben solche Vortheile anweisen könte, daß sie solche Strümpfe besser und wohlfeiler auf die Messen liefern könten.

8. Ein gleiches könte mit der Cattun-Druckerey practisiret werden. Denn Ihro Großbritannische Maytt. können aus denen Zoll-Büchern erfahren, wie viel roher Cattun von London aus nach Hamburg verführet wird, und nach solchem Calculo nach proportion Fabriquen aufrichten und die Cattun-Druckers, Form-Schneiders und Zeichen-Meisters aus Hamburg nehmen. Da man dann wiederumb sich auf die Vortrefflichkeit der Farben legen und solche in bessere Perfection, gleich denen Ost-Indischen, bringen müßte, damit so wohl deren Schönheit als der wohlfeile Preys den Verkauf facilitiren könte, welcher letztere daher leicht zu hoffen, weil die Bleichen, Victualien und Wohnung für die Arbeiters in Harburg wohlfeiler als in Hamburg sind.

9. Nicht weniger ist die Erde umb Harburg herumb vortrefflich, das schönste Delftsche Steingut oder Porcelain zu machen. Durch welche und mehrere Fabriquen dieser Ort in großes Aufnehmen gebracht und vielen tausend Leuten Nahrung und Unterhalt verschaffet werden könte.

10. Und weilen wegen der jetzigen despotischen und mehr denn tyrannischen Regierung viele Leute disgoustiret werden und sich dahero nach Altona begeben, würde es ein leichtes seyn, viele Fabriqueurs von dar nach Harburg zu ziehen, zumahlen wenn sie sehen würden, daß Himmel und Erde ihren fatalen Periodum bestimmet und sowohl ihre eigene Obrigkeit durch ihre gewaltthätige Regierung, als die Natur durch Wegziehung des Elb-Stroms ihren Ruin und Untergang befordern wolten.

11. Es könten auch Ihro Groß-Britannische Maytt. hernachmals der ganzen Welt declariren, daß, weil der natürliche Lauf des Elb-Stroms das Wasser vor Harburg schiffbar gemachet und von Hamburg weggezogen, Sie einen freyen Hafen und Handels-Stadt allda anlegen wolten und zu solchem Ende Freyheiten, e. g. auf 7 oder 8 Jahre allen denen ertheilen, die sich daselbst niederlassen und Gewerbe treyben wolten, alle freye Handwerker und Künstler dulden und keine Zünfte, als die Pest und Ruin derer Manufacturen, einführen, alle Religionen dulden, allen disgratiirten, allen Mördern und Banqueroutiers ein asylum seyn lassen, und endlich eine solche freye Regierung etabliren, welche der Englischen conform, und also gantz sicher eine Banco aufzurichten wäre, worin Capitalisten, Handelsleute und alle Frembde kein Bedenken tragen dörften, ihre Gelder, wie in London oder Hamburg, zu deponiren; da denn in

Zweifelungsfall das Parlement oder die Bank in London davor garants seyn könten, und also Hamburg, welches nur einzig und allein durch die Bank noch souteniret wird, von selbsten abnehmen würde.

12. Diesen Hafen in stand zu bringen, ist vornehmlich die Frühlings=Zeit die beste, wenn nemlich das obere Wasser herunter kombt und mit seinem gewaltigen Strom die Arbeit secundiren kann; und weil man wegen des vielen gehabten Schnees stark Ober=Wasser aus denen Ge=bürgen dieses Frühjahr vermuthlich, wäre es bey instehenden Thau=Wetter die beste Zeit, diese Arbeit anzufangen, zumahlen Altona von Tage zu Tage größer wird und sich je länger, je mehr Capitalisten und Nego=tianten so wohl wegen dem gesperreten Commercio als wegen der daselbst zu etablirenden Ostindischen Compagnie häufig von Hamburg dahin begeben.

13. Dieses Werk muß aufs höchste geheim gehalten und tractiret werden, auch außer denjenigen Ministro und einem bisfals zu beaydigenden Ingenieur keine Seele darumb wissen, die ganze Arbeit aber unter einem ander Vorwand und Praetext vorgenommen werden.

Staatsarch. Hannover. Hann. Des. 74. III. 2. a. Nr. 6, vergl. oben S. 115, 118.

XIII.

Proposition und Vorstellung

über eine sehr einträgliche und nutzbare Octroi für Jhro Königl. Mayest. Churf. Erb=Landen und Unterthanen, bestehende in der großen Fischerey der Häringe, so zum aller= größesten Vortheil in der Stadt Harburg angeleget werden kann.
1732. Aug. 16.

Daß die Unterthanen eines Staats oder Reiches nicht glückseliger in der Welt seyn, als wann deren Souverain auf Beförderung der Handelung und Schiffahrt Jhre Aug=Merckmal hegen, finde mich zu schwag weitleuftig anzuführen, indem gelehrte Federn überflüssig bewiesen und davon dociret haben. Man sehe den Estat von Holland an, was ihnen am meisten zu deren Wohlfahrt unter andern nur der Häringsfang vor unbegreiflichen Nutzen und Reichthum zuführet, wodurch soviel Tausent Menschen nicht allein unterhalten, so großen Reichthum ein= träget und ein ungemeiner Zuwachs in denen ordinairen und extra= ordinairen Ausgieften zu dehren Cassa einfliesset und beträgt. Dieses observiren nunmehro andere Souverainen und Reiche auch, nachdemmahlen das Königreich Sueden diese profitable Fischerey durch eine estabilirte Compagnie den Anfang gemacht und, dem gelehrten Hugo Grotius Regul nach, der Freyheiten und Fischfang des offenen Meers sich bedienen.

Diesem zufolge könten von Jhro Königl. May. von Groß=Brittannien die Cuhrfürstl. Erblanden ebenmäßig glücklich gemachet werden, wann Dieselben allergnädigst eine Octroi über dergleichen Häringsfang zu er= theilen geruhen wolten, und wozu der Ort und die Stadt Harburg am bequemsten, welche die Natur so günstig vor anderen Örtern dazu situiret hat; daß darunter ein unbegreiflicher nutzen sämtlichen Unterthanen, so hoch als niedrigen Standes=Personen, augenscheinlich und handgreiflich zuwachsen kann, lieget klar am Tage und ist unwiedersprechlich.

1. Alles was zur Fischerey benöthigte Sachen hat man daselbsten weit wollfeiler als in Holland, und das Land selbsten führet solches in Überfluß und kann darzu bedienet und angeschaffet werden. Nächstdem können 2. die Schiffe weit früher von daraus zum Fang als in Holland ausgesand und demnächstens auch verbebitiret und bey Tausenden Lasten ehender und weit wollfeiler als die Holländer abgesetzet werden, auch zu mehrer Facilitirung des negotii kann ebenmäßig bey der retour die Compagnie veranstalten, daß, als zu verbebitiren nöthig befunden wird, soviel auf dem Weser-Strom von dem Fangs zurückgehen und daselbst zur weiteren Spedirung ins Reich gesand werden, daß also die Elbe hinauf in die Oder, Schlesien und angränzende Länder versorget, auf die Weser bis Heßen und Düthringen, aus der Weser auf die Aller nacher Celle und weiter Braunschweig und angränzende Örter gehen kann. Dieserwegen müßte der Compagnie an dem Weserstrom an einem darzu bequemen Ort in dem Herzogthum Bremen von ihnen ein Subaltern-Comptoir zu halten vergönnet seyn, als worzu der Ort Bremer Lehe vor andern mit sehr convenabel seyn dürfte, alwo daselbsten, als zue Harburg die Häring behöriger maßen umgepacket und zur weitern Verschickung besorget werden können.

3. Die Compagnie wird daneben besorgen, daß das Faßwerk, Packung, Salz-, Einpack- und Verpackung, Proportion, auch Einrichtungen der Netzen und, was weiter zur Behandelung der Häring von nöthen, als auch von die frisch Jagers alles auf Art und Weise, wie es in Holland behandelt und tractiret wird, mit allem Fleiß zu beobachten, daß es in derselben bonität bestehen kann, wovon man rechtschaffene und experiente Leute darzu eligiren und anschaffen wird.

4. Alle Frembling, von was Nation und Religion sie seyn, welche die Fischerey verstehen, müsten Erlaubniß haben, in Jhro Königl. Majestät Landen sich zu establiren, da alsdann zur Genüge unter der Hand sich angegeben, die zu diesem wichtigen, sehr nutz- und vorteilhaftigen negotio mit eintreten, auch große Capitalia darzu herschießen wollen, wann Jhro Königl. Majest. auf 20 oder wenigsten 15 Jahr ein allergnädigstes Privilegium ertheilen und die behörige mentination (?), dabey gnädigste Versicherung geben wollen. Für solche hohe Verthädigung.

5. wird die Compagnie zur unterthänigsten Erkändlichkeit für jede Last Fisch, der gefangen und verbebitiret wird, als eine Recognition 2 Rthlr. pr. jede Last bezahlen und 1 Pro Mille für die Armen. Daß auch ein jeder

6. in das Negotium mit gelangen könne, so wehre von nöthen, daß eine Subscription proponiret würde, dergestalt und also von 500 Portion oder Loßen, jede Portion von 200 Rthlr. Banco, wovon contant 25 ProCento sollen bezahlet werden, und nach Verfliessung von 6 Monaten noch 25 ProCento, auch so weiter als es von Nohten seyn wird, zu reguliren bey die Herren Interessenten von Mehrheit der Stimmen, worüber eine suffisante Obligation kann gegeben werden, auch niemahlen arrestabel, um was Ursache es auch seyn mag, ein jeder seine Portion zu verkaufen frey verbleiben soll. Die Sache müste hauptsächlich

7. durch 5 der fürnemsten Herren Haupt=Interessenten, die das Werk und Negotium recht verstehen, durch die anderen Interessenten ohne Unterscheid der Religion und Nation zu führen, elegiret, fürgestellet, auch zu mehrer Sicherheit in Eyd und Pflicht der Treu genommen und gesetzet werden, damit alsdenn die noch darzu behörigen ferner Articulen, Einricht= und Verwaltung zu einer guten Direction, Menage und Haus=haltung von ihnen aufgesetzet, poliret und ausgearbeitet, zu Jhro Königl. Majest. Approbation vorzutragen und um Confirmation zu bitten haben werden. Wie nicht weiniger

8. müste der Compagnie zu Harburg ein bequemer Ort von Jhro Königl. Majest. eingereumet und angewiesen werden, wo dieselben die Wahren bequem aufschlagen, und allwo die Netze und Gerähtschaften in Verwahrung genommen werden kann.

9. Wann daneben höchst nöthig, daß die Societät oder Compagnie ebenmäßig Commissions=Comptoiren an andere Örter und Städte anzu=stellen und aufzurichten, damit das Negotium desto besser und vortheil=haftiger beobachtet, dergleichen in Hamburg und Bremen 2c. ihnen anzu=legen erlaubet seyn möge; denn solches auch das Königreich Sueden schon in Hamburg estabiliret hat. Und da dieses

11. hochwichtiges, einträgliches Werk und Negotium, welches die Holländer in ihren Edicten und Mandaten ihre Gold=Gruben und Mynen nennen, auch dem großen Schatz von Mexico, Peru und Pistosi vor=ziehen, ein ansehnliches Oberhaupt und Ober=Gouverneur haben muß, so wehre Allerunterthänigst von Jhro Königl. Majest. auszubitten, daß Jhro Königl. Hoheiten der Durchl. Herzog von Cumberland zu Jhrem General=Gouverneur und in Dero Abwesenheit als Ober=Gouverneur Jhro Excellence der Hochwollgeborne Herr Geheimte Rath von Münch=hausen in Hannover diesem Höchstwichtigen Negotio und Compagnie für=gesetzet werde. Nachdemmahlen zwar in § 7 erwehnet,

12. daß von denen Interessenten 5 Directores solten eligiret werden, so ist hiebey noch zu eröffnen, daß zweyne von denen Auctores, so dieses werk betreiben und projectiren, allergnädigst zu Premier=Directeurs denen 5 beygesetzet und von Jhro Königl. Majest. darzu verordnet und octroisiret werden, welches auch um so mehr zu hoffen seyn wird, weil durch die Auctores, wann es allergnädigst Approbation findet, nicht allein die Gelder angeschaffet, sondern auch der gantze Plan, wie das Werk recht nach der Holländer Art und Weise profitabeler eingerichtet und woll ausgeführet werden kann, aufgesetzet und ausgearbeitet werden soll.

Jhro Königl. Majestät von Groß Brittannien haben nicht den geringsten Vorschub dabey zu thuen, indem sich Hauptinteressenten genug anfinden, dagegen aber ein Großes in Dero Cassa fliessen wird, dann a) von jeder Last 2 Rthlr. einige Tausend austragen. b) die Königl. Jntraden an Zoll, Accijen und d. g. werden dadurch sehr augmentiren. c) die Stadt Harburg und andere Örter in Dero Landen mehr publeuser d) viele 1000 Menschen dadurch ihr Brodt und Nahrung erlangen, den die mehrsten Handwerker darzu von nöthen e) die Brau= und Brantewein=Brennerey, auch Becker und Metziger ihre Früchte davon haben werden. f) zu geschweigen, was vom platten Lande für Nohtwendigkeiten die Unterthanen zu ihrem Nutzen herbeybringen und absetzen können. Jn Summa: es ist ein Werk, das den Cuhr=Fürstl. Lüneburgischen Landen einen unbegreiflichen Zuwachs geben und Holland nicht disputiren, zumahlen jener Zeit der berühmte Hugo Grotius das mare liberum zu der großen Fischerey für der ganzen Welt nennet und emploiret werden kann, in seinen schriften behauptet hat; dannenhero ist mehr ungezweifelt zu hoffen, daß Jhro Königl. Majest. dieses hochwichtige interesse und das Wollergehen für Jhro Churfürstl. Erblanden mehr beherzigen und in Gnaden ansehen, als die nachbarlich Freundschaft zu erwegen, in consideration ziehen werden."

St.=Arch. Hannover. Hannov. Des. 33. I. 2. Varia Nr. 15, vergl. oben S. 115.

XIV.

Denkschrift des Harburger Auditeurs Hansing über die Fabriken in Harburg.
1754. November 20.

Der Amidoms=Fabricant Meier war vor einigen Jahren die Zucker=siederey zu kaufen gesinnet. Die damaligen Rescripta Königl. und Churf. Landes=Regierung, daß der C. C. Boisen deren Betrieb beschaffen solle, die Desharmonie, welche zwischen dem zeitigen Besitzer Winkelmann und jenen herrschete, und die ehemahlen als Buchhalter geführete Zucker=siederey=Rechnung veranlassete ihn, dieses dem Entrepreneur so einträg=liche als dem Publico nützliche Werk zu unternehmen, eine ohnerwartete und durch Submittirung Winkelmanns gegen Boisen erwirckete Recon=ciliation aber machete dieses Unternehmen rückgängig.

Es wurde Meyer hierauf eine Braune oder Weisse Seifen=Siederey oder eine Amidoms=Fabrique anzulegen angerathen, und weil diese nach gemacheten Anschlage mit einem Verlag von höchstens 2000 Rthlr. vorerst bestritten werden konnte, Meier auch zu benen hiezu erforderlichen Ge=bäuden die Materialien hatte, so wurde diese als die reinlichste und leichteste erwählet, und diese Fabrique ist nach verschiedenen Reysen nach Hamburg und ins Dänische, um so wol Pläne als Modelle von der Anlage und denen Geräthen, als auch um das zur Gährung ohnentbehr=liche Sauer=Wasser zu haben, mit Hülfe eines alten geschickten, in einen Diener verkleideten Zimmer=Meisters glücklich zu Stande gekommen.

Als aber der auswärtige Debit des Amidoms durch die in diesen Jahren bey Hamburg und Altona errichtete neue Fabriquen und auch wegen der Entfernung täglich schwerer wurde, so mußte der Kaufmann Meier auf andere Mittel, wo er nicht alles ins Stocken gerathen lassen wollte, bedacht seyn, seine Waren loß zu werden, und hierzu kam der Barat in Vorschlag, wobey er sich den verschiedentlich so wol befunden, daß er den auf den Amidom entbehreten Vortheil an denen barattirten

Waren wiedergefunden und letzlich, da er nach geschehener Erkundigung in Erfahrung brachte, daß in hiesigen Landen keine Propfen=Schneider=Werkstäbte vorhanden, hat er auch dergleichen etabliret und zum Vortheil des hiesigen Publici rohe Korke gegen Amidom mit nicht mindern Profit vertauschet. Da nun hiezu gegenwärtig die gnädigste Bewilligung des Imposte auf den auswärtigen Amidom und Puder erfolget, so ist diese Fabrique in erwünschten Flor, der hiesige starke Korn=Handel und der besonders im Alten Lande und im Stift Bremen und Verden gebauete Weitzen erleichtern dieselbe, und es werden Landes=Producta darin in Waaren verwandelt, welche wir sonst von Auswärtigen geholet.

Die Aufgabe in den Hannoverischen Anzeigen, ob das Leder nicht mit anderer als mit Eichen=Lohe gar zu machen, veranlassete abgewichenen Sommer bey einer sich eräugnenden Gelegenheit eine Erkundigung, und es wurde von auswärtigen Kaufleuten versichert, daß in Ungern und sogenandten Stock=Boehmen auch das schwereste Leder mit Tannen= oder Fichten=Rinde und mit einer Frucht, welche unserm Buch nicht unähnlich, gar gemachet würde.

Da nun bey den jährlich allhier getriebenen starken Handel mit Masten und Tannen=Staken, auch die von diesen Bäumen abgeschelete Rinde in Überfluß zu haben seyn würde, so fand sich nach weiterm Nachforschen ein Rothgärber in Hamburg, Namens Brauns, aus Münden gebürtig, welcher seinen Pässen und Kundschaften nach einige Jahre in Ungern und Boehmen gearbeitet und welcher nebst vollkommener Kentniß der Gärberey mit Tannen=Rinde auch die Färbe=Kunst der Kalbfelle zu rothen und blauen Frauens=Schuen zu besitzen sich rühmete und sich so viel äußerte, daß das ganze Geheimniß nach behörig abgeputzter Rinde in Vermehrung der Schärfe der Lohe durch Salze, absonderlich durch ein wenig Allaun, bestünde, weil die Tannen=Rinde allein nicht hinreichend wäre, die schweren Häute dichte und fest zu machen.

Es besetzte sich derselbe allhier, wurde Bürger, machete mit denen Schustern, denen die Lohgärberey zustehet, einen Accord, weil er selbst keinen Verlag zu eigener Arbeit hatte, und meldete sich, da er die vortheilhafte Gelegenheit zu Anschaffung der Tannen=Rinde einsehe, im July bey Königl. u. Churf. Landes=Regierung, um mit denen im Febr. 1750 expromittireten Privilegiis begnadiget zu werden.

Man hatte ihn mittlerweile hieselbst ein Medgen mit einigem Brautschatz zu ehligen in Vorschlag gebracht; er war bereits einmal öffentlich aufgeboten; eine von Hamburg aus ohne die geringste Bescheinigung und ohne verlangte Caution angenommene Einsage aber, eine ihm hierob erwachsene eingebildete Beschimpfung und die vom Schuster=Amte ihm geschehene Entziehung, hergegen so genandten laufen kommenden Pfuschers geschehende Zuwendung der versprochenen Arbeit und daherrührender Mangel genungsamer Subsistenz, welchen er jederzeit bey fehlenden eigenen Verlag unterworfen zu seyn befahrete, bewogen ihn aber ohngefehr acht Tage vor eingegangener gnädiger Resolution, Bürger=Recht und Arbeit zu verlassen, und es ist nur durchs Gerüchte soviel Nachricht von ihm zu erhalten gewesen, daß er sich in Hamburg verheyrathet habe.

Es ist nachhero der Vorschlag zur Anlage einer gleichen Roth= Gärberey zweyen wolhabenden Schusters, die Leder=Handel treiben, geschehen; weil aber deren Vater, Groß= und Elter=Vater alles Leder mit Eichen=Lohe gar gemachet, und dieses auch kluge Leute gewesen wären, so hat kein Zureden und diensames Vorstellen etwas geholfen, und ist bislang nicht möglich gewesen, einen in Ungern in Arbeit ge= standenen Rothgärber auszuforschen.

Wenn nun besonders bey Anlegung derer Fabriquen auf die Be= schaffenheit des Orts, auf dessen Bedürfnisse, auf dessen Lage und Producta, auf bereits vorhandene kleine Anlagen und den Debit gesehen werden muß, so verdienet die bishero von einem Kaufmanne Namens Peter Grube getriebene, nunmehro aber mit dessen 76jährigen Alter sich zu Grabe neigende Wollen=Manufactur die größeste Achtung und Aufmerksamkeit.

Es hat dieser Mann annoch gegenwärtig mit Wollekratzen, Spinnen und Fresen= oder Büffel=Weben 200 Menschen in Arbeit, die gesponnene Wolle schickt er nach Amsterdam, die Fresen aber nach Bremen, von dorther erhält er Trahn, Baum=, Rüb= und Lein=Öl, auch Hering und Muschel=Kalck, nach Bremen aber handelt er gegen baar Geld, und die Fresen gehen von da weiter nach denen Nordischen Provintzen.

Vor 10—20 und mehr Jahren hat er über fünf bis 600 Menschen mit seiner Arbeit unterhalten, und 30 Fresenmacher haben fast allein für ihn gearbeitet. Die Wolle erhält er aus dem Calenbergischen und Stift Hildesheim, und wenn allda die Preyse nicht darnach beschaffen, so lässet er sie aus dem Mecklenburgischen kommen, besgleichen verarbeitet er auch die allhier fallende Heidschnucken=Wolle zu grauen Fresen.

Ausser dem hohen Alter dieses Mannes, wozu seit acht Wochen eine gänzliche Blindheit und Abnahme des Gehörs gekommen, liegt auch die Ursache des Verfalls seiner Manufactur in verschiedenen Angehörigen und Verwandten, von der rühmlichsten Mildthätigkeit dieses Mannes und seiner gleich alten Ehegattin gottlosen Gebrauch machend.

Es würde gleichwol diese Manufactur in Flor zu erhalten gewesen seyn, wenn man sich in Zeiten bemühet, diesen Mann zu Erwählung eines Verwandten oder auch eines Fremden zum Compagnon (da er ohne Kinder) und allenfalls zur Errichtung eines Testaments zu persuadiren, vermöge dessen er ein Capital unter gewissen Einschränkungen, wenn er ohnbedingt nicht dazu geneigt gewesen, zur Fortsetzung der Handlung destiniret; vielleicht liesse sich solches annoch bewerkstelligen. Es ist zwar an dem, daß allhier noch ein Bürger Wolle spinnen lasse. Da dieser aber nichts aus eigenem Verlag hat, sondern die Wolle zu Verspinnen von Hamburger Kaufleuten nach Pfunden erhält und gleiche Pfunde-Zahl Garn wiederliefern muß, so ist der größeste Vortheil davon auch nur für jene, bestärket aber gewiß einen jeden darin, daß das Wollespinnen allhier mit Nutzen müsse betrieben und, da auswärtige von dieser Wolle Droguette und Zeuge zu machen und uns wiederum zu verkaufen im Stande, hier dergleichen davon noch weit ehender müsse verfertiget werden können.

Ein gleiches Augenmerk verdienet die zur Seyden-Band-Fabrique allhier vorhandene Anlage. Es sind 9 Meisters, welche 31 Taue oder Mühlen, wie sie es nennen, im Gange haben und welche Arbeit dem Publico dadurch für andern vortheilhaft, daß etliche 60 Kinder von acht Jahren und weiter jedes wöchentlich à 3 bis 9 gg dabey verdienen können. Auf einer Mühle sind 12—24 Gänge, und ein Meister ist mit 5 Mühlen wöchentlich 94 Stück Band à 48 Ellen das Stück zu verfertigen im Stande, und man kann gewiß auf 150 Rthlr. rechnen, welche baar jede Woche aus Hamburg und Altona dabey verdienet werden.

Die Seyde erhalten sie zu denen Bändern doubliret und gefärbet von Hamburger Bürgern und Altonaer Kaufleuten, müssen ein gleiches Gewicht an Bande wiederliefern, und diese verfertigte Bänder kaufen unsere Krämer, die sich von Hamburg providiren müssen, von daher wieder.

Ob nun wol wegen des weitläuftigen und große Anlage erfordernden Seyden-Handels und wegen der dabey nöthigen Färberey dieses Werk vor der Hand zu keiner großen Vollkommenheit allhier zu bringen, so würde dennoch bey den sehr stark aus dem Lande über hier gehenden Garn-Handel und bey den aus dem Alten Lande häufig hierher gebrachten Flachs füglich eine Linnen-Band-Fabrique hieselbst anzulegen seyn, zumalen da die Seyden-Band-Macher noch mehrere unbesetzte Mühlen haben, und bereits eine Linnen-Band-Mühle hieselbst im Gange.

Desgleichen kann bey vorhandenem Flachs und Garn eine Linnen- und Segel-Fabrique mit nicht mindern Vortheil allhier bestehen. Das

Land ist voller Menschen, die allenthalben auf dem Lande anbauende Koethers, die sogenandte Häuslinge und beyder von Dorf zu Dorf bettelnden Kinder beweisen solches. Diese Blut-Igel der Höfner würden durch Laufgarn-Spinnen neuen Unterhalt finden, und sie müßten angewiesen werden, ihre Kinder von 7 Jahren an zu gleicher Arbeit und zwar Anfangs stehend anzuhalten. Das Garn würde allhier so wolfeil als in Hannover, Stift Hildesheim, Osnabrück und denen Gegenden zu haben seyn, der Transport, indem es theils in Leinwand verarbeitet, theils roh in Ballen und Fässern durch und nach Holland und Engelland gehet, würde daran ersparet und, da die hiesige 5 Kamm-Macher eine ansehnliche quantité Linnen-Garn verbrauchen, selbiges aber sogar in Ermangelung einheimischen Handels von Hamburg nach Pfunde-Zahl kaufen müssen, so würde auch dieses Gewerbe durch die daher erhaltende Erleichterung zu besserer Aufnahme gelangen.

Nicht wenigere Achtung verdienet die vorhandene fürtreffliche Gelegenheit zur Cattun-Bleiche und Druckerey. Dieses negoce würde allhier mit allen Vortheilen zu treiben stehen, die Cattune sind hier wegen des Zolles mit geringeren Kosten aus denen englischen Schiffen als in Hamburg zu haben; es ist das beste Wasser dazu vorhanden, die Tagelöhner erhalten hier kaum so viel an leichtem als die Hamburger an schwerem Gelde; es ist daher nicht abzusehen, woran es gelegen, daß sich kein entrepreneur gefunden. Es ist gewiß, daß die Kämpe auf der Bleiche, in welchen der Cattun gekloppet werden soll, zum behörigen Betrieb zu klein, aber auch hiezu wäre mittelst des hinter der Wachs-Bleiche liegenden Kolcks und der dabey befindlichen Wiese Rath zu schaffen, und die in letztern Frühjahr gegenwärtig gewesene Entrepreneurs Brand & Witmeyer haben selbige selbst in Vorschlag gebracht.

Würde es nicht thunlich und vortheilhaft seyn, einen solchen Entrepreneur durch eine allenfalls von denen von der Lotterie fallenden Procent-Geldern, unter nöthigen Bedingungen versprochene Prämie von 500 bis 1000 Rthlr. hieher zu ziehen.

Ist es nicht möglich, daß dergleichen zu Anlegung einer neuen Zuckersiederey geschehe! Zu bedauern ist es, daß die vorhandene fürtreffliche Anlage nicht behörig benutzet wird. Die wunderliche Haushaltung des Besitzers muß notwendig deren gänzlichen Untergang und ein Falliment nach sich ziehen.

Es ist ferner nicht mit gleichgültigen Augen anzusehen, daß unsere eine halbe Stunde vor der Stadt liegende Thon- und Töpfer-Erde nach Hamburg in die daselbst neu angelegte Eisen-Gießerei zu Formen verfahren und verbrauchet werde, wir hergegen unsere gebackene Mauer= und Dachsteine von der Oste und Wischhaven kommen lassen, da wir gleich wol jene hiezu nach Anlegung einer Ziegelbrennerey mit weit größern Vortheil und zum Nutzen der Unterthanen verbrauchen, ja sogar die Steine auf den die Mühle treibenden Seven=Canal bis mitten in die Stadt haben könnten.

Das Ziegelbrennen kann bekanntlich mit Torf geschehen, und so ist auch die dazu benöthigte Feurung in Überfluß vorhanden, sintemalen der Torf in solcher Güte, und nach dem unter Angabe und Direction des Amtmann Brauns zustande gebrachten Mohr=Canal auch für solche Preyse zu haben, daß man zweiflen kann, ob er an einem Orte im Lande besser und wolfeiler zu finden. Eine Eisengiesserey aber selbst anzulegen, würde vor der Hand nicht thunlich seyn, weil die in einem Handlungs=Orte von allen Enden der Welt vorhandene Zufuhr zu Wasser, mit welcher alt Eisen statt Ballasts zusammen gebracht werden kann, fehlet.

Zu weißen und braunen Seifen=Siedereyen sind die Materialien gleichfals vorhanden, und endlich würde die Anlage einer Fabrique der andern die Hand bieten und zu mehrern Gelegenheit geben. An dem Debit und bequemen Transport der Waaren würde es in großen weniger fehlen, da selbiger in kleinen von statten gehet.

Nach Holland gehet Wollen= und Linnen=Garn, Leinwand, Feld= steine, Masten und Staken, und von Plumejonschen Holze und der Wittib Jantzen Krum=Holtze sind allein dieses Jahr 100 und etzliche 30 Schmacken dahin vor unsern Thüren verladen.

Es ist Raum und Gelegenheit genug vorhanden, annoch einen Holz=Handler hieher zu ziehen, und dem sich abgewichenen Sommer dazu angegebenen Kaufmann Brunstorff hat es nur an kundigen Rathgebern und behöriger Anweisung gefehlet, daß er auf keine andere als zu Be= einträchtigung des Plumejonschen Holz=Handels abzielende Vorschläge verfallen.

Nach Frankreich und Spanien gehet weis und gelb Wachs. Wenn nun die hiesige Amidoms= nebst einer Linnen=Fabrique zu dem Betrieb gelangete, welcher dazu erforderlich, so kann so gut, als von Hamburg, Amidom, Linnen=Garn, Leinwand, Segel=Tuch und Korn von hieraus dahin gehen.

Nach Engelland würde nicht weniger von hieraus Linnen=Garn, Leinwand und Hirschhorn versand werden können.

Aus Holland erhalten wir jetzo zum Theil mit denen das Holz dahin transportirenden Schmacken Trahn, Baum=, Rüb= und Lein=Oel,

Hering und Muschel=Kalck; aus Franckreich empfängt der C. C. Boisen Weine, aus Engelland erhalten wir Tabac, und hiesige Factors haben daher eine ansehnliche Spedition ins Reich. Die Correspondentzen sind also bereits dahin etabliret, und zur französischen und spanischen Handlung giebt des in Handlungssachen würcklich verdienstvollen, mit Amts= und Gerichts=Geschäften aber billig zu verschonenden C. C. Boisen fürtrefflicher Wachs=Handel die schönste Gelegenheit.

Was stehet uns also im Wege, daß die Holländischen Schiffe nicht auch Käse und Gewürz, die französischen und spanischen Oele, rohe Zuckern, Caffe, Gewürz und Citronen, die englischen Reis, Tabac, Färbe=Holtz, rohe Zuckern, Käse und Butter, die schottischen Steinkohlen, die irrlandischen Butter und Käse, als die gemein nöhtigsten Waaren und welche wir jetzo denen Hamburgern abkaufen, nicht recta hieher bringen! Was würde bey der zur Wollen=Manufactur vorhandenen trefflichen Gelegenheit uns hindern, die Fresen oder Büffel und andere nach Norden gehende dicke Zeuge gegen nordischen Theer und trockene Fische selbst zu verkaufen.

Wahr ist es, daß nur die Holländischen Schmacken vor unserer Thür allhier laden, und daß wir höchstens denenselben, wenn sie ein= zufrieren Lust hätten, sichere Winterquartiere geben könnten; wir werden aber auch schwerlich in denen ersten 50 bis 100 Jahren einen nähern Haven als die große Elbe unterhalb Altona und Neumühlen nöthig haben, von darab hiesige große 80 bis 120 Sch℔ ladende Ever die gegenwärtig etwa hieherkommende Güter löschen und die von hieraus zurückgehende dahin bringen, ohne daß man weiter um völlige dem Schiffer zu schaffende Rückladung bekümmert ist.

Der Einwurf, als ob benachbarte große Kaufleute zu Unterdrückung und Zurückhaltung benachbarter neuer Handlungen die Preyse sinken ließen, fällt daher weg, weil es nicht einer allein, der gleiche Handlung treibet, sondern gegen einen das Vermögen habenden 10 andere vor= handen sind, die nichts verschencken können.

Zu dergleichen großen Unternehmungen nun gehören bemittelte, kluge und haushalterische Negocianten, deren sich zuweilen einer durch erhaltene Freyheiten, Ehrentitel, große Praemien und durch gewisse vorausgesehene Hoffnung ansehnlicher Gewinste etwas zu unternehmen bewegen lässet; wo aber besonders die letzte Gewißheit fehlet, und eine nahbelegene Handel=Stadt mit ihrem blühenden Commercio ihm den zuverläßigen Vortheil zeiget, da ist fast wenig Hoffnung sich darauf zu machen, und die bishero vergeblich dargebotene besondere Begnadigungen bekräftigen dieses.

Mit unbemittelten Leuten ist garnichts anzufangen und bey selbigen auch keine Sicherheit für etwa ihnen vorzuschiessende Capitalia vorhanden.

Der bereits an Ort und Stelle wohnende Bürger aber ist derjenige, auf welchen hauptsächlich zu sehen. Dieses Glückseeligkeit machet die Glückseeligkeit des Staats. Diesen muß eine vernünftige Obrigkeit durch Hervorziehung, durch Übertragung kleiner und successive größerer Stadt=Ämter und Ehrenstellen ermuntern, deren Reichthum und Fähigkeit erforschen, ihre Haushaltungen kennen lernen und ihnen bey genungsamer Überzeugung der vorhandenen Geschicklichkeit alsdenn abaequate Vorschläge zu heilsamen Unternehmungen thun, ihnen die Wege dazu anweisen, denen Eltern, wenn sie es in Vermögen, anrathen, ihre Kinder nach diesem oder jenem Orte zu schicken, allwo die Vortheile der vorgeschlagenen Handlung am füglichsten einzusehen und zu erlernen. Sie muß der Verwirrung der Nahrungs=Arten entgegen seyn, Ämter und Gilden zu vermehren suchen, dieselben in ihren Begnadigungs=Gesuchen treulich unterstützen, bey der Reception Frember, wenn sonsten einiger Vortheil durch deren Annehmung zu hoffen, keine Difficultäten erfinden, die etwa nöthige Dispensationes erwirken helfen, ihnen promte Justiz administriren, damit sie auch dadurch in ihrem Fleiß nicht gestöret und beunruhiget oder verdrießlich werden; sie muß denen aerariis publicis getreue Administratores vorsetzen und selbige solchergestalt im Stande zu erhalten suchen, daß sichern debitoribus aus selbigen gedienet und Beystand geleystet werden könne, und kurzum dasjenige thun, was ein jeder kluger Hausvater in Unterrichtung, Erziehung und Versorgung seiner Familie und in Beförderung seiner getreuen Domestiquen beobachten sollte.

Dieses alles aber ist theils aus Trägheit, theils aus mangelnder Kenntniß der Sachen, theils aus Eigennutz und Mißgunst unterblieben und unserm jetzigen Herrn Syndico ist es bey der vorgefundenen Unordnung und vieler rückständigen Arbeit nicht möglich, ohnerachtet alles seines Fleißes, daran zu gedenken.

Die ermangelnde Ermunterung und Hervorziehung geschickter Bürger, ein hindangesetzter geselliger Umgang und dagegen angemassetes gefaltenes steifes Amts=Gesichte erhält die Bürgerschaft in der Niedrigkeit, Furchtsamkeit und Unwissenheit, und die daher unterdrückte Beurtheilung und Zusammenhaltung der gegenwärtigen gegen die verflossenen Zeiten, die verhinderte Einsicht, daß der überhandnehmende Aufwand und die Erfindung tausend entbehrlicher Nothwendigkeiten allein die Ursache der Klagen über schlechte Zeiten und über einen allgemeinen Mangel, bestärket das schwer auszureutende praejudicium antiquitatis, und solches verbirget sich in kleinen Städten bey allenthalben durch Verwandtschaft zusammenhängenden Bürgern nicht selten unter dem Mantel der christlichen Liebe, da es vor unverantwortlich gehalten werden will, einen Eintrag der von Vettern und Gevattern getriebenen Nahrung zu veranlassen, wie solches alles bey dem Vorschlag der Lohgärberey bestätiget worden.

Nicht weniger hält der zu strenge Gebrauch des hiesigen Stadt-Privilegii, vermöge dessen die Cämmerey von denen Bürger-Gütern $1/4$ Procent zu fordern autorisiret, die Bürger in ihrem Gewerbe zurück und hat solche üble Folgen, die einen Einfluß in das gantze Publicum haben.

Zu geschweigen, daß diese Auflage würklich sehr hoch, so suchet der Bürger deshalben auf alle Weise seine Mittel zu verhelen, waget aus Furcht der Auflage sein Geld nicht in öffentlichen Handel, verleyhet es gegen Constituirung generaler Hypothequen auf Privat-Scheine; dadurch werden die Bürger-Güter mit heimlichen Schulden beschweret, der Obrigkeit wird die Kenntniß des wahren Vermögens der Bürger entzogen, betrieglichen Debitoribus viele Schulden zu machen und zu Schwächung auswärtigen und einheimischen Credits bey entstehenden Concursen häufige Gelegenheit gegeben. Der Bürger wird gezwungen, zu denken: bene qui latuit bene vixit.

Letzlich ist die vor dem Lüneburger und Burtehuder Thore vor einigen Jahren geschehene Anbauung eine merckliche Hinderung der allgemeinen Nahrung der Stadt. Es hat sich selbige gleichsam dadurch getheilet, und jene haben fast allein die Nahrung Land-, dieser Theil der Stadt aber Wasserwärts; der Circulus ist dadurch zerrissen, zu Defraudirung derer Zolle und aerariorum, zu heimlicher Beherbergung liederlichen Gesindels und Vagabonden die Wege gewiesen und die Einwohner selbst dadurch von der Gelegenheit, Handlung zu treiben und von der durch Flüsse und vorhandene Canäle in der Handlung dargebotenen Erleichterung entfernet, welches alles, wenn beym Kaufhause an der sogenandten Langen Linie, am Bauhofe und denen Gegenden angebauet worden, zum größesten und allgemeinen Vortheil der Stadt und des Commercii wäre verhütet worden.

Vielleicht ist dieser Vorschlag der Zeit aus Furcht des Verlusts einiger bequem belegenen Gartens behindert worden.

Da nun gegenwärtig das Alter des Bürgermeister Luthers und der Verfall seiner sonstigen florissanten Factorey ihm die Kräfte und Fertigkeit benimmt, sich zur Aufnahme des hiesigen Commercii, in Entfernung der erzählten Behinderungen und Beförderung der nöthigen

Hülfs-Mittel wirksam zu beweisen, da der Herr Bürgermeister Riepenhausen durch eine auszehrende Krankheit gänzlich vom Rathhause entfernet, da Herr Syndicus Wedekind aber in Beförderung derer rückständigen und in Unordnung gerathenen Sachen alle Hände voll zu thun hat, so würde gegenwärtig mit Ernennung eines dritten Bürgermeisters der Sache einiger Maßen zu helfen stehen.

Ich maaße mir nicht an, das mindeste von vorher zu Beforderung des Commercii und derer Manufacturen gesagten, auf eine nicht vorhandene Rechnung meiner Verdienste zu setzen, indessen darf ich mich dreiste wegen bisheriger Beobachtung meiner Dienste, wegen meiner Praxi und wegen einer geringen Kenntniß des hiesigen Commercii auf ein gnädig gütiges Zeugniß meiner hohen Oberen, des Königl. u. Churf. Oberappellat.-Gerichts, und besonders des Herrn Oberappellat. v. Rambohrs, der Königl. u. Churf. Justiz-Canzley zu Zelle, imgleichen des hiesigen Herrn Landdrosten Herrn Grafen v. d. Schulenburg und des Herrn Amtmann Brauns, wie auch auf die über hiesige 1748 emanirte Kaufhaus-Ordnung gemachete und bey denen Schiffer-Actis bereits vorhandene Notata berufen, und würde Königl. u. Churf. hohe Landes-Regierung die ganz ohnverdiente Gnade mir wiederfahren lassen und mich allhier zum dritten Consule cum spe succedendi zu ernennen geruhen, so sollte in tiefster Verehrung solcher Gnade mein ohnermüdetes Bestreben dahin gehen, der Stadt und dem Publico nach allen meinen Kräften zu dienen, und Ihro Excellentzien würde ich durch die genaueste Erfüllung meiner Pflichten in Unterthänigkeit zu überzeugen mich bemühen, daß diese Merkmahle gnädiger Gesinnungen an keinen unwürdigen verschwendet.

Harburg, den 20. Nov. 1754.

Hansing.

Orig. St.-Arch. Hannover. Hannov. Des. 33. Commerzsachen, Harburg Nr. 7.

XV.

Promemoria des Kaufmanns H. Hansing in Harburg über den Handel ꝛc. in Harburg. 1766. Febr. 18.

———

Die Handlung ist überhaupt dreyerlei Art 1. Die Speditions=Handlung. 2. Die Commissions=, Mandat= oder Factorey=, und 3. die eigenthümliche Handlung.

Die Speditions=Handlung hat bereits hieselbst verschiedene directe Zweige in denen Händen der Spediteurs, an welche Waaren aus Engelland, Frankreich und Holland directe adressiret werden, und welche auch einige Kleinigkeiten, wenn man Krumholz und überhaupt das Holz ausnehme, directe zurücksenden.

Zu dieser Handlung ist hieselbst ein genug geräumiges Niederlage=Haus, welches gar leicht erweitert werden kann, vorhanden, und wenn ganze Ladungen anhero addressiret werden sollten, würde den dazu er=forderlichen Fracht=Vorschuß von einigen 100 Rthlr. jeder Spediteur anzuschaffen wissen. Die Vortheile, welche durch die zu empfehlende Vorbeygehung der Zwischen=Spedition, durch Ersparung der gedoppelten Aus= und Einladungs=, der Niederlage= und Provisions=Kosten, der Zölle in Hamburg und dergleichen gewonnen werden könnten, und eine denen auswärtigen Commercianten dargebotene 6 monatliche oder längere ganz freye Niederlage würden diese Handlung allhier vermehren können, und dieses würde auch in Betracht der demnächst weiter auf Lüneburg gehenden Handlung, wovon unten ein mehres, als ein wichtiger Vortheil anzupreisen seyn.

Zu der Commissions= oder Mandat=Handlung würden a) denen auswärtigen Commercianten sichere Leute hieselbst öffentlich zu nennen sein, deren Häuser darnach beschaffen, Niederlagen zu denen durch ihre Hände zu verkaufenden Waaren darin zu machen und denen sie solche anvertrauen könten. b) auf welche Wexel anhero gestellet und zu Bezahlung der Waaren gezogen werden könnten.

An diesen fehlet es nun hieselbst gar nicht, indem der Rath Boysen, der Kramer David Lüders, der Bürgermeister Röhrs, der Factor Rohr & Knoop, der Schutzjude Simon Behrens, der stark hieher handelnde Kornhändler Tumann von Geversdorf Amts Neuhaus bereits starken Verkehr in Hamburg und selbst unter den Namen Hamburger Bürger und Kaufleute eine Banco=Folio haben, und es finden sich deren bey vorhandenen Gelegenheiten gewiß in kurzer Zeit mehrere, welche nach ihren besitzenden ansehnlichen Mitteln auch sich mit dieser Wexel=Handlung abgeben würden; zu denen erstern aber können nicht allein die bereits benandte, sondern auch die angesessene Factors Meyer, Schele, Wilken & Hansing und mehrere andere bemittelte Krämer gerechnet werden, welche sich entweder öffentlich nennen oder auch durch Privat=Corespondenz bekandt machen können oder bekandt machen werden.

Aus den einigjährigen etablissement dieser beyden Arten der Handlung würde alsdenn successu temporis durch die erlangte Kendtniß, durch Correspondenz und Credit unter fortbaurenden allerhöchsten Begnadigungen und Ermunterungen die dritte Art, nemlich die directe eigenthümliche Handlung erwachsen.

Wenn diese aber sowohl als jene Mandat=Handlung baldiger und vorzüglich befordert werden sollte, so möchte solches am besten durch Hereinziehung einiger in guten Ruf und Handlung in benachbarten Handlungs=Städten stehender Landes=Kinder oder, wenn denen die Praedilection und der Patriotismus vergangen, auch Frember unter ertheilten erheblichen Begnadigungen, reizenden Aussichten, beygelegten Characteren und dergleichen, auch Zoll=Freyheiten, besonders am Staber=Zolle, geschehen.

Weilen indessen zu Beurtheilung einer Freyheit von verschiedenen Zöllen eine Einsicht und Bilancierung der Zollrecepturen und Zusammenhaltung der Zoll=Rollen von verschiedenen Städten erforderlich, so kann man diese kaum berühren.

Soviel wäre indessen von jeden handelnden Patrioten zu wünschen, daß eine Gleichheit der Zölle zwischen Harburg und Lüneburg eingeführet werden mögte, damit ein Gleich=Gewichte der Nahrung und Handlung unterhalten und ein Glied des Landes=Cörpers nicht durch vorzügliche Belästigungen gegen das andere zum Schwinden gebracht würde, und soviel würde überhaupt mit Grunde zu schliessen sein, daß, wenn durch Erlassung einiger Zölle oder anderer in die landesherrlichen aeraria einfliessenden Abgaben denenselben ein Verlust erwüchse, solcher nicht allein durch Bereicherung der Unterthanen und deren Vermehrung in den allgemeinen Einfluß, welchen beyde Folgen auf die Vermehrung der Gewerbe, Versilberung der Landes-Producte und Nothwendigkeiten haben, sofort, sondern auch demnächst nach deren gegründeten Einrichtung und in Stand-Setzung zehn- und mehrfach würde ersetzet werden.

Diese zwischen Harburg und Lüneburg zu errichtende Harmonie und Communication ist vielleicht die nothwendigste Grundlage zu jenen Handlungen. Der mehreste Theil auswärts eingefahrner und über Altona oder Hamburg ferner landwerts zu spedierender Güter gehet über Lüneburg (von dem grössesten die Elbe weiter hinaufgehenden Theile ist allhier die Rede nicht). Es ist also nothwendig erforderlich, daß die Correspondenz, so zwischen Altona und Lüneburg der Spedition wegen vorhanden, zwischen Lüneburg und Harburg etablieret werde, daß die Lüneburger Spediteurs, soviel ihnen thunlich, ihren correspondierenden Kaufleuten Vorschläge thun, ihre erhaltende Waaren recta auf Harburg zu adressiren, und daß alsdenn die Lüneburger Schiffe solche von hier empfangen und zwar unter gleichen Freyheiten, wie sie solche aus einer fremden Stadt erhalten, nemlich von den auf ausgehenden Waaren gelegten Zolle und Imposten völlig befreyet, ferner daß die Lüneburger, so wie die Harburger Spediteurs ihren Land-Correspondenten, von welchen sie die rückgehende Waaren aus dem Reiche empfangen, insinuiren, wie sie Gelegenheit hätten, die Waaren selbst recta zu versenden, und sich also die Adressen an die Englischen und Holländischen Kaufleute, um solche Versendung zu bewerkstelligen, ausbäten: alsdenn man die beste Gelegenheit, denen fremden Schiffern mit Garn-Fässern und Leinwand aus dem Stift Hildesheim, Braunschweigischen, Osnabrüggischen, mit denen Schlesischen Leinwands-Kisten und Trommeln, mit Hirsch-Hörnern, mit Kupfer aus Böhmen und Österreich, mit Nürnberger Holz und Steinwaaren, Naumburger und Eisenacher Blechen, Schneeberger Blaue, mit denen von Regensburg kommenden Fässern mit Schmelz-Tiegeln, mit denen Sensen-Fässern und mit Holz ansehnliche Rückladungen zu verschaffen.

Was die Assecuranzen und von der Rederey abhängende Attestate betrifft, so sind jene an den Destinations-Örtern nach sofort bey der Verladung davon gegebenen Nachricht zu haben und diese, bis die Handlung solchergestalt zugenommen, daß eigene Leute dazu bestellet werden können, von Obrigkeitswegen zu suppliren; welchergestalt aber, wenn es zur Beschwerde gereichen solte, daß man so, wie bis anhero geschehen, mit hiesigen kleinen Fahrzeugen die größern Schiffe auf der Elbe löschen und die Waaren aus selbigen anhero holen müste, unser verschlammeter und mit einem vorgelegten und den völligen Untergang hiesiger Schiffarth drohenden großen Sande fast geschlossener Have wiederum zu öffnen, welchergestalt der Mißgunst und dem Neide, der Abneigung und dem Wiederwillen, wenn die gnädigsten Ermunterungen und Belohnungen unwirksam bleiben, landesherrliche Macht und Gewalt und ernster Wille entgegen zu setzen, muß man Kunst- und Werks-Verständigen und höhern und verbreitetern Einsichten überlassen.

Ein anderer, ins weitere gehende und selbst von einem Hamburger Kaufmann unter der Hand herrührender Vorschlag ist, daß Schiffe unter Harburger Flaggen, mit Patenten und Pässen von dem dasigen Magistrat versehen, zu verschiedenen Handlungen in See gehen. Ohnmöglich werden dergleichen Einrichtungen niemahlen sein oder werden.

Harburg, den 18. Febr. 1766.

H. Hansing.

Staatsarchiv Hannover. Hannov. Des. 74. III. 2a. Nr. 14.

XVI.

Receß zwischen dem Amt Harburg und dem Hamburger Rath über die Austiefung des Grevenhofer Loches.
1774. August 24.

Zwischen dem Königlich Großbrittannischen und Churfürstlich Braunschweig-Lüneburgischen Amte Harburg und Einem Hochedeln und Hochweisen Rathe der kayserlichen freyen Reichs-Stadt Hamburg ist nach der am 13. September 1771 beym Schrefenhöfer Loche gehaltenen Conferenz, wobey Harburgscher Seits der Herr Amtmann Brandes und die Herren Amtschreiber Keysler und von Kronenfeldt, auch Stadt Hamburgscher Seits der Herr Syndicus Sillem und die Herren Senatoren Schlüter und Cordes gegenwärtig gewesen und nach darauf gepflogener Correspondenz wegen der an der unteren Mündung des Schrevenhöfer Lochs und überhaupt in solcher Fahrt sich geäußerten und der Passage von Harburg durch den Reiherstieg zum Schaden gereichenden Versandung folgendes verglichen und festgesetzt.

1. Die kayserliche freye Reichs-Stadt Hamburg verspricht zum Besten der gemeinsamen Schiffahrt die Fahrt nach und in dem Schrevenhöfer Loche in gerader Linie aus Norden in Süden dergestalt austiefen zu lassen, daß beim Ostwinde und der niedrigsten Ebbe alda eine Tiefe von drey und einem halben Fuße sey.

2. Die Austiefung soll eine solche Breite haben, daß wenigstens zwey der größesten Ever einander ungehindert vorbeysegeln können.

3. Verspricht die Stadt Hamburg bis auf weitere gemeinsame Verabredung zu gelegener Zeit und Witterung jeden Jahrs die Tiefe dieser Fahrt untersuchen und, wenn bey niedrigster Ebbe und Ostwinde nicht $3^{1/2}$ Fuß Wasser vorhanden sind, die aufs neue etwa entstandene Versandung wegschaffen zu lassen.

4. Es bleiben durch diesen Receß eines jeden Theils anderweitige Gerechtsame, sie haben Namen wie sie wollen, unbeschadet.

Zu mehrerer Urkunde und Festhaltung ist gegenwärtiger Receß errichtet, und sind davon zwey gleichlautende exemplaria vollzogen und ausgewechselt worden.

So geschehen Schrefen= oder Grevenhof, den 24. Augusti 1774.

Abseiten des Königl. und Churfürstl. Amts Harburg.

L. S. Johann Georg Brandes, Johann Ernst Meyer, Carl Bernhard Compe,
Amtmann.   Amtschreiber.   Amtschreiber.

G. Sillem, Lt.,   D. Schlüter, Lt.,   J. D. Cordes,
Syndicus.   Senator.   Senator.
L. S.   L. S.   L. S.

St.=Arch. Hannover. Hannov. Des. 22. 9. 1c. Nr. 20; vergl. oben S. 120.

XVII.

Antrag der hamburgischen Commerz-Deputirten an den Senat über die Bekämpfung der Concurrenz namentlich Harburgs. 1791. December 7.

„Auf Verlangen verschiedener angesehenen Kaufleute haben die Comm.-Deputirten die Ehre, Einem H. u. H. Rath folgendes ergebenst vorzutragen:

Es ist bekannt, daß die auswärtigen, besonders die Harburger Speditöre den Hamburgern einen ansehnlichen Theil der Speditions-Geschäfte, und seit einiger Zeit mehr als jemals, entziehen. Sie holen die Waaren aus dem hiesigen Hafen von den Schiffen ab und entziehn unserm Zoll, unsern Kaufleuten und ihren Arbeitern alle Vortheile, die sie bisher von diesen Speditions-Geschäften hatten. Das Factum ist wahr, und der Schade unstreitig. Aber sehr schwer ist die Beantwortung der Frage: wie das Uebel zu heben sey, wie wir hindern können, daß es künftig nicht noch ärger werde. Was die Kaufleute, auf deren Veranlassung wir reden, vorschlagen, ist dies:

1. den Schiffsmäklern müßte anbefohlen werden, die Ablieferung der Waaren aus den hier kommenden Schiffen an niemand als an Hamburgische Einwohner zu verstatten, und keinen andern Rechnung über die Fracht zu geben.

2. den Schiffern zu befehlen, nur hiesigen Everführern ihre Waaren abzuliefern.

Der Ausführung dieser Vorschläge stehn nach unserer Meynung unüberwindliche Schwierigkeiten entgegen. Fremde Schiffer würden der Vorschrift der Makler gewiß nicht folgen. Sollten die Hamburgischen dazu gezwungen werden, so würde man auswärtig fremde Schiffe vorziehen, und die Hamburgische Rhederey offenbar dabey verlieren. Die Schiffer kennen die Hamburgischen Everführer nicht und sind verbunden, dem die Waaren zu liefern, der ihnen das Konnossement bringt. Und endlich: Hannover, Brandenburg und Dänemark würden alle Maßregeln hindern, die wir nehmen könnten, um ein Recht geltend zu machen, das wir nach unserer Meinung haben, das wir aber gegen so mächtige Widersprecher vergebens und höchst wahrscheinlich nur zu unserm Schaden auszuüben suchen würden. Indessen wir können irren und würden uns freuen, wenn Ein H. u. H. Rath ein Mittel finden könnte, den Wunsch unsrer Mandanten zu erfüllen, von dessen großen Nutzen für unsre Stadt wir sehr lebhaft überzeugt sind." Bitten um Antwort.

Protokoll der Commerz-Deputirten.

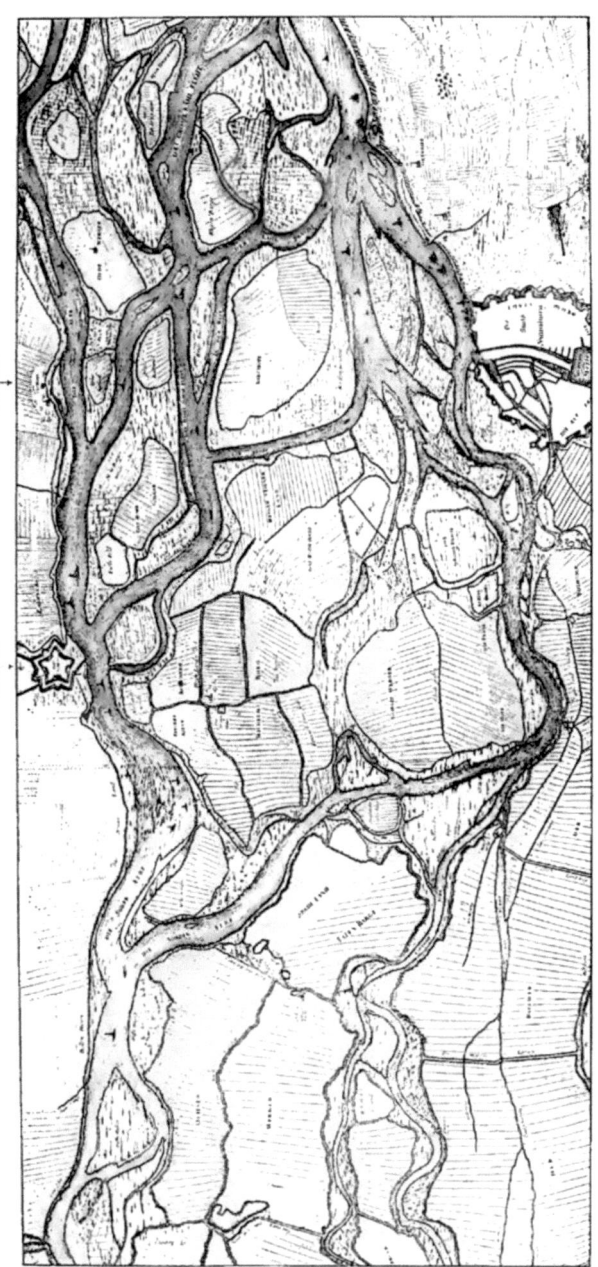

Abschnitt aus der „Vorstellung eines Theils des Elb-Stromes" u. s. w. von 1702
(in der Commerz-Bibliothek zu Hamburg).